ジェンダー・バックラッシュとは何だったのか

史的総括と未来へ向けて
GENDER BACKLASH

SEOK HYANG 石橋(せく ひゃん)

インパクト出版会

目次

ジェンダー・バックラッシュとは
何だったのか

序章 ………………………………… 7

第1節
研究の目的と問題提起 ………………… 7

第2節
先行研究と本研究の着目点 …………… 10

第3節
本書について ……………………… 15

第1章
現代日本社会の
「ジェンダー・バックラッシュ」現象 … 17

第1節
はじめに …………………………… 17

第2節
「ジェンダー」「ジェンダーフリー」の概念と意義 … 17

第3節
「ジェンダー・バックラッシュ」の概観 … 31

第4節
おわりに …………………………… 49

第2章
「バックラッシュ」問題の視点からみる
女性政策 ………………………… 54

第1節
基本法の名称をめぐる議論 …………… 55

第2節
日本型福祉社会の行きづまり ………… 59

第 3 節
右翼の動きとバックラッシュ ……………………… 63

第 3 章

地方自治体のジェンダー行政と
バックラッシュの流れ
4 つの時期を中心に（1996 ～ 2009 年） …………… 74

第 1 節
はじめに ……………………………… 74

第 2 節
バックラッシュの流れに関する時期区分 ……………… 75

第 3 節
バックラッシュの主要内容 ……………………… 80

第 4 節
おわりに ……………………………… 94

第 4 章

大阪府 A 市立 B 中学校における
「性教育バッシング」の事例 ……………………… 108

第 1 節
はじめに ……………………………… 108

第 2 節
事件の概要 ……………………………… 110

第 3 節
N 先生への聞き取り調査―バックラッシュの動きと内容 ……… 114

第 4 節
性教育の授業実践 ……………………………… 133

第5節

考察 …………………………………………… 142

第5章
「ジェンダー・バックラッシュ」勢力の言説と
その思想的特性
性と家族・伝統を中心に …………………… 156

第1節
はじめに ………………………………………… 156

第2節
性（性別・性の多様性）……………………… 157

第3節
家族と家庭科教科書 ………………………… 176

第4節
おわりに ………………………………………… 194

終章 ……………………………………………… 203

第1節
ジェンダー・バックラッシュとは何であったのか …… 203

第2節
バックラッシュを軽視してしまう日本社会の病理 …… 211

第3節
おわりに ………………………………………… 215

参 考 文 献 …………………………………… 224

あ と が き …………………………………… 237

序　章

第1節　研究の目的と問題提起

　戦後、女性をめぐる状況は大きく変化した。1960 年代以降台頭した、性役割など伝統的意識に基づく社会慣習の変革を求める第二波フェミニズムは、「個人的なことは政治的である」の命題とともに始まった。日本では、田中美津らが 1970 年に「ぐるーぷ・闘うおんな」を結成してウーマン・リブ運動を展開したことが第二波フェミニズムの端緒となった。1975 年の国際婦人年以降、世界的にも日本国内でも、女性政策に進展がみられ、女性自身のエンパワーメントも着実に進んだ。周知の通り、日本政府は 1985 年に女性差別撤廃条約を批准、1995 年には ILO156 号条約（家族責任をもつ男女労働者に関する条約）を批准し、1999 年に男女共同参画社会基本法を制定した。

　そして、1970 年代後半には、日本女性学研究会や日本女性学会を初めとした女性学関連の研究会・学会が次々と設立されると同時に、女性学関連の教育と研究が活発化していった。そして 1970 年代のリブ運動期、1980 年代の女性学創設期、1990 年代のジェンダー研究成立期、とも呼ばれる時代を迎えるようになる。いずれも女性たちの運動の成果であると評価できる。

　筆者自身、2000 年代初頭はジェンダー平等教育の未来は明るいと考え、今後女性学・ジェンダー研究はさらに発達していくだろうと期待していた。しかしながら、筆者が 2005 年度に城西国際大学大学院の比較文化専攻（博士課程）の交換留学生として留学した時期に、日本では「ジェンダー

フリー・バッシング」が深刻化していた。

戦後、さまざまなフェミニズム運動の国際的な展開を背景に、「役割・特性」論を批判し、「男らしさ」「女らしさ」にとらわれず、「自分らしく」生きられるようにという男女平等運動、女性解放運動、ジェンダーフリーをめざす教育運動が展開してきた。日本政府・行政も教育現場も男女平等への法制度づくりをめざしてきたわけである。ところが、ジェンダーフリー教育自体を否定する動きが急浮上してきた。60年も積み重ねてきた男女平等への道に対して、現在批判があるのは何故なのか、そしてその論理はどのようなものなのか、ということに強い関心を抱くようになった。2005年頃に『産経新聞』などで書かれていた記事は、客観的公平ではない記事が多く筆者自身が反発を感じ、このまま軽視し放置すると後戻りできない状況になってしまうのではないかとの危機感・恐れも抱いた。また、日本の右傾化・保守派の動きによって、東アジアとの関係が悪化していく現象にも注目していた。

2006年3月、「「ジェンダー」概念を話し合う」というフェミニストたちのシンポジウムに参加した時、約200人以上の研究者・教育者等が集まり、真摯な議論が行われたことが印象深かった。特に、周期的に保守主義が台頭している日本においての、このような「バックラッシュ」現象は、世界的な流れと並行しつつも独特な対立構造を形成しているように見えた。これらのことが「ジェンダー・バックラッシュ」に関する問題を博士論文の主要テーマとして取り上げるきっかけとなった。2009年、立命館大学の客員研究員として博士論文作成のため来日したところ、同年6月「バックラッシュを再考する」という日本女性学会のシンポジウムがあった。どうしてこのような激しいバックラッシュが起こったのか、一般市民に浸透したのか、どうして繰り返すのか、新しい社会への変容を伴っているのか、などに強い関心を抱いた。そこで、バックラッシュ派とジェンダー平等推進派との両者の構造分析、力学関係、作動システ

ムなどを分析し、日本社会の変容についての検証を行いたいという私の問題意識が醸成されていった。

バックラッシュ（backlash／bashing）とは、ジェンダー平等教育／性教育とジェンダー平等の法律・施策がすすむことに対する組織的な批判・反撃のことをいう。「バックラッシュ」現象は、近年の約17年間続いている。この約17年間のうち、とくにバックラッシュが活発であった1998年ごろから2007年ごろまでの10年は、日本の女性学において「失われた10年」ともいえるくらい、大きくジェンダー平等が後退したままとどまってしまったのではないかと思われる。

従って、本研究の目的は、以下のような観点に焦点をあわせて、今日の「ジェンダー・バックラッシュ」問題を現代日本女性史（戦後女性史）の中に位置づけ、戦後の女性政策の変遷とバックラッシュの実態と本質を明らかにすることにある。バックラッシュの流れの全体像を把握するとともに、このような攻撃を乗り越える今後の運動と実践が生まれることを期する作業にもつながることに、重要な意義をもっている。また、それは日本の女性政策や運動の「限界」とでも言うべき点の指摘にもつながるであろう。

まず、日本の「男女共同参画」「地方自治体の男女平等条例・行政」「性教育」「ジェンダー・フリー（gender free）教育」「戦後男女平等教育」などとそれに対する「バックラッシュ（backlash）」をめぐる論争とその具体的な事例を調査しその事例研究を行う。その過程で、バックラッシュ派の論点を分析して、論理の飛躍や隠蔽された論理・主張を抉り出すと共に、その背景を明らかにし、バックラッシュ派の主張が、どのように一般市民に浸透していったのかを、社会意識の変容との関連で究明する。

第二に、1990年代から現在までのバックラッシュの動きを発芽期（出発点）・加速化期・最盛期・小康状態期という四つの時期に区分することを提起する。その区分に則して、バックラッシュの流れを整理する。

10

　第三に、男女共同参画、地方自治体の男女平等条例・行政と性教育／ジェンダー・フリー教育、戦後民主主義教育に対する批判勢力（backlash 派）とジェンダー平等推進勢力（フェミニスト）との対立構造について、男女平等に関する法律・政策の施行との関わりで明らかにする。

　第四に、以上のような検討をふまえて、現代日本社会における社会システムの変化、社会・経済の構造変化、市民社会の意識変化がどのように起きているのかについて、その社会意識の変容との関わりで考察していきたい。

　第五に、「ジェンダー・バックラッシュ」現象によって浮き彫りになった、女性学・ジェンダー研究、女性運動においての問題点と課題を取り出し、その解決に向けてのささやかな示唆を提示する。合わせて、市民社会の意識変化がどのように起きているのかをふまえて、現在求められているジェンダー平等政策のあり方をさぐっていきたい。

　最後に、韓国社会でも 1990 年代以降、急激な社会変動とともに、女性学／ジェンダー研究の関連分野の政策・法律や両性平等教育が発展していった。そのため韓国社会においても日本と類似した両性平等教育／ジェンダー研究に対するバックラッシュ現象が影響する可能性があるのではないかと考えられる。従って、本研究は韓国社会におけるバックラッシュ現象について予測・比較できる一つの事例としての意味を有している。同時に、この視点は韓国社会において求められている市民社会像にも示唆することがあるといえよう。

第2節　先行研究と本研究の着目点

　本書の 3 章以下では、主に「ジェンダー・バックラッシュ」に関する全体的な流れと事例研究と言説を分析する。ここでは、まず、バックラッシュに対抗するフェミニスト側（ジェンダー平等論者）の代表的な単行本と、バックラッシュ派のオピニオンリーダーといえる識者側の代表的な

単行本を紹介する。加えて、両サイドの出版年度を比較することによって、その力学関係について検討する。

バックラッシュに対抗していく単行本としては、以下のような書物がある。

①浅井春夫他編『ジェンダーフリー・性教育バッシング──ここが知りたい 50 の Q&A』（大月書店、2003 年 12 月）、②木村涼子編『ジェンダー・フリー・トラブル──バッシング現象を検証する』（白澤社、2005 年 12 月）、③浅井春夫他著『ジェンダー／セクシュアリティの教育を創る──バッシングを超える知の経験』（明石書店、2006 年 4 月）、④日本女性学会ジェンダー研究会編『Q&A 男女共同参画／ジェンダーフリー・バッシング──バックラッシュへの徹底反論』（明石書店、2006 年 6 月）、⑤双風舎編集部編『バックラッシュ！──なぜジェンダーフリーは叩かれたのか？』（双風舎、2006 年 7 月）、⑥若桑みどり他編著『「ジェンダー」の危機を超える！──徹底討論！バックラッシュ』（青弓社、2006 年 8 月）など。

これらの先行研究を見ればわかるように、最初に刊行された書物（①）は 2003 年 12 月であるが、その次が（②）2005 年 12 月で、2006 年にはバックラッシュに対抗する出版（③～⑥）が相次いでいる [1]。これは、後述する第 3 章の「バックラッシュの流れ」の中で、バックラッシュの萌芽期・加速化期には対抗できておらず、最盛期（2005 ～ 2007）に主に刊行されていることが把握できる。要するに、フェミニスト側の反論が遅れていることを示すものであるといえよう。

その反面、バックラッシュ側の代表的な単行本は、以下のような書物が挙げられる。

①高橋史朗『間違いだらけの急進的性教育』（黎明書房、1994）、②林道義『父性の復権』（中央公論社、1996）『主婦の復権』（講談社、1998）『母性の復権』（中央公論新社、1999）『家族の復権』（中央公論新社、2002）、③小林よしのり『新・ゴーマニズム宣言　戦争論』（幻冬舎、1998）、④林道義『フェ

12

ミニズムの害毒』（草思社、1999）、⑤八木秀次編著『教育黒書──学校は
わが子に何を教えているか』（PHP 研究所、2002 年 11 月）、⑥渡部昇一・新
田均・八木秀次『日本を貶める人々──「愛国の徒」を装う「売国の輩」
を撃つ』（PHP 研究所、2004 年 2 月）、⑦林道義『家族を蔑む人々──フェ
ミニズムへの理論的批判』（PHP 研究所、2005 年 11 月）、⑧西尾幹二・八木
秀次『新・国民の油断──「ジェンダーフリー」「過激な性教育」が日本
を亡ぼす』（PHP 研究所、2005 年 1 月）など。

　上記のバックラッシュ側に属している識者は、主に『産経新聞』に代
表されるサンケイ・メディアの紙面によく登場する人物として影響力を
持っている。彼らは、フェミニズムが体現している思想を激しく批判し
ている。その中でも特に、④⑦⑧の書物の主張と言説は十分に暴力的で
ある。バックラッシュ派の言説とその思想的特徴については、第 5 章で
詳しく検討することとする。また、②の書物は、バックラッシュ派が強
調している固定的性役割分業の賛美への理論的根拠として用いられてい
る。①の高橋は早くから性教育に対する批判をしてきたことがわかる。

　とりわけ、これらの刊行の趣旨を見てみると、『新・国民の油断』では、
「本書の刊行が、男女共同参画社会基本法の改廃をはじめ、国や地方自治
体の男女共同参画政策の抜本的改革に繋がっていくことを強く期待した
い。」（11 頁）、『教育黒書』では、「今日のわが国教育界の現状（引用者注：
病理）を告発したものだ。」（1 頁）「かつてイギリスで教育の正常化に立ち
上がった人たちに見習って『教育黒書』と題する本を編んだ次第である。」
（5 頁）、『フェミニズムの害毒』では、「このごろのフェミニズムの頽廃と
堕落と逸脱を許せないのである。われわれが目指すのは、やみくもに性
別分業を否定し、保育園神話にうつつをぬかし、母性と家庭を崩そうと
する硬直した愚かなフェミニズムを廃棄し、真の男女平等を打ちたてる
ことである。」（268 頁）、『家族を蔑む人々』では、「フェミニズムと反フェ
ミニズムの戦いは新しい段階―総力戦の段階に入った。」（3 頁）「エセ学

問ではあるが「女性学」「男性学」を名乗って体系化されている。」（4頁）「これをフェミニズムと戦う場合の教科書として使っていただきたい。」（5頁）と記されている。このように、フェミニズムやジェンダー平等推進施策に対する攻撃が目的であることが明確に記されている。

　以上、双方の単行本の出版年度を比較してみると、前述の通り、バックラッシュ派の主張に対するフェミニスト側の反論と対抗が非常に遅れたという特徴がある。筆者はこの問題の深刻さを指摘したいと考えている。それは、バックラッシュの勢力が昨今の歴史修正主義と連動させて組織的にさまざまな攻撃を仕かけてきたにもかかわらず、フェミニスト側の多くの人々は、その重大な意味を見誤ったり軽視したりしてきた弱点が明らかになっていると思われるからである。この問題について次のような鋭い指摘がなされている。

　　フェミニスト側が、…「バカなことをいっているから相手にしなくてよい」と静観／放置してきたこと（無関心であったこと、ジェンダーフリー概念を擁護しなかったこと、性教育攻撃への反撃が遅れたこと）が、バックラッシュ伸長の隠れた要因である。…「『男女平等／ジェンダー』は大事だが、『ジェンダーフリー』は使わなくてもよいからジェンダーフリー攻撃を相手にする必要はない」、「『ジェンダーフリー』の意味が曖昧（あるいはジェンダーフリーが科学的でない概念）だから、バッシング派につけこまれている」という見解も一部あるようだが、…この概念を使わなければバッシングが止まるなどと考えるのは現実的ではないと思う。…問題があるとすれば、バックラッシュの攻撃に恐れをなして口をつぐみ、フェミニズムが後退し、中庸化し、骨抜きになり、ナショナリスト、ミリタリストが望むような「男らしさ／女らしさを大切」にする「男女共同参画や男女平等」になってしまうことである（伊田 2006a:110-113）。

そうした中で、かなりの人々の間に、いつの間にか“なんとなくフェミニズムがいやだ”という空気が蔓延してきていた。バックラッシュに反発するような人々が非常に少なかったのである。その空気を表したものとして、荷宮和子『なぜフェミニズムは没落したのか』（中央公論新社、2004）を挙げておこう。

　一方、バックラッシュとは何だったのかを振りかえる立場で、近年刊行されたものとして、民主教育研究所「ジェンダーと教育」研究委員会編著・発行『ジェンダー平等の豊かな社会をめざして――性教育・ジェンダーバックラッシュをのりこえる』（「ジェンダーと教育」パンフレットNo.9、2010）がある[2]。また、大阪府豊中市男女共同参画センター「すてっぷ」館長・三井マリ子の雇い止め事件（2004）の概観と裁判記録として書かれている、三井マリ子・浅倉むつ子編著『バックラッシュの生贄――フェミニスト館長解雇事件』（旬報社、2012）がある。

　これらの成果があるとはいえ、本書のような形でバックラッシュの全体像、時期区分、と詳しい事例、言説をまとめたものはない。したがって本書の独自性は、バックラッシュの時期区分を踏まえた全体把握（3章）と、4章の事例研究、および5章の言説の詳しい研究にある。

　本研究では、「ジェンダー・バックラッシュ」現象を研究対象にして、日本社会のナショナリズムの高揚とジェンダーとの関係を検討した上で、保守派運動の手法と理念的根底を明らかにし、ジェンダーをめぐる論争について社会的・政治的背景を究明するとともに、さらにその社会意識の変容過程を検討する。

　「バックラッシュ」の影響が最も大きかった領域としては、1）地方自治体の条例・行政と啓発企画（行動計画、パンフレット、講座、講師）現場、2）小・中・高における教育現場、戦後民主主義教育、3）インターネット上の言説、の三つに大別できる。これらの事件・事例の事実関係記述に着目しながら、

客観的な統計とデータを基にして検討し、その実態と特徴を論理的に探り出す。男女共同参画社会あるいはジェンダー平等社会に向けての社会構造システムの変革や法制化などの検討とバックラッシュ現象を対自化しうる研究を目指したいと思う。

このような課題を遂行するために、文献研究や史料調査や各種の統計・データ分析、コンテンツ分析研究の方法と、実証分析の方法を採用する。

第3節　本書について

本書は、2014年9月に立命館大学大学院文学研究科に受理された博士学位論文『日本女性政策の変化と「ジェンダー・バックラッシュ」に関する歴史的研究』を、大幅に加筆修正したものである。

筆者の博士論文は、「バックラッシュ」現象を現代日本の諸問題を解析するためのもっとも有効な問題と捉え、戦後史を遡ってその事象を歴史学的に検討したものである。これまでの日本のフェミニズム運動や男女共同参画社会基本法とその条例づくりに関わった行政担当者と研究者の努力にもかかわらず、「バックラッシュ」の反撃を許してしまったのは何故なのかが、戦後女性政策に関する先行研究では明らかになっていなかった（神崎智子『戦後日本女性政策史』2009年、坂東眞理子『日本の女性政策』2009年、横山文野『戦後日本の女性政策』2002年など）。戦後女性政策史をその観点で見直し、それがのちに「バックラッシュ」を呼び起こす原因を潜在的に保持していたことや「バックラッシュ」が進んだ政治的背景について検討した。

本論文を刊行するにあたって、特に留意している点は、学術論文を一般の読者が読みやすい形にして再構成・編集を行うことであった。さらに、分量の関係もあり、「バックラッシュ」問題の視点から分析した日本の女性政策の変遷（戦後〜2000年代）に関する第2章と第3章の一部を残し、本書では削除した。また、いろんな方々に本書を読んでいただきたいと

いう願いから、なるべく注釈も最小限にとどめるよう、修正した。それは、不足な点の多いものであるが、本論文を一般の読者向けに再構成・編集を行い、刊行することは、この状況の打開を図る一つの作業（実践）として大きな意味を有するからである。すなわち、多くの方に「バックラッシュ」の本質と政治的背景、及び「バックラッシュ」言説を正しく知ってもらうことによって、日本社会における「ジェンダー正義」「ジェンダー平等の達成」に資することができると考える。

【注】

(1) 2000年代初期の段階で、「ジェンダー・バックラッシュ」問題の深刻さに気付き、それについて著作や論文で論じてきたジェンダー研究者は、2003年刊行の浅井春夫他著の執筆者のほかに、伊藤公雄、伊田広行、細谷実などが挙げられる。

(2) 上野千鶴子『不惑のフェミニズム』（岩波書店、2011）の中で、関連研究の一部（3章「バックラッシュに抗して——2000年代」）が述べられている。

第1章　現代日本社会の「ジェンダー・バックラッシュ」現象

第1節　はじめに

　本章は、第二波フェミニズムが台頭して以来、30年以上発展してきた日本の女性学・ジェンダー研究に対するバックラッシュが、どれほど深刻な危機状況をもたらしているのかという問題意識のもと、昨今の日本の右傾化との関連に留意しながら、「ジェンダー・バックラッシュ」をめぐる動向に関して考察するものである。

　研究方法として、まず、批判の対象となった「ジェンダー」「ジェンダーフリー」概念の使い方と意義を検討したうえで、「ジェンダー・バックラッシュ」に関する概観を、先行研究を踏まえておさえ、その性質を考察するという形をとる。なお、引用文中の傍点はすべて筆者による。

第2節　「ジェンダー」「ジェンダーフリー」の概念と意義
1. 用語の概念と使い方

　1960年代以降台頭した第二波フェミニズムは、「個人的なことは政治的である」の標語とともに始まり、制度的差別の撤廃だけでなく、それを支える性役割など伝統的意識に基づく社会慣習の変革を求めてきた。もっとも大きな特徴は、「家父長制」と「ジェンダー」の二つの概念がフェミニズムに多大なインパクトと理論的な成果をもたらしたことである。

　「ジェンダー」については、論者によって様々な定義や理解があるが、「生物学的な性別（セックス）と区別される、社会的文化的に構築された性、

性別、性差」といったところでおおむねの共通理解が得られている。その中で「ジェンダー」概念の定義と使われ方について、ここでは伊田広行の整理を紹介することにしよう（伊田 2006b-1:11-21 を要約）。

　伊田は、①単なる性別としてのジェンダー、②社会的性別・性質としてのジェンダー、③規範および参照枠組みとしてのジェンダー、④「性に関わる性別／被差別関係、権力関係・支配関係を示す概念」としてのジェンダーの四つに大別する。この四つの意味は矛盾しているわけではなく、意味の広さや深さや対象や文脈が異なっていることに対応した四つの側面であると定義している。

　これらの意味と使い方を簡単にまとめると、①は、単純に「男女」という性別それ自体をジェンダーという。②は「社会的・文化的に形成された性別・性差・男性／女性のあり方」というものである。ここには「多様なジェンダーを認めよう」「望ましいジェンダーをつくっていこう」という意図が含まれる。このレベルのジェンダーをベースにジェンダー・アイデンティティを各個人は持つという意味も含まれる。③は「男／女はこうであるべきだという規範」および「男女への社会的期待や処遇が差異化される参照、準拠枠組み」ということである。つまり「男らしさ／女らしさ」にあわせて生きるべきだ、それが当然・自然だという規範力をもったものとしてのジェンダーのことをいう。④は「単なる差異」ではなく、性別・性差の多くの部分において本質的に上下関係・優劣関係・支配／被支配関係を含んでいるとみるものであり、「ジェンダーの構造」の政治的営み（優劣的に差異化する政治）を見抜き、これに対抗しようという目論見があるものである。

　次に、「ジェンダーフリー」について伊田の定義を借りれば、上述したジェンダーの意味の③④のレベルでジェンダー概念を理解した上で、従来の抑圧的・固定的・運命論的なジェンダーから自由（フリー）になる（囚われないようになる）ことを目指すことである。換言すれば、「ジェンダー

フリー」概念は、「抑圧的なジェンダーの呪縛から離脱して自分らしく自由に生きていこうとする」といった積極的な概念であると述べる。また、ジェンダーフリーの思想は、多様な生き方を尊重する、個人単位型の社会に変革していくという意味を持っていると主張する（伊田 2006c:35-36、伊田 2008）。

　ジェンダーフリー概念を推進する論者の中では、「社会的に作られた性差であるジェンダーに縛られずに男も女も一人ひとりが個性に従ってのびのびと生きられるようにする」といった意味での共通認識をもって使われていることがわかる。この概念は、「性に関わる差別を批判し、差別をなくしていこうとし、性的マイノリティのありようをそのまま認めていこうとする人権概念の水準である」（同 c:27）といえよう。しかしながら、日本のフェミニストの中でも「ジェンダーフリー」をめぐる賛否両論がある。おおむね　①ジェンダーフリー概念を擁護する立場と、②容認はするものの、自分は不使用の立場、③ジェンダーフリー概念に批判的な立場、と分かれている。また、この概念が使われている現場や各論者によって、使われ方が異なる面も見られる。

　今や「ジェンダー」は国際標準の学術用語となっている。フェミニズムや男女平等運動、女性学・ジェンダー研究においては、上記の四つのジェンダーの意味をすべて使用してきた。現在、日本では、「ジェンダー概念を豊かにとらえたほうがよい」という主張が研究者の中で一般化されている[1]。ただ、①の意味でジェンダーと言っても間違いではないが、あまりこの意味では使わないほうが、無用な混乱が減るという見解もある。ジェンダーフリー概念が科学的なものではないというのは、上記を踏まえれば、説得力を持たない見解であると筆者は考える。

2. 用語の導入の歴史

　女性学、フェミニズムの分野に「ジェンダー」という概念が導入され

たのは 1970 年代から 1980 年代のことである。ジェンダー概念が「社会
的文化的な性別・性差」という意味で使用されはじめたのは、第二派フェ
ミニズムの時期からである。

　船橋邦子によれば、日本の女性学に階級、人種、民族と同様に有効な
分析概念として広く使用される契機となったのは、1989 年に NWEC（国
立女性教育会館）で開催された女性学国際セミナーでのクリスティーヌ・
デルフィのジェンダーに関する以下の発言が契機となったという。

　　①文化的・歴史的に多様な「性別」の概念を一つの用語で表現できる。
　　②分析の対象が男女という二つの項から、一つの対象、差異の切断
　　　線へと移行。
　　③この差異は非対称的差異、権力関係であることが明らかになった
　　　こと（船橋 2006:168）。

　日本の女性学では、1980 年代末頃から、自分の研究領域を「女性学」
ではなく「ジェンダー研究」と名乗る研究者が増えてきた。1990 年代半
ば頃から「ジェンダー論」「ジェンダー研究」という用語が頻繁に使われ
はじめるようになった。

　「ジェンダー」という用語は、1990 年代に入ってから国連の文書に採
用されるようになり、その後「ジェンダー平等」は、国連関係機関の文
書に公式用語として使用されている。周知のとおり、日本でも 1995 年
の北京世界女性会議後、性別特性論に基づいた「男女平等」と区別する
ために「ジェンダー平等」という用語が頻繁に用いられるようになった。
現在、ジェンダー平等は、性的マイノリティも含むという意味で、男女
平等を発展させた概念として捉えられている。江原由美子は「現在、人
文社会系の学問のほぼすべての分野で、研究対象領域や分析視点を示す
名称として、あるいは専門用語として、ジェンダーという概念が使用さ

れている」という（江原 2006:40）。

　そして、井上輝子は、図書・行政資料における「ジェンダー」「ジェンダーフリー」の使用頻度を調査する。その結果によれば、一般図書での「ジェンダー」の使用は 1980 年代にみられはじめたが、行政資料では 1990 年代以後、一般図書・行政資料とも、1995 年以後に「ジェンダー」が急増する。一方、「ジェンダーフリー」は行政資料での使用頻度が高く、1998 年と 2002 年がピークであって、一般図書・行政資料ともに、2004 年以後には急減した。これについて、井上は「いわゆるバックラッシュの結果であることは明らかだろう」と論ずる。また、「ジェンダーフリー」の減少及び、東京ウィメンズプラザ所蔵図書の急減の背景として、① 2002 年以後「ジェンダーフリー」攻撃の加速化ならびに、東京女性財団の廃止、② 2004 年 8 月に東京都教育委員会の「ジェンダーフリー」不使用の見解など、行政による用語の使用法への介入を挙げている（井上 2006:63-71）[2]。付け加えるならば、2005 年 12 月の「第 2 次男女共同参画基本計画」で、バックラッシュ派の主張に沿って「ジェンダー」「ジェンダーフリー」の説明文が入れられたことと、2006 年 1 月に内閣府が「ジェンダーフリー使用は不適切」の見解・通知を出したことで、ジェンダーフリーが使用されないことが決定的になった。

　「ジェンダーフリー」という用語は、国連文書には採用されていないが、日本の学校現場で、「性別特性論型の男女平等教育」と区別する必要性から使われ、広められた言葉だといえる。この用語について船橋は「固定観念、規範、権力関係といったジェンダーの正しい理解の上に、そこから自由になることをめざそうという、日本の運動の中で使用され、広がった概念」であると説明する（船橋 2006:169）。これは、女性学のジェンダー概念は、中立的なものではないという意味での解釈である[3]。

　「ジェンダーフリー」が日本の行政において最初に登場するのは、東京女性財団『ジェンダー・フリーな教育のために——女性問題研修プロ

グラム開発報告書』(1995-96 年)、『Gender Free 若い世代の教師のために──あなたのクラスはジェンダー・フリー？』(1995 年) である。その後、国立女性教育会館は『女性学教育／学習ハンドブック──ジェンダー・フリーな社会をめざして』(有斐閣、1997 年、新版 1999 年) を発行する。これらのプロジェクトや教育セミナー、女性センターの講座などによって、ジェンダーフリーは、学校教師のための生涯学習の分野や社会教育における女性学教育の分野においても、広まっていく。こうした中で、自治体による「ジェンダー」「ジェンダーフリー」の普及と推進が続くようになった。

3. 「ジェンダーフリー」をめぐる混乱

　日本のフェミニズム領域において、「ジェンダーフリー」をめぐる混乱が起った発端は、アメリカの教育学者バーバラ・ヒューストン (ニューハンプシャー大学の教授) が論文で「ジェンダーフリー」を批判したが、それを誤読して、彼女がその概念を提唱したというように日本に紹介されたと指摘されたことである。1995 年に東京女性財団の刊行物が「ジェンダーフリー」を積極的に擁護する意味で紹介した (山口 2004、2005)。その後、ジェンダーフリーが多く使われたが、のちに一部論者が誤読だと指摘して「論争」が起きた。

　その「誤読」の根拠として指摘されているのは、ヒューストンが「公教育はジェンダーフリーであるべきか？」(1985) という論文の中で、「ジェンダーフリー」ではなく、「ジェンダー・センシティブ」を提唱したという点である[4]。問題になったのは以下の文章である。

　　　ジェンダー・フリーは、人々の意識や態度的側面を指す用語である。この用語に関する論文が、最近刊行された論集に収められている。…この論文では、ジェンダー・フリーの意味を強いものから弱いも

のまで、三つに区分している。我々が用いる意味は、第三のジェンダー・バイアスからの自由に近いだろう。論文の筆者は、ジェンダー・センシティブという用語のほうにコミットしているが、それはジェンダーフリーの戦略上の観点からである（山口・斉藤・荻上 2012:8 再引用）。

　山口智美（2004）は、ヒューストン論文の誤読である、および原典を確認せず、女性学・ジェンダー学者たちが誤読を広げた、しかもそこには日本のフェミニストたちの御用学者性が出ているという主張を行った。山口の取材によると、ヒューストンは男女平等の達成には、具体策を欠いたかけ声だけの「ジェンダーフリー」は意味がない、ジェンダーに敏感な具体策をたてることが必須であると主張した、という。当時の日本の学者たちは、ヒューストンの「ジェンダーフリー」解釈の一つとする「ジェンダー・バイアスからの自由」という見解として認識したようである。

　一方、ジェンダーフリーという用語は、和製英語であるという主張だけではなく、英語圏でも使われている言葉なのだ[5]という主張もある。伊藤公雄は、『教科と教師のジェンダー文化』（堀内かおる、ドメス出版、2001）とヒューストン論文を参照して、英語でも使用例があることと、そこには複数のニュアンスが存在している説を「ジェンダー・フリー・ポリティクスのただ中で」の中で、紹介している（伊藤 2006:38-45）。

　すなわち、ヒューストンが、ジェンダーフリーという言葉の英語のニュアンスを三つに分類していた。それは、①機械的な男女「同じ」扱いを意味し、②ジェンダー無視、③ジェンダー・バイアスからの自由という意味をもっている。問題は、この最後の意味（ジェンダー・バイアスからの自由）が、「もっとも弱い」ということにあると指摘する。伊藤は、日本社会でのジェンダーフリーをめぐる攻撃とそれへの抵抗が、ここで提示された三つのニュアンスのうち、第一と第三の間のすれ違いをもとにしていると分析する。つまり、バッシング派は勝手にジェンダーフリー

を第一の意味として決めつけることで、「身体検査の男女同室」や「修学旅行の男女同室宿泊」がジェンダーフリーの名のもとに行われていると騒いでいた。だが、ジェンダーフリー教育推進派は、基本的に第三の意味（ジェンダー・バイアスからの解放）でこの言葉を使っていたという（同:39-40）。これは日本の実情を反映した見解である。

反面、山口と荻上チキは、『社会運動の戸惑い』（2012）の中で、同報告書の誤読事件について「致命的な問題点」「致命的な誤読」であると厳しく指摘する。山口（2004）は「「ジェンダーフリー」を、アメリカに住んで長い私は聞いたことも見たこともない」、「「フリー」は、…英語では「〜がない」という意味合いが強い」といい、二人のアメリカ学者の取材を通して「ジェンダーフリーに批判的」なことを示した。また、アメリカの学者の権威を借りて、原典を確認せず、「ジェンダーフリー」を広めた学者の責任は重大であり、用語を推進してきた行政の責任も問われるべきだと主張する。

確かに、山口が指摘したように、原典の確認作業をしないまま、フェミニズムの一部で流通してしまったことについては反省すべき面もないわけではない。しかし、「ジェンダーフリー」概念の誤読と使用の是非論より、もっと大事な問題を見逃しているのではないかという点（反論を含む）について、筆者は以下のように指摘しておきたい。

第一に、日本の教育現場において拡大し定着しつつあった「ジェンダーフリー教育」の推進の動きは何を求めていたのか、何をもたらしたのか、という議論が十分なされていないまま、使用の是非論へと流れてしまったのではないか。

第二に、日教組を中心とした教育分野、および日本の運動の用語として積極的な意味（前述の用語の使い方を参照）で使われてきた事実がある。したがって、欧米の学者のお墨付きは必要ではないと考える。この論争について、伊藤は「日本のジェンダー「業界」は、相互批判が不足して

いると思う。問題なのは、「相互批判」の「作法」のようなことなのかもしれない」と問題点を指摘している（伊藤 2009:161）。

　第三に、山口が取材した二人のアメリカ学者がジェンダーフリーに批判的だといって、この用語の意義を全面否定し、それを使用した者もまた否定することは、山口自身も「アメリカの学者の権威を借りて」否定することと同じになるので、論理矛盾が発するという点である。また、ある概念（学術用語）は、ある学者の特権的所有物ではないし、意味の可変性も含まれているものであるため、「致命的な問題点」「致命的な誤読」という表現（評価）には違和感を感じる。

　第四に、ジェンダーフリーを批判する一部のフェミニストは、行政主導型フェミニズムについて、かなり批判意識を表明することがしばしばある。しかし、女としての生きにくさや自分自身の経験を言語化したのが女性学の成り立ちである。その意味で考えれば、日常生活における女性政策・制度や法律の成立・改正などは、大事な問題となってくる。当然、制度的平等とともに意識啓発も必要である。それらを推進していく役割の一つが行政であるといえる。だとすれば、研究や運動や行政の分野は互いの成果を反映しながら、つながっており、つながるべきであるといえよう。実践の面では、行政とは手を携えていく仲間であるとの認識が必要で、密着は良くないとしても、連携して活用すべき場合は利用（協働）することが運動論的には重要である。もちろん、相互批判は必要であるが、山口らの批判は「批判のための批判」になっているのではないかという点については真剣に検討する必要がある。

　第五に、バックラッシュの状況の中で、ジェンダーフリー攻撃があることを全体の文脈の中でとらえるべきである。ジェンダーフリーや男女共同参画の擁護への支援と、バックラッシュに対抗していくことは、別の問題ではないが、山口たちは切断している。そのため、山口たちの言説はバックラッシュ派と軌を一にする側面を持ってしまっている。バッ

クラッシュ派が、表面的には「ジェンダーフリー」を最大の標的として設定しているように見えるが、攻撃の内容は「ジェンダー」を含め性差別をなくしていく動き全体（フェミニズムの思想全体）を葬っていくという政治を行っているからである。つまり、ジェンダーフリーを使わなければ済む問題ではない。伊田が主張するように「攻撃をおそれて口をつぐむ」よりは、「このようなときこそ、言論の自由、思想／学問の自由を掲げて、…不当な言いがかりに立ち向かうことが求められている」（伊田 2009:90）といえる。

　以上のような論争の結果、ジェンダーフリー推進派の中では、伊田広行のように「ジェンダー規範を見抜き、批判し、新しいあり方を追求していくことへの積極的な概念」（伊田 2008、2009）だとみる見解と、井上輝子のように「ジェンダーフリーを目標として掲げることには積極的な意味があるが、教育や実践の方法としては、ジェンダーフリーというよりはむしろジェンダーに敏感であることが重要」（井上 2006:78）だとみる見解が分かれているようにみえる。そしてジェンダーフリーという用語を使った運動と言説全体、日本の男女共同参画を批判する山口らの主張がある中で、現実には、バックラッシュ派による「ジェンダー」「ジェンダーフリー」をめぐる攻撃の結果、2004 年以降の「ジェンダーフリー」使用が急減していくことがいくつかの調査で見られた。

4.　政府の用語に対する見解

　政府関連の動向を見るならば、2005 年 12 月に「男女共同参画基本計画（第 2 次）」が提示されたが、バックラッシュ派の圧力の中で、内閣府男女共同参画局が「ジェンダー」という概念を残すために「「社会的性別」（ジェンダー）の視点」という説明項が設けられた。まず概念を説明した上で、次のように記述している。

1．人間には生まれついての生物学的性別（セックス／sex）がある。一方、社会通念や慣習の中には、社会によって作り上げられた「男性像」「女性像」があり、このような男性、女性の別を「社会的性別」（ジェンダー／gender）という。「社会的性別」は、それ自体に良い、悪いの価値を含むものではなく、国際的にも使われている。「社会的性別の視点」とは、（中略）。

2．「ジェンダー・フリー」という用語を使用して、性差を否定したり、男らしさ、女らしさや男女の区別をなくして人間の中性化を目指すこと、また、家族やひな祭り等の伝統文化を否定することは、国民が求める男女共同参画社会とは異なる。例えば、児童生徒の発達段階を踏まえない行き過ぎた性教育、男女同室着替え、男女同室宿泊、男女混合騎馬戦等の事例は極めて非常識である。また、公共の施設におけるトイレの男女別色表示を同色にすることは、男女共同参画の趣旨から導き出されるものではない。

上記1．2．について、国は、計画期間中に広く国民に周知徹底する。

翌月である2006年1月には「各都道府県・政令指定都市　男女共同参画担当課」宛で「「ジェンダー・フリー」について」[6]という文書（2006年1月31日付の「事務連絡」）を送り、関係部署、管内の市（区）町村にも周知徹底するよう指示した。その内容は、「2.「ジェンダー・フリー」については、この用語をめぐる誤解や混乱を解消するため、基本計画において、上記のとおり記述されたところであり、地方公共団体においても、このような趣旨を踏まえ、今後はこの用語は使用しないことが適切と考えます。」（傍点は筆者）と記している[7]。

以上のような流れであったが、「第2次計画」の記述の問題点について指摘すると、①「ジェンダー」概念には、多様な意味があるにもかかわらず、ここでは「社会的性別」だけが述べられ、その他の意味が排除されている。

②「ジェンダー・フリー」についての定義が提示されていない。③「ジェンダー・フリー」を使用して挙げた例は、バックラッシュ派の主張を大幅に取り入れたものであり、④それらの事例は、ジェンダーフリー思想が求めるものではない。⑤特に「男女同室着替え、男女同室宿泊、男女混合騎馬戦等」の事例には、教育現場における様々な個別的状況があるにもかかわらず、それに言及せずに「非常識」と決め付けている。

このように、極端な事例を持ち出して「ジェンダーフリー」概念を批判する記述から読み取れるのは、非常に政治的な意図が潜んでいるということである。つまり、公文書に「ジェンダーフリー」の不適切な事例（しかも学問的な調査に基づかない根拠薄弱な事例）を書き並べ、バックラッシュ派の言い分だけを認めて、「社会運動としての男女共同参画／ジェンダーフリー運動の成果を、「ジェンダー」概念と切断するという、政治的な判断をしたもの」（伊田 2006b-3:196）といえよう。

上述したように、自治体への事務連絡の通知をきっかけに、ジェンダーフリーの用語が、国と地方の行政主催のプロジェクトから消えていった。この、ジェンダーフリーは「使用しないことが適切」という事務連絡は、バックラッシュが及ぼした影響であると同時に、政府の対応という面から見ても、政治に引きずられすぎた不適切な対応といえるのではないだろうか。

ジェンダー平等論者の中では、用語の使用をやめるよう指導するというのは、論理的飛躍であり、それは「学問・思想・信条・表現の自由」に反し、「異なる意見を認めない」という全体主義的な社会になっていく兆候を示しているという批判が相次いだ。また、上記、第2次計画は、「バックラッシュ派に配慮しすぎたために、様々な限界性や問題性を持っている」（同 :189）ことや、「ジェンダー」には多様な意味があるにもかかわらず、社会的性別としてジェンダーの一部の意味に限定していることは問題であると指摘する。

他方、反フェミニズムの保守側は、このような政府の見解を、その後の反フェミニズム運動（バックラッシュ言説）において利用していった。2005年11月に内閣府政務官（男女共同参画担当）に就任後、同計画決定に取り組んだ山谷えり子議員は、『正論』（2006年3月号）のインタビュー記事で次のように述べている。

　　暴走を止めるための二十二行の定義
　…PT（引用者注：自民党のプロジェクトチーム）では、その調査に基づいて、「『ジェンダー』は計画から外すべきだ」ということになりました。つまり、「ジェンダー」という言葉自体が混乱の原因、恣意的解釈・運用の源になっていると考えたのです。自民党内閣部会でも同じような意見があり、基本計画策定の際に、「ジェンダー」という言葉を入れるか、はずすかで激論となりました。最終的には、既に地方の男女共同参画関連条例や計画の中に、「ジェンダー」という言葉が入ってしまっている以上、きちんと定義して暴走や恣意的な運用解釈を止めるほうが良いのではないかと判断して、二十二行にもわたる定義となりました。…自民党のPTは、この二十二行の決定に基づき、今後も教育現場や行政の現場でおかしなことがあるかどうか引き続きチェックをし、国民の声を聞き続けるつもりです。それでも暴走が止まらないのであれば、「ジェンダー」という言葉をはずす、ということになりました（山谷 2006:261-262）。
　　聞き手：定義では他にも「『ジェンダー・フリー』という用語を使用して、性差を否定したり、男らしさ、女らしさや男女の区別をなくして人間の中性化を目指すこと」「家族やひな祭り等の伝統文化を否定すること」「公共の施設における男女別色表示を同色にすること」を男女共同参画とは無関係な事例として挙げています。「人間の中性化」などという非現実的な文言までこうした公文書に入れるとい

けない状況はやはり異常ですね（同:262）。

　この記事に先立って、山谷議員は、『日本時事評論』（2005 年 10 月 21 日）のインタビュー特集の「基本計画の中に暴走装置が…」「全国から驚きの3 千 5 百例」という見出し記事で、上述の記事と類似した内容を述べている[8]。また、自民党のプロジェクトチームは、2005 年 5 月 26 日に同党本部で「過激な性教育・ジェンダーフリー教育を考えるシンポジウム」を開催した。当時、『週刊金曜日』（2005.7.29）は、同シンポジウムの内容について、「発言からは、同党が憲法や教育基本法に盛り込もうとしている復古調の価値観がはっきりと読みとれる。」[9]と報じている。

　これらの出来事から、官僚フェミニストは、圧力に負けて保身を図ると同時にある意味「ジェンダー」という概念を守るために、またバックラッシュ派は自分たちの主張を男女共同参画の中に入れこんでフェミニズムの「暴走を止める」ために、「第 2 次計画」の説明項を設けたという両側面があることがわかる[10]。この両側の立場の違いがあることの背景には、バックラッシュ派とフェミニズム側と行政・官僚勢力との三つの政治的な力学関係が働いていたと言えよう。

　以上の事件について、上野千鶴子は『不惑のフェミニズム』（2011）の中で、「ジェンダーフリー・バッシングがこれほどの政治的影響力を持つに至って、わたしには痛恨の思いがある。それは「ジェンダーフリー」の語を使用しないように、という通達が行政から出た時に、もっと強い危機感を持たなかったことだ。」「このような思想統制につながりかねないことば狩りには、きちんと抵抗すべきだった」と振り返っている（上野 2011:287）。今や「ジェンダー」という言葉は、国際的学術用語として定着しているにもかかわらず、この出来事は、日本の政治の風潮がいかに独自に保守化しているのかをさし示していると言えよう。

第1章　現代日本社会の「ジェンダー・バックラッシュ」現象　31

第3節　「ジェンダー・バックラッシュ」の概観

　この節では、「ジェンダー・バックラッシュ」に関する概観を、先行研究の中の一般的考察に注目しながら論じていくこととする。

1. バックラッシュの背景と意味

　「バックラッシュ（backlash）」及び「バッシング（bashing）」とは、ジェンダー平等教育／性教育とジェンダー平等の法律・施策がすすむことに対する組織的な反撃や攻撃のことを示すという点では、おおむね同様の意味として捉えられている。しかし、使い方によって、若干違う意味で捉えられる場合もある。例えば、「バックラッシュ」とは、大きい流れや全体の動き、あるいは勢力を表している、というとらえ方がある。換言すれば、一つ一つのバッシングの総体を歴史の流れに逆行する大きなまとまった動きとして「バックラッシュ」と称する場合がある。

　本書では、攻撃側の勢力・人を示す場合は「バックラッシュ派」と称する。それに対し、「バッシング」とは、攻撃をする行動や行為を表している、と理解しておきたい。本書では一般に、性教育に対する激しい批判などに関しては「性教育バッシング」と示し、「バックラッシュ」と「バッシング」を使い分けている[11]。バックラッシュの時期区分と「主体」については、第3章で詳述する。

　さて、バックラッシュは、どうして起こってきているのか。まず、世界経済の動向や、日本の右傾化とその社会経済的背景について見ていくことにしよう。

　世界経済は、1970年代に入り石油危機に直面し、財政赤字の拡大により、「大きな政府」政策への失敗と非難を招くことになった。周知の通り、1980年代以降に登場するのが、「グローバリゼーション」と新自由主義という経済政策の潮流である（水谷2008:137）。もう一つ、それに伴って登場するのが、新保守主義という思想である。地球規模の市場経済化と

大競争という特徴を持っているグローバリゼーションと新自由主義が進む中で、現代の国際社会は「貧困と格差」の拡大という共通する問題を抱え込むようになっている（同:159）。

このような大きな流れを背景に、日本は、1990年代にバブル経済が崩壊して以降、新しい国家モデルを構築する必要があった。そこに出現するのが、小泉純一郎政権の「構造改革」政策であるといえる。新自由主義の典型であるこの路線は、非正規雇用などの低賃金労働者を急増させる弱肉強食の政策で、階層格差を拡大する問題が生じていた。

日本における「格差社会」の議論が始まるきっかけとなったのが、橘木俊昭の著書『日本の経済格差——所得と資産から考える』（岩波書店、1998）だといわれているが、「格差社会」言説が一般に広がったのは、小泉構造改革の進行にともなってである（宮本 2008:135-136）。中村政則も、この構造改革は「規制緩和など市場原理主義をはびこらせ、経済格差を増大させ、「勝ち組、負け組」などという風潮を強めた」と評価している（中村 2010:263）。一方、新しい国家モデルとして、強権的な国家づくりを自民党政権はおおむね追求してきた。

その中で教育基本法改正が追及されていたのであるが、その理由について、関口久志（2004）の分析によれば、1990年代半ばからの日本の産業構造の変化によって、「国内生産から海外生産への企業戦略の転換」があった。つまり、本格的な海外の安価な労働力を使った現地生産型への転換は、多国籍型産業構造への変化であった。そうすると、海外の日本工場と邦人の保護並びに安定した海外の治安維持と、自国に有利で自由な海外での経済活動保障の圧力として、自衛隊派遣の要望が出てきたのである。この流れの中で、1999年に周辺事態法（ガイドライン法）と国歌国旗法の成立、2003年の有事法制とイラク特措法の成立、さらに愛国心を盛り込む教育基本法「改正」と憲法9条「改正」の狙いが強く押し出されてきたという。関口は、この動きに拍車をかけたのが9・11後のア

メリカ・ブッシュ大統領の軍事力にたよる世界戦略の後押しだと指摘し、経済も外交も「ミニアメリカ化する日本」を示していると表現する。また、教育においては、海外や日本国内で指導力を発揮できるエリート育成重視の教育改革路線が出てきたと論ずる（関口 2004:67-68）。

　では、これらの構造改革路線とジェンダー平等教育・政策へのバッシングはどのような関係にあるのだろうか。これに関連する「バックラッシュの動き」について、伊田が分析した説明の一部を要約して紹介する（伊田 2006b-2:176-185）。

　①グローバリズム・新自由主義（格差拡大）のもと、国の内外で起こる、不安・不満・不公平・権利剥奪による抵抗運動を抑えるためには、一方で家族・郷土・国家などの共同体への再統合をはかり、他方で、「敵」をつねにつくり、「力（武力・軍事力）で対抗するのだ、弱腰になっては敵になめられる」という思想を浸透させ、社会自体を軍事化する必要がある。「つくる会」などがめざしている路線は、国旗・国歌の強制から共謀罪体制による強権的な国家、戦争遂行国家、監視・管理強化国家である。その要が自衛隊の軍隊化、憲法九条・教育基本法の改定である。

　②格差化・不安定化する状況に対するもう一つの対応手段が、沸き起こる不満・抵抗を、家族やジェンダーという物語によって回収するというものである[12]。つまり強権的な社会をつくりたい人にとって、ジェンダー平等の思想と運動はとても都合のわるいものなのである。こうした保守的・強権的社会の形成の上での障害物の除去が、バックラッシュの動きである。

　③バックラッシュ的な動きは、日本軍「慰安婦」の運動がすすむことへの反発、夫婦別姓などの民法改正案が出たことへの反発など、1990年代はじめからみられる。しかし不満のエネルギーがバック

ラッシュとして活発に発露するのは、男女平等が実質化・制度化されていくことが明確になった20世紀末頃からである。すなわち、均等法、育児介護休業法、男女共同参画社会基本法、セクハラやDVなどへの規制、家庭科の男女共修、夫婦別姓法案、日本軍「慰安婦」問題の活発化などがすすむ中で、一部保守派が危機感を募らせたという側面もある。

④保守派、バックラッシュ派がめざすのは、社会を構成する重要な単位として「家族」を置き、「家族・共同体における責務を明確化（家族扶助の義務化、家族・地域・国家への奉仕）」して、諸問題をまたもや旧来のジェンダーに基づく家族に吸収させることである。個人として権利を「過剰に」主張するような者が増えると困るので、性教育、ジェンダーフリー教育を攻撃し、社会・共同体の要求に素直に従う従順な国民になるように「つくる会」の教科書や「心のノート」で教えようとしてきている。つまり、ナショナリズム国家・戦争遂行国家を支えるような、伝統的な性のあり方を個人や家族に強制していこうとすること、これがジェンダーフリー攻撃の意味なのである。

⑤バックラッシュ派の確信犯的な扇動に乗っていく「普通」の人々とは、今の優勝劣敗社会化のもとでの急速な変化に戸惑う人々である。結局、新自由主義的な競争圧力の中で、不満のはけ口を、メディアが誘導するナショナリズム的および家族や地域といった共同体主義的な方向への親和性やジェンダーフリー叩き、「弱者」叩きに向けてしまっている。

以上にみたように、昨今の男女共同参画やジェンダーフリー、性教育に対する激しい批判は、グローバル経済化や新自由主義、および「格差などへの不満をナショナリズムに回収させようとする右傾化政策」と結びつけて行われているようである。次節では、この右傾化に関して、も

う少し関連性を見ていくこととする。

2. バックラッシュの背景としての右傾化

　日本において 1990 年半ば以降、急速に登場してきた「新自由主義」という経済政策と「新保守主義」という理念に基づいて、国のかたちを変える政策が進められていった。浅井春夫（2006）は、このような国家再編の動きが、政治、軍事、教育、思想の四つの次元で推進されていると分析する。

　浅井の考察によれば、①政治では、新自由主義的構造改革を具体化する体制づくりである。②軍事面での重点は、憲法改正による「戦争のできる国」をめざしている[13]。③教育では、教育基本法の改正と学校経営としての NPM（New Public Management）[14] の導入を柱に改編が進められている。教育基本法の改正では「二一世紀を切り拓く心豊かでたくましい日本人の育成」という教育目標が掲げられている。④思想の分野では「男イデオロギー」の浸透促進と男女平等の否定を柱にイデオロギー的統制をすすめようとしている。「たくましい日本人」の中軸には「男イデオロギー」（強さ・リーダー性・献身精神）の醸成という課題が求められる。男イデオロギー（男性中心・男性優位主義）の形成は女性蔑視の思想とも表裏一体の関係にある（浅井 2006:39-41）。

　こうした国家の再編を狙う動きがバッラッシュと関係しているので、浅井が指摘するように「新しい歴史教科書をつくる会」（以下、つくる会）の中心メンバーが性教育・男女平等バッシングの理論的な主要メンバーであることに必然的連携がある。たとえば、高橋史朗編『私たちの美しい日の丸・君が代』（明成社、2003 改訂版）、西尾幹二・八木秀次『新・国民の油断』（PHP 研究所、2005）、八木秀次『国民の思想』（産経新聞社、2005）などの著書にはその右翼思想とバックラッシュの絡みがよく示されている（同 :39-40）。性教育・男女平等バッシングの動きには、このよ

うな国家再編のねらいと背景があって行われているのである。

　以上、先行研究と資料を検討した結果、ジェンダーフリーや性教育バッシングの政治的背景に、子どものための教育内容を真剣に検討したり、教師との話し合いによってよりよい教育方法の模索があるとは言えないということが言える。教育現場にいかにも深刻な問題があるかのように問題を作り上げる（行き過ぎた教育、過激な性教育）ことで、学校教育への管理強化と教育内容への介入、教育基本法の改正、等を目指していると分析することができる。さらに陰謀論的なデマゴギーを駆使する攻撃の手法もバックラッシュの中にはあるが、それは、「ありもしない目標を持った集団という仮想敵をつくることによって、自らの主張と支配方法の正当性を強調する」（同 :34-35）というものである。

　ここで、国政の右傾化とバックラッシュはどのような関係にあるのかについて、一部では「極右政権」等といわれている小泉内閣と安倍内閣の特徴を中心に検討してみることにしよう。

　憲法と教育基本法「改悪」をになう小泉内閣の性格については、俵義文の研究がある。俵は、2004 年 9 月に発足した第二次小泉内閣は、改造前と同様に超タカ派内閣であり、その性格は、教育基本法改悪実行内閣、憲法改悪準備内閣、戦争遂行内閣であると表現し、こうした内閣の性格は、大臣・副大臣や自民党役員などの顔ぶれによく現われていると主張する（俵 2005:60）。この内閣には、「つくる会」と連携して歴史教育・教科書問題に取り組んできた大臣・副大臣・政務官が多数を占めており、「つくる会」教科書の検定と採択を強力にバックアップする内閣であったと分析している（同 :64）。

　この小泉内閣に引き続き、安倍晋三は保守派の人々の期待を受けて内閣総理大臣に就任し、安倍内閣（第一次）が 2006 年 9 月に発足する。安倍内閣は組閣に際して「歴史教育議連」「日本会議議連」に属している議員を大量に登用することにより、保守政権の色合いが濃いものとなった。

特に、バックラッシュ派といわれている高市早苗が少子化・男女共同参画担当大臣、山谷えり子が教育改革担当首相補佐官、下村博文が官房副長官に任命された。なお、第二次安倍内閣（2012年12月）でも、高市早苗が政調会長、下村博文が文部科学相に任命されている。

　第一次安倍内閣当時の首相補佐官4人のインタビュー記事が「首相補佐官かく語りき」という見出しで『正論』2006年12月号に掲載されたが、そこにはその国家改造志向が示されている。彼らは首相補佐官として、安倍政権の歴史的位置に関する認識と任務について、次のように述べている。以下、引用文中の傍点はすべて筆者による。

　　根本匠（経済財政担当・自民党人事委員長）
　現在の日本は、明治維新、第二次大戦後に続く、"第三の改革"の時代に入っています。
　　小池百合子（国家安全保障問題担当・環境相）
　安倍総理は…明確な国家観、歴史観をお持ちで、日本はどこへ向かうべきかの処方箋も持っておられる。小泉改革の流れを受け継ぎ、さらによき方向に加速させる。その推進のための実行部隊として私たちは補佐官に任命されたと受け止めています。
　　山谷えり子（教育再生担当・内閣府政務官）
　強力なリーダーシップとスピーディな決断によって改革を推し進めたのが小泉政権の特徴でした。外国に例をとれば、サッチャー英首相やレーガン米大統領もそうした政治スタイルによって構造改革を進めましたが、そのうちサッチャー首相がとくに推し進めたのは教育改革でした。私も今の日本には、経済などの構造改革と並んで教育改革が何より重要だと考えています。それも狭義の学校教育だけではなく、家族や地域社会の再生という人間同士の絆の再生までを視野に入れた施策であるべきです。…構造改革と教育再生に国とし

て取り組んでゆくのが安倍内閣の時代的要請だと思っています。

　　世耕弘成（広報担当・参院総務委員長）

レーガンやサッチャーの改革を見ても、最初の取り組みから成果が
現れるまでにはだいたい十年くらいの年月を要しています。小泉前
総理はその前半の五年間を担い、安倍総理は後半を担うことにな
る。…「変人宰相」と言われた小泉さんのリーダーシップ政治に対
し、安倍さんはチームを組んで、官邸だけでなく内閣を含め全体で
仕事を進めてゆくスタイルに切り替えられた（小池・根本・山谷・世耕
2006:104-105）。

　安倍総理は、官邸に教育再生の推進機関として「教育再生会議」（野依
良治座長、17人の有識者）を設置する。そこの事務局長である山谷えり子は、
「公教育の充実、家族、地域社会の再生が急務だ」と主張し、安倍総理が
教育再生のモデルとして参考にしているのは、「サッチャー英首相が推し
進めた教育改革だ」と述べる[15]。その背景として行われたのが、イギリ
スへの教育調査団の派遣だったと紹介する[16]。

　前述の『正論』には、八木秀次「安倍総理、教育再生へ初志貫徹を」
という記事も掲載された。八木は、安倍首相の歴史認識と教育への関心
を以下のように記している。

　　安倍氏の中には「村山＝河野＝加藤＝野中」的なものへの強烈な嫌
　　悪感がある。その最たるものの一つが、拉致問題とともにいわゆる「歴
　　史認識」問題だったはずである。「河野談話」「村山談話」への批判
　　的な発言はこれまで公私問わず繰り返し耳にしていた。政治家・安
　　倍晋三のレゾン・デートル（存在理由）のようなものであると言って
　　いいだろう。…安倍氏の「村山」的なものへの嫌悪感の最たるもの
　　のもう一つは教育だった。これも推測だが、安倍氏の教育への関心

は自虐的な歴史教育への違和感から始まり、教育基本法改正論議の中で愛国心なき教育の異常さに気付き、ジェンダーフリー・過激な性教育やそれを推進する教職員組合への不信感となり、イギリスのサッチャー教育改革にそれらの根底にある社会主義的な教育思想との決別の処方箋を見出したように思える。いずれの問題にも自民党のとの議員よりも熱心に取り組んでいるように見えたし、事実、それらの問題の中心にはいつも安倍氏がいた（八木 2006:115-116）。

　引き続き、八木は「教育再生会議」が優先順位の上位で取り組むべきこととして、①「ゆとり教育」路線との決別、②「教育界の 55 年体制」の打破をあげている。また、次に引用したように、教育格差が生じることも、少子化が進展していることも、「ゆとり教育」の導入のせいだと主張する。

　「ゆとり教育」の背景にあるのは「子ども中心主義」という左翼的な教育思想であるが、公立学校が「ゆとり教育」路線を取るために、親の多くは緊急避難で私立に行かせたり、学習塾に通わせるなどとした。そのため教育費がかさみ、…少子化の要因にもなっている（同 :118-119）。

　文部科学省や教育委員会と日教組や全教などの左派系の教職員組合が裏でがっちり手を握っている「教育界の 55 年体制」を打ち壊すことである。具体的に言えば、教育委員会から黙認されてきた教職員の政治活動を徹底的に禁止し、法令順守という当たり前のことを周知させることである。…「教育再生会議」で取り上げ、教育界から政治主義を排除し、教員が教育活動に専念できるようにしてもらいたい。…「教育界の 55 年体制」を壊すに当たって有効なのは、まず

は学校の情報公開である。…授業の指導案も学校のホームページで公開する。…これで学校が子供たちに何を教えているか、何を教えていないか、がある程度分かる。教員も緊張感が持てる。これはサッチャー教育改革の際に、まずもって行ったことである。…省庁の枠を超えて政府全体として「教育再生」に取り組んで欲しい。安倍首相、山谷首相補佐官には抵抗勢力に負けることなく、初志を貫徹されることを求めたい（同:120-121）。

　その反面、最近出版された研究の中で、前述の安倍首相の歴史認識に対する批判的な視点で書かれた書物としては、林博史・俵義文・渡辺美奈『「村山・河野談話」見直しの錯誤──歴史認識と「慰安婦」問題をめぐって』（かもがわ出版、2013）がある。これを参照していただきたい。
　次に、2006年7月に出版された安倍晋三の著書『美しい国へ』の中の第7章「教育の再生」を通して、安部首相の教育改革と教育再生に関する主張を検討してみよう。

　　誇りを回復させたサッチャーの教育改革
　…サッチャーは、全二百三十八条におよぶ「一九八八年教育改革法」で、二つのことを断行した。一つは自虐的な偏向教育の是正、もう一つは教育水準の向上である。…どちらも、日本の教育が抱えているといわれる課題と重なっている。そこで、私が幹事長だった二〇〇四年秋、自民党は教育調査団をイギリスに派遣した。イギリスの経験が、きっと日本の教育改革、とりわけ教育基本法の改正に活かせると考えたからである（安倍 2006:202-203）。
　　ダメ教師には辞めていただく
　…ぜひ実施したいと思っているのは、サッチャー改革がおこなったような学校評価制度の導入である。学力ばかりでなく、学校の管理

運営、生徒指導の状況などを国の監査官が評価する仕組みだ。問題
校には、文科相が教職員の入れ替えや、民営への移管を命じること
ができるようにする。…監査の状況は国会報告事項にすべきだろう。
学校運営の改革という面では、校長の権限の拡大と、保護者の参加
が求められる。また、地元住民や地元企業が学校の運営に参加でき
るようにすれば、さらに大きな意味がある（同:211）。

　安倍は、日本における教育改革の必要性を説明するものとして、日本
青少年研究所の意識調査（2004年、2005年）結果を利用する。「喫緊の課
題は学力の向上である」と述べ、教育改革のための具体的戦略として「全
国的な学力調査を実施、その結果を公表する」、改善が見られない場合
は、強制的に「教員の入れ替え」を行うという。さらに、教員の質を確
保するために「教員免許の更新制度を導入」「幼児教育の改革」などを挙
げ、学力回復より問題なのは、「モラルの低下のほうである」と力説する。
そうした教育改革案の上に立って、レーガン大統領は「学校教育の立て
直しと同時に、家族の価値の見直しをすすめた」と紹介してから、「家族
のモデルを提示しない日本の教育」という見出しで「ジェンダーフリー」
と「家庭科教科書」を次のように批判する。

　近年ジェンダーフリーという概念が登場した。生物学的性差や文
化的背景もすべて否定するラディカルな考えをも包含する和製英語
だ。しかし近年、ジェンダーフリーの名のもとに、端午の節句やひ
なまつりまで「男らしさ・女らしさ」を押しつけるといって否定す
るような教育が行われていることが指摘され、東京都教育委員会の
ように、この用語を使うことを禁じる自治体も出てきた。その結果、
行政ではジェンダーフリーということばは使われなくなってきたが、
ジェンダーフリー的な考え方は、教育現場に広く普及している。家

42

庭科の教科書などは、「典型的な家族のモデル」を示さず、「家族には多様なかたちがあっていい」と説明する。…同棲、離婚家庭、再婚家庭、シングルマザー、同性愛のカップル、そして犬と暮らす人……どれも家族だ、と教科書は教える（同:215-217）。

　こうした中で、安倍は、自民党「過激な性教育・ジェンダーフリー教育実態調査プロジェクトチーム」の座長であった際、山谷えり子（事務局長）が国会で行った主張にのってバックラッシュ行動をとっていく。
　一方、家庭科教科書や性教育・ジェンダーフリー教育が、国政レベルで攻撃対象とされた引き金は、①一部の国会議員と議会議員による批判的な質問と答弁で、一方的に社会問題として取り上げられたこと、②一部の保守系メディアが、その関連記事を検証なしに報道することによって、社会問題として拡散されたこと、の２点といえる。その中でも特に、山谷えり子議員の「活躍」が目立っている[17]。
　こうしたことの一つの結果が、2006年12月22日の、教育基本法の第5条「男女共学」削除や第10条「家庭教育」新設という内容での「改正」である。改正に向けての小泉政権と安倍政権の執念は強かったといえる。そして、安倍政権は実際に、「教育再生会議」を首相官邸に設置し、教育基本法を59年ぶりに改正する、教員免許更新制の導入などを盛り組んだ教育関連3法の成立という実績を残した。
　「日本を取り戻す」という自民党のスローガンで再び首相の座に就いた安倍は、2012年12月17日の記者会見で「憲法改正や教育基本法改正など、占領時代に作られた仕組みを私たちの手で変えていくことが求められている」と強調した。とりわけ「戦後体制からの脱却」へのこだわりが強いことがわかる。「日本を取り戻す」というスローガンは、筆者には「強い国づくり」「強い日本」のように聞こえる。

3. バックラッシュの具体的な内容と事例

（1）バックラッシュ派の動き（「つくる会」教科書）

藤岡信勝による日本史教科書批判（「自虐・暗黒史観」）は、1996年頃から活発になった。彼の論調の中で、「南京大虐殺」と「従軍慰安婦の強制連行」の否定論は有名である。

従軍慰安婦の記述を教科書から削除させようとする右派の運動の展開を背景に、1997年1月「新しい歴史教科書をつくる会」が結成された。彼らは「現行の歴史教科書を自虐史観とし、「自分の国に誇りを持てる歴史教育」を主張して、中学校の歴史教科書と公民の教科書の作成をおこなうと宣言した」（中村 2010:232）。これについて中村政則は、1960年代ナショナリズムと1990年代のネオ・ナショナリズムとの違いは、林房雄の言説（『大東亜戦争肯定論』1964）が論壇現象に止まっていたのに対し、今回は教育の現場に影響をおよぼし始めたことにあると論ずる（同:233）。

会長である西尾幹二は、藤岡のいう「正史づくり」を継承して、1999年10月に『国民の歴史』という著作を公刊する。著書の内容が、日本国民のナショナリズム感情を煽動している点で世間の注目を浴びた。これに対し、永原慶二（2001）は「「一つの日本」への独善的な賛美と陶酔だけが強調された無責任な歴史物語」（浪漫主義的歴史物語）だと批判した（永原 2001:135）[18]。

そして、西尾幹二と藤岡信勝の対談『国民の油断』が1996年に出版された後、2005年に西尾幹二と八木秀次の対談『新・国民の油断』（副題「ジェンダーフリー」「過激な性教育」が日本を亡ぼす）が出版される。『新・国民の油断』は、「ジェンダー・バックラッシュ」の代表的な書物の一つである。西尾幹二、藤岡信勝、八木秀次らは皆「つくる会」の会長・副会長などの幹部であり、「つくる会」にかかわっている者たちが、バックラッシュ派の中核を担っているという関係がある。

こうしたバックラッシュ派の組織であり、近年の日本の右傾化を象徴

するものとして「つくる会教科書」問題を簡単に取り上げておく。この教科書の問題はさまざまに指摘されているが、ここでは「男女平等」の論点を中心に触れておきたい。

　俵義文の評価を借りると、①つくる会の歴史教科書は、歴史の事実を無視して「日本の戦争は正しかった」とする自国中心主義でアジアを軽視する教科書である。②つくる会の公民教科書は、憲法・教育基本法が規定する個人と国家との関係を逆転させ、国家を絶対化して個人の権利を制限し、国家が教育はもちろん個人の生活や家庭にまで介入する、憲法改悪をめざす教科書である（俵 2005:9-10）。

　これに関連して、男女平等の視点で「つくる会」教科書の問題点を分析している西野瑠美子の研究を次にまとめておこう。まず「歴史教科書」の特徴と問題点は、女性と民衆不在の男性中心、国家中心の歴史という点が指摘されている。具体的には、女性参政権運動や自由民主権運動を軽視し、労働運動や市民運動、反戦運動、沖縄基地返還闘争などを無視し、さらにそうした民衆の声を封じた弾圧なども無視している。外国による被害はことさら強調し、沖縄戦や太平洋の島々での戦闘で餓死や病死者の多かった自国の兵士や民間人についてはほとんど触れていない。また、加害事実の抹殺と歴史の歪曲を国家中心、天皇中心に再構成した歴史教科書だと指摘されている（西野 2001:11-12）。

　「公民教科書」の問題点は、第一に、憲法改悪をめざす有事体制作り、戦争のできる国を日本のありうべき姿として描いている点である。例えば、「日の丸・君が代」の強調、自衛隊の美化、集団的自衛権の強調、さらに「北朝鮮による日本人拉致問題」を故意に扇動し、国防の意義を強調し、国家に忠誠を尽くせる国民作りを推し進めていることである。第二に、伝統主義に基づく「家族主義」の強調と、女性に対しては性別役割分業・夫婦同姓・家事労働・専業主婦などを礼賛し、良妻賢母的な生き方に押しこめる家父長制度を強調する女性蔑視の姿勢が色濃く現れ

ている。第三に、人権よりも国権優先の教え（国家・国益・公共の福祉の枠内でのみ個人の権利は保障されるというスタンス）になっている点である（同:12-13)[19]。

　「男女平等」に関して、この公民教科書では「憲法は個人の尊厳と両性の本質的平等に基づいて家庭生活を営むことを求めている（24条)」とする一方、「しかし、同時に男女の生理的・肉体的な差異などに基づく役割の違いにも配慮しなければならない。」（西部ほか2001:64）として性別役割分業を強調するという矛盾があり、男女平等を換骨奪胎しようとする性質が見て取れる。

　桂島宣弘（2009）は、「公民教科書」（改訂版）の特色について、「ジェンダーフリーを敵対視し、「男女共同参画社会」を否定的に描いて、家族への帰属意識をかなり強調する。「男らしさ・女らしさ」を強調して性別役割分担論を前提とした家族と社会の形を描いている」と指摘する（桂島2009:217-218）。また、桂島（2008）は「つくる会教科書」（改訂版）の中には、庶民が不在で、女性はほとんど登場していなく、被差別民に対する言及も極端に少ないというのも特色であると指摘する（桂島2008:180）。

　以上にみたように、つくる会の歴史・公民教科書ともに国家中心主義に立っているといえよう。とりわけジェンダーに関しては、家制度を擁護し、良妻賢母のような伝統的性別役割を強調し、男性の家庭責任には触れず、個人よりも家族の一体感が大事だとして夫婦別姓に反対する[20]など、反「ジェンダー平等」思想が色濃く出ている。そのため、ジェンダー論者は、そこにはジェンダー平等教育の視点や女性の人権への配慮はないと批判している。

（2）バッシング言説をめぐる論争

　バッシング言説をめぐる論争は様々であるが、本章の最後に、3グループに大別した整理を掲げておく[21]。バックラッシュ言説の詳しい分析に

46

ついては第 5 章で検討する。

攻撃類型の区分	バックラッシュ派の主張	ジェンダー論者の批判
男女性別否定・中性化するというレッテル	男女共同参画／ジェンダーフリーは、トイレ・風呂・更衣室の男女共用化、男女混合身体検査、男女同室宿泊、男女混合騎馬戦をすすめている。生まれつき脳には性差がある。性別・性差を否定する。	基本的にそんなことは主張していない。根拠のない妄想。一部で同室で着替えが行われている理由は、施設面の問題によるもので、ジェンダーフリー以前からの教育予算の不足が原因。ジェンダーフリーは「性差としてのセックスの差を認めず、男と女に同じことを強制すること」ではない。
性教育、ジェンダーフリー教育への攻撃	「過激な性教育」が、性病を広げ、中絶を容認・推進したり、「援助交際」や「性交」を拡大している。性に関することはいつのまにか覚えることなので、性教育をすすめる必要はない。ジェンダーフリー教育は「男らしさ・女らしさ」を認めないので、「行き過ぎ」である。	そんなことは主張していない。子供の性的自立をめざす性教育は、十分な知識があれば子供たちは自分の性行動に慎重になるとする。無知からくる妊娠・性的暴力・感染などの被害を防ぐなど、性教育は子どもたちの安全と健康を最優先する。性別にとらわれず、個人の尊厳と個性を育てることがジェンダーフリー教育の目的。
伝統ある日本社会を破壊するという、ナショナリズム・強力な国家建設といった狙いを内包した攻撃	鯉のぼりやひな祭りなどの日本のよき伝統を廃止しようとする。「女性が子供を産み育てる」「男が女を守る」という母性や父性を認めない。少子化問題をもたらし、高齢者介護をしなくなる。左翼、共産主義、マルクス主義者の陰謀である。自己中心的な人が増えて、愛国心がなくなる。男女共同参画事業に、税金を使いすぎている。	性に関わる伝統の問題性を批判的に指摘するが廃止せよという主張でない。人の行動は時代によって変化するもので、自然だ・本能だと決めつけることはできない。バックラッシュは、家父長制的性役割の強化を狙い、女性の社会参画を否定する見解。「リプロダクティブ・ライツ」は人権の基本。「陰謀」は根拠のない決めつけ。参画事業の大半は高齢者福祉への支出が占めている。

注）攻撃類型の区分についてはあくまで目安としてみていただきたい。

第1章　現代日本社会の「ジェンダー・バックラッシュ」現象　47

　上記の論争については、色々なメディアおよび出版物を通じて容易に接することができる。『女性情報』(22) の収録新聞の範囲ではあるが、「ジェンダー関連記事」の1年間のまとめによると、関連記事の総数が2004年（11ヶ月）は74件、2005年は94件、2006年は105件と増えていった。また、2004年は「ジェンダーフリー」に関する記事が多かったが、2005年は「ジェンダーフリー」だけでなく「ジェンダー」という言葉に対する規制にまで動きが広がっており、2006年は「ジェンダーバッシング」が具体的に行われたと報じている。これは、筆者がバックラッシュの最盛期（2005～2007年）と名付けた時期に、社会的に「ジェンダー」や「ジェンダーフリー」に対するバッシングが活発にあったことを示している。

　バッシング言説をめぐる論争の関連記事をいくつか例を挙げて紹介したい。

　・自民党が内閣府の男女共同参画局の動きに警戒感を示しだしたのは昨年秋のこと。「過激な性教育やジェンダーフリー教育が教育現場に混乱をもたらしている」との山谷えり子参院議員の告発が始まりだった。これを受け、幹事長代理だった安倍氏が、今年1月に実態調査プロジェクトチーム（PT）を発足。…十月末に官房長官に就任した安倍氏は、山谷氏を担当政務官に起用し、猪口氏に次期基本計画の大幅修正を迫った。（『産経』2005.12.27「「ジェンダー」で亀裂」）

　・自民党の「過激な性教育・ジェンダーフリー教育実態調査プロジェクトチーム」は、「ジェンダーフリーの名の下に過激な性教育などが行われている」とし、改定後の計画に「ジェンダー」を使わないよう安倍官房長官に要望するなどしている。（『朝日』2005.12.14「外す？「ジェンダー」残す？」）

　・今回の計画改定は「ジェンダー」論争の観があった。背景には固定的性別役割をめぐる攻防がある。伝統的な男女観、家族観をよし

とする人にとって、ジェンダーの考え方はそれを否定する象徴と映る。自民党の一部の議員は男女同室の着替えなど極端な例をあげ消除を迫った。これに対し、…担当相が「私が全国をまわって正しい概念を周知します」と断言してなんとか収拾した。(『日経』2006.1.23夕「少子化の行方も左右」)

・超少子化対策として、「女性は家庭で育児、子育てに専念すべきだ」という声が広がり、「男は仕事、女は家庭」という、かつての役割分担社会に逆戻りしようとする動きがまん延しつつあるように思う。…用語をめぐって自民党の中で激しい論議が巻き起こったことなども、その意識を象徴しているといえる…(『西日本』2006.1.11「言葉が問題ではないはず」)

・石原知事は同日の定例会見で委託拒否について「都はそういう規制を加えた覚えはない」と述べた。「ジェンダー・フリー」に対しては「言葉そのものがいいかげんで、あいまい。日本人なんだから英語を使うことはないんだよ」と話した。(『毎日』2006.1.28「国分寺の人権学習講座中止問題」)

・一昨年8月、都教委は「(ジェンダー・フリーは)男らしさや女らしさをすべて否定する意味で用いられていることがある」として、「男女平等教育を推進する上で使用しないこと」との見解をまとめていた。(『毎日』2006.1.10夕「「ジェンダー・フリー」使うかも…」)

・東京都内で三月下旬、「『ジェンダー』概念を話し合うシンポジウム」が開かれた。昨年十月、東京都国分寺市が都教委などの委託を受け計画した人権講座が、「(都教委が避ける)ジェンダーフリー」という言葉を使う可能性があるとして、中止に追い込まれたことを受けて催された。「言葉を使うかどうかで人の思想にレッテルを張るのは、大変乱暴」「性差別撤廃を求めてきた運動に反対するもの」。約二百人の聴衆らから批判的な意見が相次いだ。(『北海道』2006.4.26「シ

ンポで批判続出」)

　以上の概観から、右翼や保守派は、教科書問題など大きな右傾化の運動を進める一部として、「ジェンダーフリー」概念の「曖昧さ」に乗じて、それを自分たちに都合のいいように故意に曲解・誇張して、ジェンダー平等派を攻撃したという面があると指摘できる。それは、現実に、東京都国分寺市の人権講座の中止や福井県生活学習館からの書籍（男女平等やジェンダー関係の本約150冊）撤去など、民主主義の歴史に汚点となるような事件をもたらした。日本の女性学・ジェンダー研究に対するバックラッシュは、決して軽視していい問題ではないといわざるをえない。

第4節　おわりに

　日本では1990年代後半から2008年頃にかけて、フェミニズムとジェンダー平等に関わる教育・政策や活動が、一部の人々と保守系マスコミによって、激しい批判と攻撃にさらされた。それが「バックラッシュ」や「バッシング」と呼ばれるものである。その影響は行政や教育現場にかなり強く及び、それによって男女共同参画社会の形成にも支障をきたした。また「多くの人の意識にも、フェミニズムの主張への疑問や反発が広がっている」（日本女性学会ジェンダー研究会編 2006:3）ような現象が起きている。このような現代日本社会の状況が、新自由主義の財界と政治家・新保守主義者・右翼ナショナリズムの勢力による男女共同参画／ジェンダーフリーに関するバックラッシュ現象である。

　一方、「つくる会」教科書に対して、当時、韓国・中国からはきびしい批判・非難の声があげられていたし、日本国内でもかなり多くの批判と危惧が提起されていた。しかし、ジェンダー問題を重点とする「慰安婦問題」「家庭科教科書」「性教育」「男女共同参画」へのバッシングに対する批判の声は、日本では一部の研究者とフェミニズムの分野にとどまっていた現

50

実があった。その問題の深刻さに気付いた研究者の中でも、それは女性・家族の問題だから、だれか（女性、フェミニスト）が論ずるであろうとの雰囲気も筆者は感じられた。その二つは別の次元の問題ではない。「歴史修正主義」「自由主義史観」に基づいた保守運動と連動しつつジェンダー・バックラッシュが起きていることにもかかわらず、多くの人々はその関連性と深刻さに気付いていなかった点やその問題が軽視された点について、筆者は厳しく指摘したい。それは、先進国と言われている日本において「女性と社会的弱者」への人権意識の低さと、それに関する無関心・無理解へとつながる問題だからである[23]。

【注】

(1) 江原由美子は、「ジェンダーという用語は学問に導入されることによって、それ以前には見えなかった新しい現実の見方を次々と生み出していった。…ジェンダー概念の使用法の多様性は、この概念の生産性・創造性の結果として位置づけ可能なのであり、決して否定的に評価されるべきことではない」と述べる（江原 2006:44-45）。

(2) この調査は、東京ウィメンズプラザ図書資料室の所蔵文献と国会図書館東京館所蔵文献を検索した結果である。

(3) 「ジェンダー」概念には、階級、民族と同じように、有効な分析概念としての「価値中立」と、研究実践上の政治性をもっている「価値非中立」という両側面があるといえる。

(4) 山口は、原典では「ジェンダー・フリーは平等教育の達成には不適切なアプローチだと批判し、ジェンダーに敏感になることを意味する「ジェンダー・センシティブ」を薦めていた」と報告する。

(5) 英語文献には、「ほとんどが単に「男女差別のない」「男女が平等な」「性別と関係ない」の言い換えであって、社会政策の議論とは無関係だし、個人がどうあるべきだという話には全然なっていない」（http://macska.org/article/24、2006 年 8 月 16 日閲覧）。

(6) 日本政府の文書では、「ジェンダー・フリー」というように「・」が入っているが、本書では「ジェンダーフリー」と記述する。最近の出版物において

第 1 章　現代日本社会の「ジェンダー・バックラッシュ」現象　51

も「ジェンダーフリー」と表記している。

(7)　石原都政の下の東京都教育委員会は、2004 年 4 月 22 日の都教委定例会でジェンダーフリーの語を使ってはならないとの発言があり、政府に先立って、2004 年 8 月に「ジェンダーフリー」という用語の使用に関する見解と「ジェンダーフリー」不使用の通達を出した。これに対して 9 月 22 日に「ジェンダー平等社会をめざすネットワーク」（10 団体）は 626 名の名簿と共に抗議文を都に提出した。これに関して、民主教育研究所「ジェンダーと教育」研究委員会編（2010）を参照。

(8)　山谷は次のように述べる。「基本計画の中に暴走する装置のようなものが埋め込まれているのではないかという問題意識から、PT で検討をし直しました。」「予算委員会でも指摘しましたが、ジェンダーという概念は国民の理解や合意がないし、ジェンダーという言葉の定義もない、解釈も曖昧で、人によって違った意味で使われる、こういう未熟な言葉と乱暴な概念を基本計画に入れることによって混乱が起きているので、ジェンダーという言葉を外して欲しい、との議論をしました。政治家がきちんと、基本計画の一文字一文字を真剣に読みながらやりとりをしていかないと、思いがけない乱暴な方向にいく、というのが五年前の閣議決定の教訓ですね。」（傍点は筆者）

(9)　同シンポジウムの抄録が『週刊金曜日』第 567 号（2005.7.29）に掲載されているので、これを参照されたい。同シンポジウムで発言を行ったメンバーは、山谷えり子（PT の事務局長、自民党参議院議員）、安倍晋三（PT の座長、自民党幹事長代理）、八木秀次（高崎経済大学助教授、当時の「つくる会」会長）、古賀俊昭（自民党、東京都議会議員）、鷲野一之（元小学校教諭、元東京都立学校経営アドバイザー、定年後は七生養護学校の経営アドバイザー）、萩生田光一（司会・PT 委員、衆議院議員）である。

(10)　『朝日新聞』（2005.12.14）では、「来年度改正予定の男女共同参画基本計画に「ジェンダー」（社会的・文化的に形成された性別）の用語を残すかどうかをめぐり、猪口男女共同参画担当相と、この問題を担当する山谷えり子内閣府政務官の意見の違いが浮き彫りになっている」と報じている。

(11)　木村涼子は、「バッシング（bashing）とは本来「激しい非難や攻撃」を意味するが、今回の「ジェンダー・フリー」教育・性教育バッシングは、事実からかけ離れたことがらの宣伝や極端な誇張を多く含んでいることを一つの特徴としている」と指摘する（木村編 2005:4）。

（12）「たとえば「いろいろ不満はあるけれど、家族が何とか仲よく暮らしてさえ
いけばいい」というような内向きの意識によって、政治や社会問題に向ける目
や考える力を奪うのです。このことは「競争の敗北者の受け皿」として伝統的
な役割・共同体を利用するということです」（同:178）。

（13）憲法改正は、単純に、戦争ができる国家を目指す勢力だけが主張している
のではなく、多様な立場があるが、本書では、バックラッシュを担った人々
と「新しい歴史教科書をつくる会」を担った人々が重なっていることを踏まえ、
その中心メンバーたちの言説を根拠に、確信犯的に戦争のできる強い国家を
目指す人々が、憲法改正も言っているので、その文脈で扱った。

（14）浅井によれば、NPM とは、民間企業的な経営手法を大幅に取り入れた「新
しい行政経営」といわれるもので、教育を一般の会社組織のように上から徹
底的に管理する方法をとるものである。"自由経済と強い国家"体制の教育版
の推進である（浅井 2006:40）。

（15）山谷によれば、2006 年 10 月 18 日の初会合で安倍総理は、「教育再生は
すべての子供に高い学力と規範意識を身につけること。そのためには公教育
の再生が必要だ」と語った。また、会議は総理が開催し、塩崎恭久官房長官、
伊吹文明文部科学大臣もメンバーとして議論や取りまとめに参加するという。
第 1 回会合では、会議は非公開、議事録は公開して、「学校再生」「規範、家
族、地域社会の再生」「教育再生」という三つ程の分科会を設置したという
（同:108-109）。

（16）2004 年 9 月、山谷を含め自民・民主党の国会議員 6 名が教育調査団とし
てイギリスに赴き、現地の学校や教科書会社、教育省などを視察したとい
う。当時、調査団の人選に関わったのが、自民党幹事長代理だった安倍である。
その後、調査団は『サッチャー改革に学ぶ教育正常化への道』という報告書
を出した。

（17）山谷えり子は、元『サンケイリビング新聞』編集長。2000 年 6 月に民主
党・初当選、2002 年 12 月に保守新党、2004 年 7 月自民党に入党する。その後、
2005 年 11 月に内閣総理大臣政務官（男女共同参画担当）、2006 年 9 月に内閣
総理大臣補佐官（教育再生担当）、2008 年 11 月に自民党女性局長に就任する。

（18）永原は「歴史観の自由とは、学問的に明らかにされている諸史実をふまえ
た上でもなお解釈に余地がある、という歴史認識の本質から来るものであり、
"歴史の真実を歪曲する自由"とは全く異なる。歴史をゆがめる自由は誰にも

ない」と論ずる (同:139)。

(19) 鈴木裕子は、「つくる会」教科書は、「…男権支配下での再びの「軍国の母・妻」
づくりをめざしているといっても過言ではありません。「家族」の強調は、「国家」
「国民」への強調へとつながります。…豊かな人間性をもった国際人・地球市
民へと育てるという教育観を全面否定し、…教育が子どものためにあるので
はなく、国家や支配者のための「国民」づくりにあることは明白です。」と述
べている (同:84-85)。

(20) 反対の理由は「国家存続の基本である家族制度の破壊と家族の扶養意識、
祖先の祭祀やお墓の維持存続の軽視に繋がり、これが続けば家系は混乱必至
である」という (西野 2001:12-13)。

(21) 本書の参考文献と大手保守系メディアの記事と自民党の「過激な性教育・
ジェンダーフリー教育実態調査プロジェクトチーム」関連記事を参照して、
筆者が目安として分類したものである。

(22) 『女性情報』は、北は北海道新聞から南は沖縄タイムスまで、全国主要 17
紙に掲載された女性に関する記事を毎月 7 千点近く収集、厳選した約 500 点
の情報を、ホットな特集と 18 のテーマに分けて集録している月刊誌である。
パド・ウィメンズ・オフィスでは、1986 年より新聞の切り抜き情報誌として『女
性情報』を発行している。2004・2005・2006 年の 12 月号を参照、一部引用。

(23) 例えば、橋下徹 (大阪市長) による 2013 年 5 月 13 日から 27 日 (日本外
国特派員協会の記者会見) までの「従軍慰安婦」発言で、国際的波紋を引き
起こした事例も、こうした一連の問題の延長線で読み取れるものではなかろ
うか。

第2章 「バックラッシュ」問題の視点からみる女性政策

　筆者の博士論文の第2章と第3章は、戦後から2000年代に至るまでの女性政策の中で、女性の人権と地位向上や雇用問題に主要な影響を与える政策及び制度を取り上げ、今日の「ジェンダー・バックラッシュ」問題の視点から分析するものである。

　検討の対象とした時期、タテマエでは様々な議論がなされ、行政的には形式上、男女平等政策は積み重ねられてきたが、実質的にジェンダー構造を変える点、および、人々の意識にジェンダー平等を根付かせる点で、大きな欠損があったと筆者はみなした。だからこそ、バックラッシュ（それによる女性政策の後退）を呼び起こしてしまったのではないかと考えた。戦後女性政策史をこの観点で見直す必要性を、博士論文で一定、浮き彫りにできたと筆者は考える。日本の女性政策の変化について、「バックラッシュ」問題に着目し、制度上では、ジェンダー平等の施策が制定されていても、その施行において欠如しているものがあったこと、「敗北したもの」は何であったのかについて先行研究を踏まえながら検討した。

　しかし、本書の序論で言及したように、私の博士論文全体を紹介する紙幅がないため、本書では博論の第2章と第3章はおおむね削り、本章では博論3章の一部だけを紹介することとした。内容としては、「基本法の名称問題」「日本型福祉社会の行きづまり」「慰安婦問題などを中心とした右翼の動きとバックラッシュ」である。

第1節　基本法の名称をめぐる議論

　ここでは、男女共同参画社会基本法の名称をめぐる議論について注目
したい。その理由は「男女平等」という言葉を避けていることが読み取
れるからである。同基本法の名称をめぐる論争は、審議会での答申作成、
それに基づく政府案の決定、国会審議の段階など、法案審議の各段階に
わたり議論が行われたことからも、注目する必要がある。

　まず、「男女共同参画」に関連する用語が使われ始めた公文書をみるこ
とにしよう。

　①「参画」という言葉が最初に提言されたのは、1989年に東京都婦人
問題協議会の報告書「21世紀へ向け男女平等の実現を――その課題と基
本的考え方」においてであった。その後半「(2) 参加から参画へ」とい
う項の中に「(略) 女性たちの社会参加が、外見上の、いわば風景として
の社会参加がある程度達成された今日、政策・方針決定への参画があら
ゆる場面での新たな課題である」と、樋口恵子が執筆したのである（樋
口 2004:181-182）[1]。

　②「男女共同参画」という言葉が初めて使用されたのは、1991年4月
の婦人問題企画推進有職者会議の提言の中であった。坂東眞理子の研究
によれば、この提言は「男女共同参画型社会システム形成」「変革と行動
のための五年」という題目で本部長に報告された。これを受けて本部は
1991年5月30日「西暦2000年に向けての新国内行動計画（第一次改定）」
を決定した。この中で「共同参加」は「共同参画」に変更された。当時、
婦人問題担当室は本部省庁の担当課に事務連絡で「参加」を「参画」とし、
「婦人」を「女性」とするよう通知したという（坂東 2005:115）[2]。

　③「男女共同参画」は1994年6月に「総理府本府組織令の一部を改
正する政令」の中で、はじめて定義がなされた。「男女が、社会の対等な
構成員として、自らの意志によって社会のあらゆる分野における活動に

参画する機会が確保され、もって男女が均等に政治的、経済的、社会的及び文化的利益を享受することができ、かつ共に責任を担うべき社会をいう」である。これは、1999年の基本法の第二条（定義）に定められた「男女共同参画社会」の定義と同じ内容である。

同基本法の制定過程において、論点整理及び中間発表がなされた時、同基本法の名称について民間から多くの疑問の声が寄せられた。例えば、1998年6月16日、基本法検討小委員会は「男女共同参画社会基本法（仮称）の論点整理」を公表し、7月31日まで書簡・Eメール・ファックス等を通して民間からの意見を募集した。その結果、約3600件の意見が集められたが、その中には、基本法の名称を「なぜ男女平等社会基本法としないのか」といった質疑と主張が多かったという（進藤2004:255）。

次に、法案審議の各段階や民間からの意見の中で、主張・議論された主な論点について検討してみたい。以下に基本法の名称をめぐる論点の内容をまとめてみる（古橋2004:97-103、神崎2009:363-368などを参照）。

①基本法の名前が、なぜ「男女共同参画」なのか、「男女平等基本法」あるいは「男女平等社会基本法」「男女平等参画基本法」のほうがふさわしいのではないか。

②男女共同参画を「gender equality」という英語で表現しているが、男女平等との関係はどうなのか。

③政府や地方公共団体、女性団体などは、従来から男女平等の実現を主張してきた。男女平等という言葉は国民一般にわかりやすいが、男女共同参画という言葉は国民一般になじみがなく、わかりにくい。

④現実には男女不平等が存在しているので、男女平等の実現を法律の目的として明確に規定しなければならない。従って、基本法の目的を、男女共同参画社会の形成ではなく、男女平等社会の形成とするべきである。

以上の主張（質問）について、男女共同参画審議会は1998年11月4日答申を提出し、その中で「第3 基本法に盛り込むべき内容」の最初に「法

律の名称」の項を設け、男女共同参画社会基本法とした理由を記述した。

答申の考え方を総括すると、「男女共同参画社会は、男女平等の実現を当然の前提としたうえで、さらに、男女が各人の個性に基づいて能力を十分に発揮できる機会を保障することも重要な基本理念としていること。…あらゆる分野における女性の意思決定への主体的参加、すなわち参画が極めて重要であり、この点を強調する」（傍点は筆者）ものである。

ここで、問題視したいことは、①「男女平等」は故意にはずされていたこと、②上述の「男女平等を当然の前提とした」ことである [3]。「男女平等が嫌いな日本」という表現を筆者はしばしば耳にしてきたが、この名称問題からもそれが見えてくるのではなかろうか。これに関連して、ジェンダー研究者たちの論調を以下に紹介したい。

第一に、「男女平等」を使わず「男女共同参画」としたことについて、大沢真理（1999）は「財界、官界の受けが、男女平等では圧倒的によろしくない」「政財界のいわゆる要人たちには平等という言葉にアレルギーがあるからである」と述べた。鹿野政直（2004）は「基本法における男女平等という言葉の忌避であった」「そこには、「対等な」「均等に」というふうに相対性相互性の響きをもつ形容としては受容できても、…「平等」は極力避けたいとの思惑が透けている」と述べた。進藤久美子(2004)は「実質的男女平等を嫌う保守的政治文化の日本で、男女平等という政策の持つ実体的意味を前面に出すネーミングは、政策形成過程で多くの支障が予測された。その結果、男女の平等ではなく共同参画という社会的受容度の高い言葉が用いられ、制定に至っていた」と分析した。辻村みよ子（2005）は「差別禁止や男女平等のような強い文言を避けて受容されやすい表現に抑える（いわゆる平等アレルギーを避ける）という側面がある」とし、船橋邦子（2006）は「差別や平等といった言葉を嫌悪する政治家が多い日本の政治状況を反映したためです」と論じた。

実際、日本政府が策定した女性政策は、常に「平等」という言葉を避

けてきた。21世紀日本社会のあるべき姿を模索する過程で、政府は一貫して、男女共同参加・男女共同参画という言説を提案してきた。平等は、性差別をなくすことを前面に押し出す意味を持っているので、保守的な政財界が受け入れに抵抗を示すという予測も理由の一つであろう。

　第二に、女性政策の主要な論点は「女性問題解決」と「男女平等推進」という二つの軸であるといえよう。多くの人が「まだまだ女性問題の解決に努力する必要があり、男女不平等が存在している」と言っているように、男女平等を当然の前提としたことは、現実からかい離した詭弁であったと言えるだろう。ここで問題視したいのは、世界女性会議に代表されるグローバル・スタンダードと比較すると、日本政府の保守的な男女平等観と意識の遅れが目立つという点である[4]。そして、ジェンダー研究者の中には、「男女共同参画とは、その始発が運動や研究によって作り出されたものではなく、官僚たちが作った用語であるため、あまり使いたくない」あるいは「法案制定に関わった有識者たちの議論の中で、定着していた用語であり、一般の人はなじみのない用語であった」という主張もある。

　以上、同基本法の名称をめぐる議論について検討してみた。この議論を分析した根本的理由は、基本法の名前が単に適切か不適切かというところにあるのではない。前述したように女性政策に「男女平等」という言葉を避けている背景に、日本の保守的政治文化と意識の遅れが反映されている、そのために基本法自体の限界も示唆されていると考えられるためである。

　樋口恵子は次のように論じる。「「男女共同参画」の名称が、出発点においては一部の「平等アレルギー」への対応の意味があったとしても、近年の女性運動の実践をつうじて、政策決定への参画こそ男女平等社会への切り札であるという認識が共有されている」（大沢 2004:178）。

　しかしながら、基本法自体には、現実の男女不平等を変革する力は弱

く現実生活へのプラスの影響はあまりなかった。その基本法を基に、個別政策が進んでこそ、その意義が発揮される前段階のものでしかなかった。ところが、現実には男女平等の具体策の進展が進むどころか、基本法と基本計画が成立し、都道府県が男女共同参画基本条例・推進条例を策定し始めた 2000 年頃から、一部の新聞や雑誌で同基本法に対する批判的な記事と論文が登場するようになってきた。いわゆる反対勢力である「バックラッシュ」の動きが加速化していったのである。それに対して明確に反撃するような力も気概も多くの人にはなかった。以降、バックラッシュ派は自分たちが望んでいる、伝統的価値観温存の条例づくりを進めるための動き、いわば「巻き返し」政策を 2002 年頃から活発化させていくことになる[5]。

　2003 年 7 月、国連の女性差別撤廃委員会による第 4 次・第 5 次日本政府報告書の審議では、「もっと（男女平等政策を）推進すべきなのに不十分だ」と評価されるような状況であった。にもかかわらず、日本の国会や議会などでは男女共同参画が「いきすぎだ」と批判が強まっていたのである。基本法が制定されたにもかかわらず、日本国内の取組が国際的標準からいかにずれているのかを示唆している。

第 2 節　日本型福祉社会の行きづまり

　周知の通り、性分業型家族は経済成長の結果として登場したものであり、社会システムの中で構築された。性別役割分業（意識）は、家族観だけでなく、労働市場や社会政策システムにおいても軸として機能していた。言い換えれば、労働・社会政策は性別役割分業に基づく「家族単位」を基準にして設計され調整されているのである。性分業には、大沢真理が述べるように「ジェンダーを編成原理」としていることがよくわかる。日本の社会政策システムには、ジェンダー、そして家族単位システムが深く組み込まれている。具体的に、ジェンダーの視点、家族単位批判の

視点で制度を分析しなければ、不公平と不平等は解消されないであろう。

「シングル単位」論を主張してきた伊田は、社会保障体系の基本が、「扶養する夫と扶養される妻という性別役割分担に基づく伝統的世帯が「単位」となっていることは、この単位の中に埋没せざるをえなかった女性の地位を低める作用を社会保障体系自体が持っていることを意味する」（伊田 1996:197）と指摘し、それが長い間、問題にさえされてこなかったことに注目した。

日本の社会保障システムは、実質上、共働き世帯・離婚者・単親家庭・単身世帯・事実婚世帯・同性愛世帯など、現代における家族の多様化に対応できない制度が多く、「被扶養の既婚女性のいる標準世帯」以外の家族と個人に不利益を与えるものであった。そこに焦点を当てて、根本的なジェンダー平等になるような個人単位のシステムに変えていく射程を持てないまま、表面的に男女平等であるとか、のちに男女共同参画などと言っていたために、多くの国民にもジェンダー平等の影響を与えられず、バックラッシュに敗北していくことになるのである。

1990 年代半ば以降の日本社会の大きな変容といえば、「日本的経営の解体」と「日本型福祉社会の行きづまり」という二つの課題に直面していることである。

坂東の研究を要約すると、高度経済成長期に形成され一般化し、その後の日本型福祉社会を担った戦後家族（性別役割分業型の核家族）は、徐々に機能しなくなってきている。20 世紀後半にある程度の効果をもたらした企業福祉と家族介護に依存してきた日本型福祉レジームは弱体化し、それに対応できるような新しい仕組みや政策は構築されていない。坂東の指摘のように、このような「変化を嫌い、十分な対応をとってこなかった日本政府の政策の遅れ」が、現代日本社会の少子化の大きな要因になっていることは確かであろう（坂東 2009:202-203）。

1990 年代以降の労働市場における新自由主義（経済政策）が進行して

いる中、若年男性の約2割、女性の約5割以上（2007年）が非正規雇用者として働いている。非正規労働には女性が集中し、正規労働は男性中心になっているように、「ジェンダー格差」の背景には、税制、労働保険・社会保険（年金）、家族・社会福祉制度などの社会政策と企業の雇用管理における家族単位システムがある。多くの非正規労働者は不安定低賃金の雇用問題だけでなく、社会保障制度の対象外とされている問題も抱えている。それに、時代の変化とともに、人々のライフスタイルも変化し、シングル・非婚・離婚の増加による少数家族化、価値観の多様化や家族の多様化の傾向が続いている。そして、個人の自己決定権の主張が高まり、事実婚の選択に伴う婚外子差別に対する批判や、選択的夫婦別姓制度の導入の声も高まった。この内、婚外子の相続分差別については、2013年9月4日、最高裁大法廷が14名の裁判官全員一致で違憲と判断したことから、同年12月5日に法改正が実現したが、選択的夫婦別姓制度の導入などの民法改正案要綱（1996年）はまだ実現されていない。

　以上のような日本社会の変容が、1990年代後半から、福祉レジームの再編過程を加速させた。宮本太郎によれば、福祉レジームの再編の基底には大きな二つの流れがある。①財政の逼迫を強調し、給付水準の抑制と自己負担の拡大を進める流れと、②より普遍主義的な制度への転換をめざす流れである。この二つの流れは、実際には両者が相互に浸透し合いからみ合っていると要約した（宮本 2008:144-145）。

　ここでは、日本の社会政策・社会保障制度について、筆者が主張したい論点を以下に簡潔にまとめておく。これまで、ジェンダー平等論者がおおむね共通して指摘した問題に対する提案とも重なる点である。

　第一に、社会政策・社会保障制度の基本単位を、「家族単位（男性稼ぎ手）」モデルから「個人単位」モデルに転換すること。個人単位を徹底させることは、「公平・中立・平等」原則による差別や不公平を解消していくという意味を持っている。「単位」のあり方はジェンダー平等と相関関係に

あるとても重要な論点である。なお、家族の多様化と少数家族化という質的変化が進行している現在、これらの対策案として、実質的な個人単位化への転換が重要である。ただし、個人単位化、ジェンダー平等推進の制度変革が、弱者の切り捨て政策にならないように注意が必要である。

　具体的には、この問題を補う仕組みとして、社会手当を充実させる制度確立が必要であろう。ILO100号条約（男女同一価値労働同一賃金原則）を労働の法制度に明文化し、実現していくことで、男女の賃金格差を解消していく。パートタイム労働法を強化し、正規雇用と非正規雇用の間の均等待遇を保障すること、人間として生きるための最低賃金の保障も重要である。竹中恵美子は、「男女両性が経済的に自立し、かつケアを共有するモデル」（「男女両性のケアつき個人単位モデル」）へ転換することを提唱している（竹中 2011:316、331）。

　第二に、女性の経済的自立を阻害する「税制の103万円、年金の130万円の壁」を廃止し、それを補う制度確立が必要である。「社会保障費用の増加と労働力の不足に対応して、女性が税や保険料を払えるような収入を得て、自立していくこと」（同:314）ができる社会にしていくべきである。

　「配偶者控除」と「第3号被保険者制度」の導入の結果、労働可能年齢にある女性の約3分の1（専業主婦や一定額以下の所得者）が税金や保険料を負担していない状態にあるといわれている。ここで重要なのは、女性の労働権を保障していくこと、女性が働きやすい環境整備、税制度の「公平・中立」原則による「個人単位」を徹底させることである。

　辻村みよ子は次のように指摘する。「女性の社会進出が進んでいる一方で、専業主婦の比率も依然高い状況では、離婚による影響を受けない受給面での個人単位化や個人年金型への早急な移行等は困難であり、漸進的改革もやむをえない面もある」（辻村 2005:142）。

　第三に、労働、家族、福祉政策にわたっての「ワーク・ライフ・バラ

ンス」を支援する制度を整備していくこと。この政策の用語を日本政府
は「仕事と生活の調和」と解釈している（「仕事と生活の調和に関する検討
会議報告書」2004年6月）が、OECDでは「仕事と生活の両立」としてい
る[6]。竹中は、「ワーク・ライフ・バランス」の目標は「ディーセント・ワー
ク」（人間として尊厳ある働き方・生き方）という人間にとって尊厳が保たれ
る労働と生活を確立することに他ならないと主張する（竹中 2011:319）[7]。

　具体的に、仕事と家庭生活を両立できるためには、男女を含む労働時
間短縮、短時間正規雇用化、育児休業取得時の不利益を解消し、保育サー
ビスの供給の増大、時間外・休日労働・深夜業の規制、再就職するため
の教育訓練の機会を設けること、などが必要である。

　第四に、男女の働き方や家事・育児・介護などとの家庭的責任に対する
意識の変化が不可欠である。男性自身の働き方、性別役割分業を変革す
ることなく女性の社会進出を推進するだけでは、少子化対策にも、仕事
と家庭の両立にも対応できない。つまり、男女両性が家事・育児・介護
の分担を可能とする働き方や意識の変革が求められる。

　以上のような改革が日本ではほとんど具体的に追及されてこなかった
ことこそが問題である。そしてその実現と一体となって国民の意識を従
来のジェンダーに基づく家族単位意識から、ジェンダー平等な個人単位
の意識にかえていくことができずにきたことが問題である。そのために、
バックラッシュ派の暴論とも時代錯誤ともいえる議論が、大した抵抗も
なく受け入れられ、男女平等に向けて積み重ねられてきた地平が簡単に
奪い取られてしまったのである。

第3節　右翼の動きとバックラッシュ

　すでに述べたように、ジェンダー平等の法律・施策が進展していく中で、
反対勢力である「ジェンダー・バックラッシュ」の動きが出現してきた。

　バックラッシュの出現は、男女共同参画政策やジェンダー平等の動き

が推進してきたからこそ、それに危機感を抱いた人々が、古い性秩序を残し、新自由主義的な展開の下、新たな保守的性秩序の構築を狙っている動きであると言える。この点についておおむねジェンダー論者は、1990年半ば以降「日本政府がジェンダー問題に新たなレベルで向き合い始めた段階で、それを引き戻すために執拗に妨害をしたのがこのバックラッシュであった」（井上・和田 2010:39）と指摘している。

　筆者はそれに加えてとくに日本軍「慰安婦」問題との関係で、このバックラッシュに火がついたという点を指摘しておきたい。1991年以降、日本軍「慰安婦」問題に焦点が当たり「河野談話」に見られるような一定の認知と謝罪が示されたことに対して、従来から右翼的な世界観で戦後体制を変えていこうとしていた者たちは、そこは憲法9条や南京大虐殺などと並んで譲れない重点課題であったので猛烈な巻き返しを始めた。それが「慰安婦」制度問題だけでなく、それを問題としていた女性運動、ジェンダー平等運動、フェミニストたちの活動全般への攻撃となっていったのである。だからこそ、憲法改正、歴史認識の改編を目指す勢力と、バックラッシュを担う勢力は同じなのである。そこを見落とした議論は、「ジェンダー・バックラッシュ」の本質を見誤ると主張したい。

　実際、1990年代半ばのバックラッシュの中心には日本軍「慰安婦」問題があったことはいうまでもない。具体的には、選択的夫婦別姓を制度的に認める民法改正（1996）に反対する動き、日本軍「慰安婦」を認め謝罪した河野談話の見直しを求める運動、中学校歴史教科書で日本軍「慰安婦」に関する記述掲載（1997）に反対する動き、及び教科書からの「慰安婦」関連記述削除運動が挙げられる[8]。その後、男女共同参画、家庭科教科書、男女混合名簿、性教育・ジェンダー平等教育に対する激しい批判などが続いていった。さらに、ジェンダーフリー、フェミニズムへと、批判の矛先は拡大していったという流れがある。

　以上のバックラッシュの把握を確認するために、特に慰安婦問題を中

心に、流れを整理しておこう（俵 2013:38-63 からの情報を利用してまとめた）。安倍首相ら、戦後レジームを見直したい右翼・保守勢力は、戦後ずっと様々な活動を積み重ねてきたが、それは簡単に言えば、日本に誇りを持ちたい、先の戦争中の日本は素晴らしかったと言いたいのである[9]。そのためには、フェミニストが従軍慰安婦問題で日本軍の加害性を言い立てることが非常に邪魔であった。

　1991 年に金学順さんが日本軍「慰安婦」にされたことを告白し、同じく 1991 年に吉見義明（中央大学教授）が自衛隊で慰安婦募集に関する資料を発見し、それを『朝日新聞』（1992.1.11）が報じ、その後次々と証人が名乗り出る中で、日本政府も日本軍の加担と責任を認めざるを得なくなり、1992 年 1 月加藤紘一官房長官が「お詫びと反省」談話を出し、調査を開始し、1993 年 8 月 4 日に日本軍の関与を認める「河野談話」が出されるのである。そして当時の細川首相は、8 月 10 日の記者会見で先の戦争は侵略戦争であり、間違った戦争であったと発言した[10]。

　これに反発した右翼勢力が、「『日本は侵略国ではない』国民委員会」を結成し、日本は侵略国ではないという『産経新聞』1 ページ全面の広告を出すなどの行動を始めた。これに呼応して結成されたのが自民党の「歴史・検討委員会」（1993 年）であり、大東亜戦争は自存・自衛のアジア解放戦争で侵略ではない、南京大虐殺や「慰安婦」はでっちあげで事実ではない、という結論を出した（『大東亜戦争の総括』展転社、1995）。そしてその観点を教科書改訂につなげること、国民の間に定着させる国民運動をしていくことを方針化した。つまり、この時の方針に沿ってその後、教科書攻撃、「新しい歴史教科書をつくる会」の結成（1997 年）、また慰安婦問題の攻撃、それを担うフェミニストを攻撃するためにジェンダーフリー攻撃・性教育攻撃というバックラッシュを行っていくのである。

　相前後して、同種の趣旨で、「日本会議」などの右翼的組織[11]とつながった議連などが作られ、それが重層的に運動を進めた。自民党「終戦 50 周

年国会議員連盟」（1995年）、「明るい日本・国会議員連盟」（1996年）、自民党「日本の前途と歴史教育を考える若手議員の会」（「教科書議連」1997年）、「日本会議国会議員懇談会」（1997年）などは、「『慰安婦』は売春婦」というキャンペーンを行ったり、教科書の慰安婦記述[12]や南京大虐殺記述の削除を要求し続けた。「教科書議連」はその学習会の成果を『歴史教科書への疑問』（展転社、1997年）にまとめたが、その内容は、1993年の河野談話は確たる証拠もなく韓国に求められるまま「強制性」を認めたので撤回すべきといった、現在も行われている右翼の主張そのままであり、バックラッシュと重なるものであった[13]。ちなみに、これらの組織や運動のほとんどすべてに安倍晋三が中核的な役割でかかわっていた[14]。

　こうした1990年代の動きがあって、そこを担った勢力が、「慰安婦」問題以外に対しても、1998年ごろから2007年ごろまで集中的にジェンダーに関して攻撃を行った（＝バックラッシュ）のである。例えば、安倍幹事長代理の下で自民党の2005年1月大会で、重点課題として、教育基本法改正と「偏った歴史観やジェンダーフリーに偏重した教科書の是正」を掲げた。また2006年の「教科書議連」の総会でも、当面の活動方針として、河野談話の見直し・撤回、「従軍慰安婦」問題の検証をすすめる小委員会の設置を決めている[15]。2014年段階でテーマとなっていることは、右翼勢力（およびその要求を国の政策にしていこうとする議連）が昔から繰り返し一貫して要求してきたことであった。このことを確認することには、現在しか知らないものが多い中で、歴史的な視点を提供するという意味で大きな意義があると言えよう。

　ジェンダーにおけるバックラッシュが、右翼的な勢力の活動の一部であることは、時期は少しずれるが自民党の憲法改正の内容にも現れている。自民党は結党以来、一貫して憲法改正を追求してきたが、21世紀になってその実現可能性が高まってきた。その内容は、以下のようなものであり、バックラッシュと大きく関連している。

第2章 「バックラッシュ」問題の視点からみる女性政策　67

　自由民主党は、2009年12月に憲法改正推進本部[16]を設置し、2012年4月27日に「日本国憲法改正草案」を決定した。草案の前文だけをみても、バックラッシュ派が繰り返し述べていた家族・社会・国家のあり方が示されている。たとえば、草案前文の傍点のところは、バックラッシュ派が強調しているスローガンと一致している。

〈改正草案の前文〉
　日本国は、長い歴史と固有の文化を持ち、国民統合の象徴である天皇を戴く国家であって、国民主権の下、立法、行政及び司法の三権分立に基づいて統治される。
　我が国は、先の大戦による荒廃や幾多の大災害を乗り越えて発展し、今や国際社会において重要な地位を占めており、平和主義の下、諸外国との友好関係を増進し、世界の平和と繁栄に貢献する。
　日本国民は、国と郷土を誇りと気概を持って自ら守り、基本的人権を尊重するとともに、和を尊び、家族や社会全体が互いに助け合って国家を形成する。
　我々は、自由と規律を重んじ、美しい国土と自然環境を守りつつ、教育や科学技術を振興し、活力ある経済活動を通じて国を成長させる。
　日本国民は、良き伝統と我々の国家を末永く子孫に継承するため、ここに、この憲法を制定する。（傍点は筆者）

　また1955年、自民党結成当時の「魂」といわれている4つの柱とは、「天皇の元首化、再軍備、基本的人権の抑制、戦前型家族主義の再生（家族制度の復活）」であった（伊藤1996:17-18参照）。自主憲法の制定を党是に掲げていた自民党は、その「魂」を2012年の「日本国憲法改正草案」にそのまま引き継いだ[17]。その中には、「戦前型家族主義の再生」に関して、24条（家族、婚姻等に関する基本原則）1項で家族の尊重と家族助け合

い義務を新設している[18]。①個人ではなく、家族の尊重と家族を社会の基礎的な単位として位置づけている点は、立憲主義の本質（個人の尊重）に反する問題であると同時に、現代社会における多様な生き方と多様な家族を否定することにつながる問題でもある。②現憲法24条2項で「配偶者の選択、財産権、相続」の順番と内容を、草案24条3項では「家族、扶養、後見」へと変更したことから、個人を基礎とする改正民法（1947年）に逆行すること、及び明治民法（1898年）の家族を基本とする家制度へと回帰しようとする意図が見て取れる[19]。

　家族法学者の二宮周平は、近代的な家族の法制度が前提としたことは、「異性愛規範、婚姻規範、嫡出性規範、永続性規範」で、これと密接に関連するのが「家父長制、性別役割分業」であるという（二宮 2007:46-47）。日本の家制度は、欧米型の家父長制、性役割分業をこえた国家主義的様相を呈している点で日本固有のものといえる。ところで、家族の法制度は、どの社会でも時代のニーズに合わせて変化してきている。しかし、日本人の意識面においては、戦前の「家」制度の思想を受け継いでいる人たちも少なくない。例えば、家族は「一家」としてとらえられた団体であり、その団体のリーダーは夫で、兄弟のリーダーは長男、長女の順、それを基本としてお墓を管理し家を継承する、それに相続権が結び付いている。家族は小さな「タテ社会」としての機能をもち、これらを再生産し教育する場でもあるということは、いまだ見受けられる。

　バックラッシュ派が「家族重視」を強調する要因の一つは、天皇の主体化と家族を基礎単位とする「国民国家」が、近年そして現在、構造的に崩壊してきているという危機感、不安感をもっているからであろう[20]。その時に、個人の人権と自由を尊重して社会変革を推進し、性別役割分業の家族像を批判し、階級社会を批判し、天皇制と軍事国家を否定する、ジェンダー平等論者やフェミニストたちは、バックラッシュ派にとって目障りであるに違いない。

議論を「ジェンダー・バックラッシュ」に戻せば、ここで注目したいことは、自治体レベルで取り組まれていた男女共同参画条例がバッシングの対象となった点である。男女共同参画局の調査によれば、2004年4月1日の男女共同参画条例制定数は、47都道府県中46、3123市町村中232で、2007年4月1日現在では、46都道府県、1827市町村中358にもなった[21]。基本法の特性上、国民の権利義務規定の強制力は設けられていないが、地方自治体における男女共同参画条例と基本計画が策定されることによって、基本法の実現が具体化されるからである。だからこそ、「伝統的価値温存」の条例づくりによって男女共同参画法の具体化を止めることがバックラッシュ派には重要であった。

一方で、日本政府などの男女共同参画には限界があり、バックラッシュの動きを明確に排除する力がなかったことが、その動きを容認してしまった一因であるといえよう。つまり、表面的形式的に取り組んでいたために、踏ん張る力が弱かったという欠陥が指摘できる。加えて、日本の保守的政治文化と意識の遅れが反映されていることも指摘できる。

以上を別の角度からまとめると、一部で男女共同参画に対する批判・攻撃もあり、男女平等政策は進んでいるものの、先進国と比べると、そのスピードがあまりも遅く、国際的には遅れを取っている、といえる。

国連開発計画（UNDP）の『人間開発報告書』によれば、日本のジェンダー・エンパワーメント指数（GEM）が、2005年度は43位、2006年には42位、2007年には54位、2008年には58位となり、低下している。人間開発指数（HDI）が2007年度は8位になっていることに比べると、GEMの指数が極端に低いことがわかる[22]。これは国力の水準は高いにもかかわらず、女性の社会参画は非常に遅れていることを示している。GEMの指数が下回る理由として、①経済不景気の影響も含めての日本社会の構造的な根深い男女雇用差別、すなわち日本の雇用形態による要因（ジェンダー秩序を前提とした家族単位システム）、②周辺開発国にお

70

けるジェンダー平等の急速な進展による GEM 指数の上昇、③日本におけ
る「ジェンダー・バックラッシュ」の影響、などが考えられる。

　結果としてジェンダー・バックラッシュは、日本における女性の社会
参画をおしとどめ、夫・父が一家の主人であり、妻・母は家事・育児・
介護を担うという復古的家族観を再生させる役割を果たしている。日本
の企業社会が性別役割分業を否定し、克服しない限り、バックラッシュ
派の思想は根を張り続ける。バックラッシュの動きを排除できなかった
ことの背景には、こうした日本社会の構造的な要因があると考えられる。

【注】

（1）樋口は「当初から一歩も後退しなかった「平等」と、いち早く提唱した「参
　　画」と、この経緯を考え合わせると、東京都の「条例」の名称が「男女平等
　　参画基本条例」となったのは必然的といえる」と説明する。

（2）坂東は、これまで「participation」を「参加」と訳したが、この提言ではナ
　　イロビ将来戦略の中で使われた「full participation」を「共同参画」と訳した
　　という。

（3）加えて、男女が社会のあらゆる分野における意思決定の場での主体的参加、
　　すなわち参画を強調するという「参画」の概念には、問題がないと示したい。
　　これは世界の理論動向をふまえた積極的な解釈であると理解できる。

（4）参考に、韓国の場合は、第4回世界女性会議から1ヵ月後に「女性の社会
　　参加拡大のための10大優先課題」を発表し、その第1に「女性発展基本法の
　　制定」を盛り込んだ。その後、制定作業は急速に進められ、1995年12月30
　　日に「女性発展基本法」が制定、1996年7月1日に施行された。これは、韓
　　国女性政策の基本法として、男女平等を促進させ、女性の発展を図ることを
　　目的とする。この面では、日本に比べて、韓国側の女性政策法案の推進と整
　　備の早さがわかる。

（5）例えば、2002年6月に山口県宇部市の男女共同参画基本条例は、男女特性
　　論と性別役割分業を肯定する文言や家庭尊重の文言が挿入される反面、個人
　　の尊厳や生殖に関する自己決定権の尊重が削除された形で制定された。宇部
　　市は条例制定の際に審議会の答申を得ていたが、反対する市民や市議会の意

見を配慮して一部を変更し、反対側の意見を加えた条例案が執行部より提案されたという。そして、千葉県堂本知事の任期時、2002 年 9 月県議会に提出した条例案が 2003 年 4 月に廃案となった。

（6）日本政府の立場は、働き方や仕事と家庭の両立は各人の選択に任せる方向となっている。これは、骨抜きの両立支援政策になりうることを示唆している。

（7）1999 年の ILO 第 87 回総会にて、「Decent Work: 人間らしい尊厳のもてる労働と生活」が提唱された。ディーセント（decent）とは、「満足のいく、受け入れ得る基準の」あるいは「良い品質で、十分の量の」「ほどよいこと」などの意味を示す。

（8）例えば、井上と和田の研究から引用すると、① 1996 年 6 月に設立された「明るい日本・議連」は、「慰安婦」や南京大虐殺の記述の教科書からの削除を要求して活動し、「慰安婦」＝「売春婦」のデマゴギーを広めた。② 1996 年 9 月に「日本を守る国民会議」が教科書からの日本軍「慰安婦」関連記述削除と夫婦別姓制度反対の両者を課題とする草の根レベルの運動を開始させた。③ 1997 年 1 月に「新しい歴史教科書をつくる会」が設立され、従来の「慰安婦」記事削除運動に加えて、独自教科書を作成し普及させる新たな方針がとられた。④ 1997 年 5 月には「美しい日本の再建」をめざして「日本会議」（「日本を守る国民会議」が前身）が設立され、「家族の解体を促進する」夫婦別姓案への反対や「男女の特性を否定する」男女共同参画基本法の改正を目標に掲げた。それらが日本の「伝統的な家族」の価値に反するとの批判にまとめられた（井上・和田 2010:41-42）。

（9）前掲書の「はじめに」にて林博史は、「本書では、第一に、安倍首相らが日本軍「慰安婦」について言っていることが歴史研究の成果に照らしていかにでたらめであるか、第二に、安倍首相をはじめとする勢力がこれまで歴史問題でどのような攻撃をしてきたのか、どのような政治勢力であるのか、第三に、日本軍「慰安婦」制度が性奴隷制であり、きわめて深刻な人権侵害・犯罪であることは世界の常識であり、日本の安倍首相らの認識が世界の非常識であること、を説明したい」（4 頁）と同書の趣旨を述べている。

（10）「慰安婦関係調査結果発表に関する河野内閣官房長官談話」（河野談話、1993 年 8 月 4 日）、「戦後 50 周年の終戦記念日にあたって」村山内閣総理大臣（村山談話、1995 年 8 月 15 日）が発表された。

（11）例えば、日本を守る国民会議（後の日本会議）、英霊にこたえる会、神社本庁、

72

　　靖国神社、神道政治連盟、終戦 50 周年国民委員会、など。

（12）1995 年度の日本史教科書、1997 年度の中学校歴史教科書から日本軍「慰
　　安婦」制度がすべての教科書に載ることになった。

（13）性奴隷制、強制性を否定しようとする者たちは、慰安所での強制・監禁な
　　どの性奴隷状態には目をつぶり、「慰安婦」問題を連行時という入口の「軍・
　　官憲による強制連行」と「明白な文書証拠があるもの」だけに狭めて、世論
　　を誘導している。だが、林博史が指摘するように、その定義をもし北朝鮮の
　　拉致事件に適用して、北朝鮮政府の明白な文書もないし、家の中に入ってき
　　て無理やり連れて行った証拠もないので、強制連行とは言えないと言えば、
　　安倍首相をはじめとして多くの右翼は怒るであろう。つまり安倍らのレトリッ
　　クは全く事実をつかむものではない詭弁に過ぎない（林 2013:14-15 参照）。

（14）安倍は、『歴史教科書への疑問』（1997）の中で、韓国の「慰安婦」と呼ば
　　れる人たちの証言について、「明らかに嘘をついている人たちがかなり多くい
　　る」「何の裏づけもとっていないにもかかわらず、軍の関与、官憲等の直接の
　　加担があったと認め、発表したものであることも判明しました」と述べている。

（15）河野談話発表以降も、日本軍「慰安婦」の連行時や慰安所における強制性
　　を裏付ける新資料が多数発見されており、日本軍「慰安婦」に関する強制性
　　の問題や裁判判決、その実態と現状などについて、すでに多くの書物と資料
　　集が刊行されている。

（16）バックラッシュ派の中心人物であった山谷えり子は、憲法改正推進本部「起
　　草委員会」（2011 年 12 月 22 日）の委員である。

（17）自民党 HP（https://www.jimin.jp/activity/colum/116667.html）のコラム「「憲
　　法改正草案」を発表」には、「「自主憲法の制定」は自民党の使命」「わが党は、
　　結党以来、「憲法の自主的改正」を「党の使命」に掲げてきました。占領体制
　　から脱却し、日本を主権国家にふさわしい国にするため、自民党は、これま
　　でも憲法改正に向けた多くの提言を発表してきました。」また、当頁の下段に
　　「国民投票法」の施行に伴い、「憲法改正案」を国会に提出することが可能と
　　なりました。わが党は、国民の理解を得る努力を積み重ね、「憲法改正原案」
　　の国会提出を実現し、憲法改正に向けて全力で取り組みます」という説明文
　　が掲載されている（2014 年 4 月閲覧）。

（18）改正草案の第 24 条 1 項「家族は、社会の自然かつ基礎的な単位として、
　　尊重される。家族は互いに助け合わなければならない。」

（19）自民党の憲法改正案をめぐる議論については、伊藤真『憲法は誰のもの？──自民党改憲案の検証』（岩波ブックレット 878）岩波書店、2013、二宮周平「憲法 24 条を大切にしよう」法学館憲法研究所 HP（http://www.jicl.jp/kaiken/backnumber/20130513.html）、伊藤真「自由民主党「日本国憲法改正草案」について」法学館憲法研究所 HP（http://www.jicl.jp/jimukyoku/backnumber/20130131.html）、2013.3.8 ver5 資料（2013 年 6 月 18 日閲覧）などを参照した。周知のように、現憲法 24 条の重要な価値は「個人の尊厳と両性の本質的平等」にある。

（20）この点については、植野 2006:13-18 と、加納 2005:44-55 を参照されたい。

（21）地方自治総合研究所の調査によれば、2013 年 1 月 9 日現在の条例制定数は、47 都道府県中 46、20 政令市全 20、387 市区 116 町村計 569 となっている。

（22）HDI 指数は、「長寿を全うできる健康的な生活」「教育」「人間らしい生活水準」という 3 つの側面を簡略化したものである。平均寿命、教育水準、調整済み一人当たりの国民所得を用いて算出する。GEM 指数は、女性が政治及び経済活動に参加し、意思決定に参加できるかどうかを測るものである。国会議員、専門職・技術職、行政職・管理職に占める女性の割合、男女の推定所得を用いて算出する。

第3章　地方自治体のジェンダー行政とバックラッシュの流れ
― 4つの時期を中心に（1996 ～ 2009 年）―

第1節　はじめに

　「ジェンダー・バックラッシュ」は、日本だけの現象ではない。その顕著な先例として、スーザン・ファルーディ（Susan Faludi）は『バックラッシュ』の中で、アメリカの1980年代は、女性の権利意識に対する反撃、「バックラッシュ」の時代だったと論じた。バックラッシュは一般の人々に対して、女性の「解放」こそが実はアメリカの現代社会悪であると信じ込ませるものであり、また女嫌いによる動きというよりも、女たちが努力を続けていることに対して起こってきたものだと分析している（伊藤・加藤訳 1994:18-19）[1]。

　日本では、男女共同参画社会基本法の施行とその全国的な広がりののち、バックラッシュが盛り上がった。バックラッシュの流れについて、若桑みどり（2006）は、バックラッシュは2001年に各所で続々と起こり、2002年には性教育と家庭科教育に罵倒攻撃を集中させ、2003年には性教育バッシングが地方議会や教育委員会などを通して全国的に波及、2004年にはジェンダーフリー教育への教育行政を巻き込む包囲網が張られ、2005年にはジェンダーフリー否定が政府与党と保守集団の協同による政策となってバックラッシュはそのピークに達したとまとめている（若桑 2006:86）。

　バックラッシュの背景として、日米ともに「保守派」の政治的進出という共通の状況がある。ここで注目すべきは、日本のジェンダー・バッ

クラッシュは、「歴史修正主義」すなわち歴史認識における過去の戦争肯定、憲法改悪及び教育基本法への愛国心条項の挿入という「政治的バックラッシュと並行して進行している」（同:87）ところにある。

「ジェンダー及びバックラッシュ関連年表」に関しては、いくつかの先行研究があるが[2]、バックラッシュが始まる1990年代から現在に至るまでのバックラッシュの流れとその特徴を整理した研究は不在である。本章では、ジェンダー・バックラッシュの動きについて時期区分をし、その特徴に留意しながら、流れを整理していきたい。それによって、バックラッシュの流れの全体像を把握することが目的である。

第2節　バックラッシュの流れに関する時期区分

1. 4つの時期とその区分理由

　1990年代以降の日本社会の右傾化とともに「ジェンダー・バックラッシュ」の動きも進行していったが、特に、バックラッシュの時代といえる時期は1996年から2009年までである。ここで、筆者は1996年から2009年までの「ジェンダー・バックラッシュ」の動きを発芽期（出発点）・加速化期・最盛期・小康状態期という4つの時期に区分することを提起する。その区分に則して、主要内容の事例を検討したうえ、時期区分を名付けた理由について簡単に触れていく。

　第1期は、1996年頃から2001年頃までの時期である。

　1996年12月に「新しい歴史教科書をつくる会」が結成され、1997年5月に改憲・翼賛の右翼組織「日本会議」と「日本会議」をバックアップする目的の「日本会議議連」が発足し、2001年9月には「日本女性の会」（日本会議系組織）が結成された。この時期には、これらの保守・右翼団体によるフェミニズム、ジェンダー、男女共同参画に対するバックラッシュの動きが目立ち始めた。しかし、動きの量はそれほど多くない。その意味から、バックラッシュの発芽期（出発点）と名付けることができる。

第2期は、2002年頃から2004年頃までの時期である。

2002年4月の衆議院特別委員会で山谷えり子民主党議員が、日本女性学習財団作成のパンフレット『新子育て支援——未来を育てる基本のき』を「女らしさ男らしさを否定するもの」として批判的にとりあげる。2003年7月の東京都定例議会で、七生養護学校等の性教育批判が行われた後、都教委による性教育に関する調査、処分が続いた。このようにこの時期において、性教育や性教育教材へのバッシングが活発になっていった。その他にも、2003年7月には「男女共同参画とジェンダーフリーを考える会」によるフェミニズム批判パンフレット『あぶない！「男女共同参画条例」——あなたの町の子供と家庭を守ろう』が発行され、また日本会議が『教育基本法の改正を』を発行した。また、2004年に大阪府豊中市男女共同参画センター「すてっぷ」で、バックラッシュ派の圧力を受けて、館長三井マリ子氏雇止め事件が起こるなど、一部メディアや団体、政治家による性教育やジェンダーフリーへの集中的批判が広まった。このようなことから、バックラッシュの加速化期と名付けることができる。

第3期は、2005年頃から2007年頃までの時期である。

2005年4月に自民党は「過激な性教育・ジェンダーフリー教育実態調査プロジェクトチーム」を立ち上げ、同年5月にはシンポジウム・展示会を開催した。シンポの座長である安倍晋三が、男女共同参画社会基本法やジェンダー概念自体を問題視したことを契機に、「ジェンダーフリー・過激な性教育」への攻撃が政府閣僚によって組織的に行われていった。

2005年8月の国分寺市・上野千鶴子事件（講座中止）や2006年3月に福井県生活学習館のフェミニズム・性教育関連の書籍150冊が書架から撤去されたことは、バックラッシュ側の大きい成果であったといえる。さらに、2005年12月に政府の「第2次男女共同参画基本計画」で、バックラッシュ派の主張に沿って「ジェンダー」「ジェンダーフリー」の説明

文が入れられ、翌年1月に内閣府から「ジェンダーフリー使用は不適切」の見解・通知が出されたことは、バックラッシュ側の勝利の最大の成果であったといえよう。そしてその後安倍政権になり、教育基本法の改悪、従軍慰安婦問題への批判などが取り扱われた。以上のことからこの時期は、バックラッシュの最盛期（勝利）と名付けることができる。

第4期は、2008年頃から2009年頃までの時期である。

安倍政権が倒れ、保守的な空気が後退した。ジェンダー平等に関する法律・政策の施行がすすむことに対する組織的な反撃（バックラッシュ）が一定の成果を上げた後（安倍政権退陣以降）、バックラッシュの動きは小康状態に入った。また『正論』などの右翼雑誌でジェンダーフリーへの言及が少なくなった。このようなことから、バックラッシュの小康状態期（勝利ゆえの停滞）と名付けることができる。

2.バックラッシュの時期区分

上述したバックラッシュの動きの時期区分を詳しく示す〈表〉を、紙幅の問題と読みやすくするため、本章の章末に資料として挙げておくこととした。これを参照していただきたい。ここでは紙面の関係で、バックラッシュ（バッシング）を以下「BL」として略して記す。

章末の〈表〉で検討したように、バックラッシュは1990年代半ば、特に「新しい歴史教科書をつくる会」結成の前後から始まった。その根元には日本軍「慰安婦」問題がある。また、2009年以降もバックラッシュの動きは続いている[3]。フェミニズムや女性学をめぐっては、一時期ほどバッシングは強くないものの、依然として教育現場や行政現場は厳しい状況にあるといえる。

3.バックラッシュ派の「主体」はだれか

ここでは、誰が中心になって、バックラッシュを促進させたのか、バッ

クラッシュが広がったのかについて見ていくことにしよう。

バックラッシュ派の中心的組織としては、①「日本会議」「日本女性の会」「新しい歴史教科書をつくる会」「神道政治連盟」「教育再生地方議員百人と市民の会」「日本協議会・日本青年協議会」といった保守・右翼系組織、②『産経新聞』『正論』『諸君！』『SAPIO』といった「大手保守系」メディアと『日本時事評論』『世界日報』『思想新聞』といった「右翼的宗教系」メディア、③そこに登場する林道義、高橋史郎、八木秀次、西尾幹二、長谷川三千子、小林史朗、小林よしのりといった識者、山谷えり子などの国会議員・地方議員、さらには誹謗中傷レベルのひどい本やインターネットで同様の主張を繰り返す、草の根的な活動家の人々などであるといわれている[4]。

さらに、細谷実はバックラッシュの主要な担い手たちを次のように、分類している（細谷 2005:98）。①昔からの右派文化人（渡辺昇一、石原慎太郎、曽野綾子、長谷川三千子、中川八洋、木村治美、などの諸氏）、②新たな右派文化人（八木秀次、林道義、高橋史朗、クライン孝子、マークス寿子、さかもと未明、市田ひろみ、工藤雪枝、などの諸氏）、③政治家（西川京子、高市早苗、山谷えり子、古賀俊昭、土屋たかゆき、亀井郁夫、などの諸氏）、④ Web 系 / 草の根系活動家（岡本明子、野牧雅子、粕淵由紀子、山口敏昭、千葉展正、長尾誠夫、伊藤哲夫、などの諸氏）、⑤日本の在来の宗教的右翼勢力、これらがバックラッシュの実働的な支持団体として機能しているという[5]。その多くが『産経新聞』に代表されるサンケイ・メディアに登場している顔ぶれである。細谷は「もしもサンケイ・メディアがなかったら、今日のバックラッシュはこのように急激に起きなかったと言っても過言ではない」と論じている。実際、サンケイ・メディアは、これらのバックラッシュの担い手たちを『産経新聞』や『正論』『SAPIO』の紙面・誌面に数多く登場させているため、その影響力は軽視できない。むしろ、非常に大きいといえる。以上のように、特定メディアと約 30 名強の論者がバックラッシュを精力的に煽っ

ていることが見て取れる。

　特に、サブカルチャーの右傾化問題に関して注目を浴びている人物として、小林よしのりが挙げられる。彼は1970年代「ギャングマンガ」のジャンルで知られるようになり、1996年末に「新しい歴史教科書をつくる会」のメンバーになり、以降「歴史修正主義」のもっとも特徴的な担い手になっていく。これについて、岩崎稔は「ギャングマンガというポップカルチャー的媒体は、それまでの「歴史修正主義」の前史とは決定的に違う次元を加えることになった」と論ずる（岩崎ほか2005:379）。また、小林マンガの作風の特徴について、①非常に単純な「プロパガンダ」、陰影のない、憎悪にすっかり身をまかせるような戯画化を、マンガという手法でうまく説得的に展開している点、②非常にふるめかしい旧来からの極右の論拠を材料にしてはいるが、それをマンガという手法でより単純な図像的メッセージとして反復して伝えている点にあると分析している（同:380）[6]。

　小林よしのりが主宰する『わしズム』の執筆者たちと読者は主として「新人類世代」か「団塊ジュニア世代」に属していることから、小林は若い世代のなかに大きな影響を持っていることがわかる。その中でも「慰安婦」に関する小林の発言は、若者たちに少なからぬ影響を与えていると指摘されている。

　そして、旧日本軍「慰安婦」問題を解決しようとする市民集会や「慰安婦」展示会に対する執拗な妨害運動をしている排外主義団体としては、2006年12月に設立した「在日特権を許さない市民の会」（会長・桜井誠）がある。この在特会は「行動する保守」運動と名乗り、ヘイトスピーチを展開していることが特徴である。ヘイトスピーチの内容は、かなり暴力的で深刻な人権侵害であり、平和な関係を害するものであると言わざるを得ない。

　こうしたバックラッシュ言説の論点を分析してきた伊田広行は「家族のあり方とジェンダー・フリー・バッシング」の中で、バックラッシュ

の立場について、「DVをはじめとした性暴力、男女賃金格差、長時間労働、雇用形態差別、意思決定における男性中心性、女性排除の慣行、有償労働と無償労働の男女間アンバランス、性別役割分担の強制、標準家族以外の生き方スタイルの不利益などの問題群を含む「家族単位システム」の問題性を問題と感じないという鈍感さに立脚しているように見受けられる」と述べ、批判した（伊田 2005a:122）。

第3節　バックラッシュの主要内容

1．バックラッシュの発芽期（1996～2001年）

　バックラッシュの端緒といえば、1996年に法制審議会が選択的夫婦別姓の導入を含む民法改正の答申を発表した時点からであると思われる。それは、選択的夫婦別姓を民法に導入することを認める時代の趨勢に危機感を持ち始めた勢力が、1997年に「日本会議」（日本最大の保守系団体）を結成し、従軍「慰安婦」問題の歴史教科書からの削除をはじめとする「新しい歴史教科書をつくる会」の動きと合流して保守的な動きを活性化させたからである。日本会議は2001年に「日本女性の会」を設立し、金と組織と多様なメディアの力を十分に利用して、家族の絆や日本人の美意識、愛国心などのキャンペーンを大々的に展開し始めた。「日本女性の会」は、結成と同時に「選択的夫婦別姓」反対署名活動を開始した[7]。これらがジェンダー平等推進運動に対する逆風と見られる「バックラッシュ」の出発点であるといえるだろう。

　浅野富美枝（2006）は、男女共同参画社会の形成を21世紀の日本の「最重要課題」[8]として位置づけている政府にとって、「バックラッシュ」は看過できない存在であるにもかかわらず、政府は沈黙したままであると述べ、その沈黙の理由については、「男女共同参画政策と「バックラッシュ」の間には、一見対立しているようで、実は共通点がある」という。

その両者の共通点は女性の社会進出への対応であり、対立点は固定的性別役割分業と旧来の家族への対応であると指摘している。その分析の一部を紹介したい。

　　60年代以降、…当時女性たちは、企業戦士としてすべての力と健康と時間を日本企業に棒げる男性を支え、今日以上に家庭責任を全面的に担うと同時に、パートタイマーというフレキシブルな労働力として「職場進出」を遂げ、男性とともに高度経済成長を担った。女性の二重負担が高度経済成長期を支えたのである。半世紀近くが経過し、グローバルな経済競争のなかで、いままたわが国の女性たちに二重負担を期待したのが構造改革路線であった。この路線は、女性の労働力を国益と利潤追求にフル活動する一方で、福祉の含み資産として、家庭責任をいま以上に果たすことを期待し、女性にいっそうの二重負担を迫った。男女雇用機会均等法も男女共同参画政策も、女性の要求に応える形をとりつつも基本的には、この構造改革路線の一環として導入されたのである。この意味で、今日の女性の労働力化の状況は、日本の高度経済成長を支えた、女性のパート労働化の21世紀版、男女共同参画版、第2段階とも言えるものである。…しかし、表向きの男女共同参画政策でこれを強調することはできない。そこで登場したのが「バックラッシュ」である。「バックラッシュ」は家族と性別役割分業を、男女共同参画政策は女性の社会進出をそれぞれ強調し、相互に補完しあって、あわせて新自由主義的な女性・家族政策を完成している。つまり「バックラッシュ」は、安上がりで質のよい福祉の担い手として家族・女性を念頭においた、まさに構造改革路線を裏から補完する、もう一つの家族・女性政策と位置づけることができる（浅野 2006:276-277）。

この時期、「NHK 番組改変」事件が起きた[9]。東京で 2000 年 12 月に旧日本軍の性暴力を民間人が裁くという民衆法廷である「女性国際戦犯法廷」（以下、法廷）が開催された。この法廷では、慰安婦問題を含む戦時性暴力を取り上げ、「昭和天皇は有罪、日本政府に国家責任」との判断が下された[10]。しかし、NHK 教育テレビで 2001 年 1 月 30 日に放送された ETV2001「戦争をどう裁くか」の第 2 夜「問われる戦時性暴力」（同法廷のドキュメンタリー）が、放送直前にバックラッシュ派の圧力により大幅に改ざんされた[11]。

これに関して、VAWW-NET ジャパンが編集した『女性国際戦犯法廷の記録』（全 6 巻）を見れば、この法廷が国際法の専門家で構成され、膨大な証拠資料と証言に基づいて真摯にかつ厳密に行われたことがわかる[12]。法廷の主催団体はこの「番組改ざん」事件を 2001 年 7 月 24 日に地裁へ提訴する。

　　慰安婦制度を取り上げた NHK の特集番組が 1 月、放映直前に改変された問題で、番組取材の民間法廷の主催団体の一つ「『戦争と女性への暴力』日本ネットワーク（VAWW-NET）」と松井やより代表は、NHK や番組制作会社などに計約 2000 万円の損害賠償を求めて提訴（東京地裁）（『女性情報』2002 年 1 月号:43）。

2005 年 1 月 12 日付『朝日新聞』記事と翌 13 日に長井暁（NHK デスク）の内部告発の記者会見によって、「NHK 番組改変」事件は再び世間の関心を集めた。当時、安倍晋三官房副長官や中川昭一による政治的圧力があったという内容を報じた。その後のマスコミの反応について、金富子は「権力の圧倒的な格差を前提に、テレビ各局やマスコミは安倍氏に対しては言いたい放題の実況生中継、VAWW-NET ジャパンの反論には完全黙殺という、正反対の対応をした」と論ずる（金 2005:59）[13]。また、

第3章　地方自治体のジェンダー行政とバックラッシュの流れ　83

それについて伊田広行は次のようにまとめている。

　旧日本軍の従軍慰安婦問題を扱おうとした NHK の ETV2001「戦争
をどう裁くか」（とくに第 2 夜「問われる戦時性暴力」…）の放送直前の
改ざんと、その問題をめぐっての 2005 年 1 月の『朝日新聞』報道に
ついて…、「戦争と女性への暴力・日本ネットワーク」（VAWW-NET ジャ
パン）の諸活動（訴訟）や米山リサ、高橋哲哉、坂上香各氏など番
組制作にかかわった者たちの証言などから示されているように、番
組が放送直前に数度にわたって改ざんされたことは明白であるのに、
NHK や産経新聞・週刊新潮など保守系メディアが、まったく逆の立
場から主張（『朝日新聞』を虚偽報道と中傷したり、捏造記事であるかのよ
うに扱っている）している（伊田 2005b:23）[14]。

　2007 年 1 月、NHK ETV「女性国際戦犯法廷」番組の改ざん裁判で、
原告側が勝利したという記事が報道された。裁判の判決を見れば、「NHK
は、番組制作担当者の制作方針を離れてまで、国会議員などの発言を必
要以上に忖度（そんたく）し、当たり障りのないように番組を改変した」と、
番組が本質的な部分を削除するようなものに改編されたことが認められ
た[15]。

　従軍慰安婦問題の特集番組に改変があったとして、取材に協力した
市民団体「『戦争と女性への暴力』日本ネットワーク」（バウネット）
が NHK と制作会社 2 社に計 4000 万円の損害賠償を求めた訴訟の控
訴審判決が 29 日、東京高裁であった。南敏文裁判長は制作会社 1 社
に 100 万円の賠償を命じた。1 審東京地裁判決を変更、NHK と制作
会社 2 社に計 200 万円の支払いを命じた。南裁判長は「NHK は制
作会社を排除し、担当者の制作方針を離れてまで、国会議員などの

意図を忖度（そんたく）して当たり障りないように番組を改変した」
と指摘した。NHK は即日、上告した。南裁判長は判決の中で「憲法
で保障された編集権限の乱用で、自主性、独立性を内容とする編集
権を自ら放棄したに等しい」と NHK 側の編集姿勢を厳しく批判し
た。…政治家の関与も焦点となったが、南裁判長は「NHK 側との面
談の際、政治家が一般論として述べた以上に、番組に関して具体的
な話や示唆をしたとまでは認められない」と番組への直接の関与は
認めなかった（『東京新聞』2007.1.30）。

「国会議員の意図を忖度（そんたく）して当たり障りのないよう修正
した」。東京高裁で 29 日に言い渡された NHK 番組改変訴訟の控訴
審判決は、NHK 幹部の政治家に対する過剰反応ぶりを明確に言い
切った。政治に対する放送局の「自己規制」が裁判所に認定され
たのは初めてとみられ、局内には衝撃が広がった。…一方で、番組
改変への政治家の介入は、判決では「認めるに足りない」とされた。
高橋教授は「政治家から『公正・中立にやれ』と言われれば圧力に
なることを理解しておらず、腰が引けている。判決は、何が圧力に
なりうるのかを示すべきだった」と話した（『朝日新聞』2007.1.30）。

　以上、バックラッシュの発芽期における主要内容については、保守・
右翼の団体が相次いで結成・設立され、それらの活動が開始されていく
ことと、NHK ETV「女性国際戦犯法廷」番組が改ざんされた点を中心
に確認した。この時期には、これらの保守・右翼団体によるフェミニズム、
ジェンダー、男女共同参画に対するバックラッシュの動きが目立ち始め
た。しかし全体からすれば、動きの量はそれほど多くない。

2．バックラッシュの加速化期（2002 ～ 2004 年）

　浅野富美枝が述べるように、「性別役割分業と男女の特性を批判し、個人の尊厳と人権の尊重をめざす取り組みに対する攻撃も「バックラッシュ」において一貫している」ことがわかる（浅野 2006:269）。例えば、『家庭科教科書』に対する批判 [16] や『新子育て支援——未来を育てる基本のき』、『思春期のためのラブ＆ボディ BOOK』に対する批判が挙げられる。これらの影響は、性教育や性教育教材へのバッシングが続くことに繋がる [17]。

　2002 年 4 月、衆議院特別委員会で山谷えり子民主党議員（当時）が、日本女性学習財団作成（文部科学省委嘱事業）のパンフレット『新子育て支援——未来を育てる基本のき』が「女らしさ男らしさを否定するもの」「命を育む共同体という普遍的なものが欠如」「ひな祭りや鯉のぼりを否定し、日本人の美意識を否定している」として批判的に取り上げた。

　性教育バッシングの引き金になったのは、中学生向け性教育パンフレット『思春期のためのラブ＆ボディ BOOK』に対する国会質問から始まったといわれている。2002 年 5 月、衆議院文教委員会で、『思春期のためのラブ＆ボディ BOOK』（厚生労働省所管の財団法人・母子衛生研究会作成）に関して、山谷えり子議員が「セックスをあおっている」「ピルをすすめているのではないか」という発言を行い、それを受けて遠山敦子文科相が「中学生にここまでというような気がしないでもございません」と答弁した。国会質問を通して、政府及び文部科学省においての性教育バッシングは山谷えり子議員を軸に展開された。

　また 5 月には、「三重県いのちを尊重する会」が三重県教育長に『思春期のためのラブ＆ボディ BOOK』を使うなと主張し、そのほか各地でも冊子への批判陳情があった。

　6 月には「行き過ぎたジェンダーフリー教育や性教育から子どもたちを守る」という「健全な教育を考える会」（民主党国会議員 78 人、山谷えり

子が代表幹事）が発足する。続いて8月、『思春期のためのラブ＆ボディBOOK』は絶版とし、在庫は回収という決定が出される。また、2002年12月に東京女性財団が廃止される[18]。

　一方、2002年6月に、山口県宇部市で男女共同参画社会基本法や女性差別撤廃条約に反する男女共同参画推進条例が制定された。例えば、第3条（基本理念）に「男らしさ女らしさを一方的に否定することなく男女の特性を認め合い」「家族を構成する男女が、家庭尊重の精神に基づいた」「専業主婦を否定することなく」など、保守派の主張を反映した文言、及び男女の本質的平等より家庭尊重や家庭内役割重視の価値観を示す文言を盛り込み採択した。これがその後の各地の条例づくりに影響を与えた。これはバックラッシュ勢力が自治体の条例に影響を与えた代表的な成果であるといえよう。

　2003年は、東京都議会と地方議会で、過激な「性教育／ジェンダーフリー」バッシング発言が相次ぐことが特徴である。2月、都議会第1回定例会にて古賀俊昭議員が、「ジェンダーフリーは、単純に男らしさ、女らしさを否定する次元の問題ではなく、日本人の人格を破壊し、日本や家庭という共同体を敵視した新たな革命運動である」という内容で一般質問をした。7月2日、都議会第2回定例会での土屋たかゆき議員の一般質問で「行き過ぎた性教育」「過激な性教育」という言葉を繰り返したうえで、「過激な性教育があるのかについて、実態調査をしたのでしょうか」と発言、調査を提案した。

　次いで7月4日、土屋・古賀・田代都議が数人の区議・市議、産経新聞記者とともに都立七生養護学校へ「調査」に入る。彼らは、都教委も立会いのもとで性教育の教材をすべて公開させ、性教育用の人形は、授業では考えられないようなパンツを脱がせた格好で並べ写真に撮り、性教育教材を没収した。翌7月5日『産経新聞』の記事には「過激な性教育、まるでアダルトショップのよう」「あまりに非常識」という文字が並

び、七生養護学校について歪曲報道した。いわゆる、東京都立七生養護学校の性教育バッシングが起きたのである。これと連動して、16日に国会では山谷議員が「行き過ぎた性教育」について全国調査を求める。

以後、9月11日に都教委が七生養護学校など都内の28校で「不適切な性教育」実施などの調査をおこない、100人以上の教員を大量処分する[19]。しかし、性教育の実践内容については処分の対象にならなかった。この事件に対して、教員は「授業も見ないで決め付けられた」と反発し、親たちも「親の要望に基づいて取り組んでくれていたのに」と不満を暮らせている。保護者らは「処分は不当」として東京弁護士会に人権救済を申し立てた（『信濃毎日』2003.12.29）[20]。この事件はバックラッシュ派による大きな被害を受けた代表的な事例である。そして、10月23日に都教委は「入学式、卒業式における国旗掲揚及び国歌斉唱の実施について」という実施方針・通達を発表する。この「10.23通達」以降、「君が代」斉唱時の不起立・ピアノ不伴奏などを理由に処分された教職員は2010年2月までに423人にのぼる[21]。この「性教育バッシング」の事例と「日の丸・君が代」強制攻撃との関連については、第4章で論じる。

2004年3月、西川京子議員が衆議院予算委員会で、ジェンダー・フリーやジェンダーの語を使わないよう提案し、国立女性教育会館の取り組み（ジェンダー・フリー教育の推進）を非難した。ついに2004年8月26日、東京都教育委員会は、男女平等教育を進めるうえで「「ジェンダー・フリー」という用語は使用しない」という見解と「「男らしさ」や「女らしさ」をすべて否定するような誤った考え方としての「ジェンダー・フリー」に基づく男女混合名簿を作成することがあってはならない」という通知を出した（若桑ほか 2006:92-94）。その後、市民団体が抗議声明を発表する。

ここで、地方自治体における男女共同参画の条例づくりにバックラッシュ側が及ぼした影響について、以下のような事例を紹介しておく。

2003 年

3 月　千葉県、性および出産・育児について「自らの意思で決定できるよう」という文言の削除などを一部議員から要求されて議会が紛糾し条例案廃案。

3 月　秋田県、公文書でジェンダーフリーという表現を見あわせることに決定。大阪府豊中市「男女共同参画推進条例案」上程を見送る。

4 月　新潟県の小学校で、校長が「男女混合名簿などはマルクス主義フェミニズムに基づいており、思想教育に繋がる」と因縁をつけて男女混合名簿を男女別名簿に戻した。

7 月　鹿児島県議会は「ジェンダーフリー教育排除」の陳情を採択。

10 月　石川県議会は「男女共同参画推進条例を、ジェンダーフリーと称する過激な思想運動に利用されてはならない」という請願を採択。

10 月　徳島県議会では「男女の区別を一切排除しようとする立場は誤りとする真の男女共同参画社会の実現を求める決議」が採択。

2004 年

3 月　長野県岡谷市は「互いの特性を認め合う」などの文言を追加した条例修正案を可決。

3 月　青森県、公文書でジェンダーフリーという表現を使わないと決定。

3 月　山口県は「教育再生地方議員百人と市民の会」の岡本精二議員に、ジェンダーフリーという言葉が誤解を招くとして「学校における男女平等教育推進の手引」不使用を通達したと答弁。

6 月　福岡県筑後市議会で「男女の区別を差別と見誤って否定の対象としないように」などの文言を加えた条例修正案が可決（三井マリ子「講演資料：バックラッシュ（逆風、反動）」2005.5.17）[22]。

以上、本書で前述したように「バックラッシュ」の動きは、多様な家族と生き方を認め、性別役割分業への批判的視点、すなわち「ジェンダーに敏感な視点」から記述した家庭科教科書に対する攻撃へ、性別にとらわれず、個人の尊厳と個性の発揮を重視し主体性を育てることを目的とする「ジェンダーフリー」教育に対する攻撃へ、主体的に人生を送るための性と生殖の自己決定権を中心にした性教育と「リプロダクティブ・ヘルス／ライツ」概念に対する攻撃へ、そして、地方自治体における市民参画による男女共同参画条例づくりや女性センターの事業と活動に対する攻撃へと、移り変わりつつ、攻撃の動きを活発に展開していったことが読み取れる。

3. バックラッシュの最盛期（2005 〜 2007 年）

2005 年 3 月 4 日、参議院予算委員会で山谷えり子議員が、小学校低学年の性教育の副教材（大阪府吹田市の副教材、東京の「セックス人形」、神奈川県横浜市の副教材）を示して質問した後、「中央教育審議会で審査し、全国調査も行って欲しい」と発言した。小泉首相からは「これはちょっとひどい。問題だと思う」という答弁を引き出し、中山文科相は性教育への調査について「進める方法で検討したい」と答えた。山谷は、ジェンダーフリーや男女共同参画条例、家庭科教科書に対しても批判を続けた（『産経新聞』2005.3.6）。

3 月 28 日に、千葉県教委は「誤解や混乱が生じるおそれがあるため」と理由を説明し、「ジェンダーフリー」という言葉を公文書や会議などで使わない方針を県立学校と各市町村教委に通知した（『朝日新聞』2005.3.29 千葉）[23]。

同年 4 月、自民党は「過激な性教育・ジェンダーフリー教育実態調査プロジェクトチーム」（座長・安倍晋三幹事長代理、事務局長・山谷えり子）

を立ち上げる。5月26日に自民党本部で「過激な性教育・ジェンダーフリー教育を考えるシンポジウム」と展示会を開催する。シンポジウムで、山谷議員は「子どもの年齢、子どもの心を無視した人格破壊教育のようなとんでもない暴走が、勘違いしている先生たちによって行われ始めている」と発言、安倍晋三は「ジェンダーフリーを進めている人たちには一つの大きな特徴があります。結婚とか家族、そういうものの価値を認めていないことなのです」と発言、パネラーの八木秀次は「性教育については、原始共産制のフリーセックスを理想とする教育思想が背景にあります」と発言、古賀議員は「この運動の背景にはマルクス、レーニン主義、共産思想がある」と発言した。ここで山谷は、大学の約3割でジェンダー学・女性学が必修となっていることを問題にし、安倍は男女共同参画社会基本法の見直しにも言及した（『週刊金曜日』第567号、2005.7.29）[24]。

そして7月14日、自民党「プロジェクトチーム」は、6月20日までに全国から約3500件の過激な性教育と「男女ごちゃ交ぜ教育」の事例が集まったと発表する。これを紹介した7月15日の『産経新聞』は「子供の発達段階を無視した教育が行われている」と報道した。これに関して、ジェンダー平等論者はこれらの事例は学校現場で明確に検証を行ったものではないと批判している。

こうした動きに反して、2005年7月、日本女性学会、日本学術会議、ジェンダー法学会、ジェンダー史学会などの学会から、女性学・ジェンダー概念に関する声明が発表される。日本のフェミニストたちは2006年3月25日、東京でイメージ＆ジェンダー研究会と日本女性学会共催の「「ジェンダー」概念を話し合うシンポジウム」を開催する。続いて7月8日、日本学術会議・公開講演会「身体・性差・ジェンダー──生物学とジェンダー学の対話」を開催する。

2005年12月、政府の「第2次男女共同参画基本計画」で、バックラッシュ派の主張に沿って「ジェンダー」「ジェンダーフリー」の説明文が加えら

れた。政府閣僚による意図的・組織的な攻撃は、翌年1月に内閣府が「ジェ
ンダーフリー使用は不適切」の見解・通知を出すことに繋がり、バックラッ
シュ派の勝利といえるような最盛期を迎える。

　2006年には、高校教科書検定で「ジェンダーフリー」「リプロダクティ
ブライツ」の用語に検定意見（誤解するおそれがある）が相次ぎ、「ジェ
ンダーフリー」は削除された。2004年8月、東京都教委が用語に関する
見解を出して以降、用語使用をめぐって教育現場で波紋を広げている（『毎
日新聞』2006.3.30、『信濃毎日』2006.3.30）。

　2006年3月、福井県生活学習館（男女共同参画センターに相当）で、
2005年11月、県の男女共同参画推進員から「生活学習館のすべての図
書について内容を確認し、不適切なものは排除するように」との苦情申
出をうけたことから、フェミニズムやジェンダー関連の約150冊を同セ
ンターの書棚から撤去したことが判明した。その後、抗議活動を受けて
5月16日に書棚に戻す(25)。また、12月に千葉県市川市で、男女平等基
本条例（2002）が廃止され、男女の特性論に基づいた固定的役割分担を
肯定した新条例が制定・可決される。これに対して、2007年2月16日
に以前の条例を支持する推進審議会委員の15人中10人が抗議の辞任を
する（『朝日新聞』2007.7.12）。

　2007年12月17日、愛媛県松山市議会は、政府の第2次基本計画をひ
きあいに、「松山市男女共同参画推進条例の運用の基本方針を明確にする
ことを求めることについて」と題する請願を採択した。この請願事項は、
「男女の特性の違いに配慮」「専業主婦の社会的貢献を評価」「乳幼児期に
母親の役割が重要であることに配慮」「松山市はジェンダー学あるいは女
性学の学習あるいは研究を奨励しないこと」などを求めている(26)。これ
に対して、2008年1月、日本女性学会が松山市長及び市議会議長あてに、
「条例を運用するに当たって、女性学・ジェンダー学の研究と学習を阻害
しないよう」要請し、2月4日には日本心理学ジェンダー研究会が要請し、

2月7日には、ジェンダー法学会が35人の全理事の名前で、抗議声明を提出した（笹沼 2008:34）。また、笹沼朋子も次のように問題点を指摘している。

　　今回行われたような請願採択は、ジェンダー学・女性学という一つの学問領域に対して、危険な思想、偏向した思想というレッテル貼りを行うものである（同 :35）。
　　市議会は、ジェンダー学・女性学にかかわる研究を行う者の学問の自由を不当に侵害したものといえる。…市議会は、請願を採択することによって、誤った情報を松山市民に流布し、当該領域で研究活動を行う者の信用・名誉等を著しく侵害したものと評価できよう（同 :44）。

　すでに第1章で述べたように、この時期には、安倍内閣（及び大臣並みの地位の首相補佐官）が組閣され、「歴史教育議連」「日本会議議連」に参加しているメンバーが大量に登用された。バックラッシュ派である高市早苗が少子化・男女共同参画担当大臣、山谷えり子が教育改革担当首相補佐官、下村博文が官房副長官になり、特に教育基本法の改悪、従軍慰安婦問題への批判などが取り扱われた。そして、性教育やジェンダーフリー、男女共同参画社会基本法および条例は、「過激・行き過ぎ」「不適切」というレッテルが貼られ、逆風にさらされていた。ついには「ジェンダーフリー」「ジェンダー」という言葉そのものに対する攻撃へ、大学などの高等教育機関における女性学・ジェンダー研究に対する攻撃へ、憲法24条と男女共同参画社会基本法・条例に対する攻撃へと広がり、急速に展開したということが読み取れる。

4．バックラッシュの小康状態期（2008 ～ 2009 年）

2008 年 3 月 11 日、愛媛県松山市男女共同参画センター（コムズ）にお
いて、「ジェンダーフリー」関係の書籍 21 冊が本棚から撤去され、市民
が閲覧できなくなっていることが判明した。その経緯の説明として言わ
れたことは、内閣府が 2002 年にジェンダーフリーは、「一部で男性と女
性の違いを一切排除しようという意味で使われており、国の男女共同参
画基本計画などでは使われてない用語だ」などと国会で答弁し、この国
会質疑の文書を各自治体に配布したことを受け、2003 年 12 月に撤去し
たという。

市民団体などが抗議して、結局、2008 年 4 月 24 日にコムズで撤去さ
れていた「ジェンダーフリー」関連 21 冊の閲覧・貸し出しが再開される。
ただし、ゴムズを運営する市男女共同参画推進財団は、ジェンダーフ
リーに対する国の見解を考慮し、21 冊の本は「引き続き書庫で管理する
ことにした」と説明する。蔵書リストには記載したうえで、希望者に閲
覧・貸し出しを行うという不十分な仕組みになった（『朝日新聞』2008.3.12、
2008.4.25、2008.5.1）[27]。

2008 年 12 月には、日本教職員組合がジェンダーフリー教育を推進し
ていることなどを批判することをめざす、自民党有志議員による「日教
組問題究明議員連盟」（会長・森山真弓元文相、幹事長・義家弘介）が発足する。
日教組問題を究明し、教育正常化実現に向け教育現場の実態を把握する
ことをめざすという。

2009 年 3 月、千葉県知事選でバックラッシュ派の森田健作が当選する。
森田は、マニュフェストで「ジェンダーフリー（性差否定）教育や過激な
性教育を見直し、男女の生まれ持った違いや良さを尊重し、家族や家庭
を大切にする明るく元気で生き生きとした子供たちを育てます」などと
述べていた[28]。

7 月、東京都三鷹市で市の建物「市民協働センター」で、ロラネット（フィ

リピン元「慰安婦」支援ネット・三多摩）主催の「中学生のための慰安婦展」（WAM が全国で行っている内容）が 7 月 29 日から 8 月 3 日まで開かれる予定であった。しかし、西村修平（主権回復を目指す会）や桜井誠（在日特権を許さない市民の会）といった右翼が圧力をかけて、抗議活動を行い、一旦、中止に追い込む。三鷹市は、管理上の支障があるとして、双方の申請を不承認にしたと 7 月 14 日に発表するが、事実上右翼の圧力に屈した。しかしその後、ロラネット側の抗議を受けて、同じ市民協働センター内で開催会場と日程を変更して「中学生のための慰安婦展」（8 月 1 日～3 日）を開催することになる。開催 3 日間、センター前に多数の反対派が集まり、拡声機で抗議活動を繰り広げた [29]。結局、反対運動の影響により、多くの一般市民が参加できなくなったという。

　以上のようなことはあったが、その他の点であまり新たで大規模なバックラッシュ攻撃は展開されない時期であった。この時期には、安倍政権が倒れ、保守的な空気が後退した。ジェンダー平等に関する法律・政策の施行の進展に対する組織的な反対勢力が一定の成果を上げた後、安倍政権の退陣以降は、バックラッシュの動きが小康状態に入ったと見られる。また『正論』『諸君！』『SAPIO』などの保守雑誌の誌面で、ジェンダー関連記事やジェンダーフリーへの言及が少なくなった。他の論点に関心を移していったのである。しかし、バックラッシュの動きが終わったわけではなく、ジェンダーやジェンダーフリーという用語の不使用などはおおむね維持され、性教育などの萎縮も継続しているため、決して軽視できない深刻な状況のままであることを指摘したい。

第 4 節　おわりに

　男女共同参画社会基本法が制定（1999）され、第 1 次「基本計画」（2000）がつくられ、その改訂である第 2 次「基本計画」（2005）がつくられた。その基本法に基づいて各地方自治体で男女共同参画条例づくりや指針づ

くりが行われている。本章で検討したように、それら条例等がつくられる際に保守派の批判と反撃が各地に見られた。こうしたバックラッシュの動きは現在でも根強く続いている。

今回、「ジェンダー・バックラッシュ」の流れを整理し検討した結果、浮き彫りになったことがある。それは、以下の点にまとめられる。

第一、一部の特定の組織と人物がバックラッシュの主要な担い手であったこと、その一部の勢力によって日本の多くの人が振り回されたことである。これに関連して、バックラッシュ派の主張が受け入れられ、その動きが広がった背景には、日本の保守的政治文化とジェンダー平等・人権意識の遅れが反映されていることが指摘できる。

第二、男女共同参画条例やジェンダーフリー教育・性教育に対する集中的な抵抗運動（攻撃）が全国の地方自治体レベルで行われていたことである。これは、バックラッシュの動きが日本全国に影響を及ぼした問題の深刻さを表しているといえる。

第三、「過激な性教育」批判と「日の丸・君が代」強制攻撃は、しばしばセットで学校の現場に投げかけられたことである。のちの4章でも検討するが、「過激な性教育」ということで批判にさらされた教師は、「歴史修正主義」の主張に反対する教師でもあることが多く、これは、右翼系団体＝バックラッシュ派による「障害物の除去」、つまり左翼系・リベラル系教師への攻撃という隠れた意図が、ジェンダー・バックラッシュにはあったということができる。

第四、バックラッシュ派が内在的にもっていた目標は、男女共同参画社会基本法の廃止や平和憲法および教育基本法の改正、強い国づくり・軍事大国家（戦争のできる国）をめざすものであったということである。

第五、バックラッシュは、単純な女性差別や女嫌いの動きではなく、言葉で表現されない隠れた「ジェンダー差別」「フェミニズム攻撃」であることにその特徴がある[30]。男女平等には反対しないということで、歴

史的にフェミニストたちが獲得した成果を骨抜きにする動きであった。バックラッシュ派の主張は、ある特定概念に対して批判しているように見えるが、実はそうではなく、フェミニズム全体を批判しようとするものである（「フェミ悪玉論」）。俗受けする単純な扇動をもって進めたため、フェミニズムの実態を知らない人は、バックラッシュ派の言い分を信じてしまった。その結果、国会や地方議会、審議会の中での議論が十分に行われないまま、バックラッシュ派の発言に多くの人が巻き込まれてしまった。つまり、国会・議会が十分機能しない中でバックラッシュは進んだ。

　第六、一部保守系雑誌がジェンダーフリー教育などを歪曲し攻撃、その情報に基づいて国会議員・地方議員が質問し、大臣あるいは首長（自治体の首長）による「問題がある」という答弁がなされ、『産経新聞』がこれを記事にし、さらに識者のコメントを重ねて批判の報道を繰り返す。それをみて、他の報道機関も同類の情報流布（デマ）に加担するといった、識者・政治家の発言とマスコミ報道の連係プレーがあった。バックラッシュの言説は、このような連鎖の下で政治的な力で拡大再生産されたといえる。

　一方、国連開発計画（UNDP）『人間開発報告書』によれば、日本のジェンダー・エンパワーメント指数（GEM）の順位は、近年まで上位50ヵ国の中に入っていたが、本論で言及した「バックラッシュの最盛期」には50位以下へと低下している[31]。これは、女性の社会参画と「ジェンダー・バックラッシュ」の影響が、無関係ではないことを示している。バックラッシュの影響は過去の問題ではなく、今もマイナスの影響が残っている。シェンダー・バックラッシュは決して軽視してはならない大きい問題である[32]。これは日本社会の問題であるし、それらを認識さえしていない日本人の問題であることを指摘したい。

第3章　地方自治体のジェンダー行政とバックラッシュの流れ　97

【注】

（1）Susan Faludi（1991）BACKLASH:The Underclared War Against American Women, Three Rivers Press, New York, 原文：英語。

（2）先行研究については、章末資料〈表〉の注に記されている参考文献の「年表」が挙げられる。

（3）たとえば、2010年2月、国民新党代表の亀井静香金融相は、参院選に向けて「夫婦別姓反対、外国人参政権反対、郵政改革反対」の3点を政策の柱として表明し、民法改正案について国民新党が絶対反対することを強調した。3月に「夫婦別姓に反対し家族の絆を守る国民委員会」主催、西川京子・長谷川三千子等の呼びかけで「夫婦別姓に反対し家族の絆を守る国民大会」が開催された。その他、大阪のドーンセンター（大阪府立男女共同参画・青少年センター）の売却計画や「女性と仕事の未来館」が事業仕分けで閉鎖の決定になることが報道された。

（4）多くの政治家がこうした①の組織に属している。これらの組織に属している役員と会員、設立目的と活動については、俵2005が詳しい。他に、三井・浅倉2012を参照されたい。

（5）統一教会の『世界日報』や『世界思想』も積極的に性教育やジェンダーフリー教育へのバッシングを展開している。「それらは、各種議会の議員等にも送られているらしい。…しかし、韓国出自の統一教会が、基本的には日本のナショナリズムの線上に構築されたサンケイ・メディアによるバックラッシュのネットワークに入れられることは、現在まではなかったようである」（同:99）。

（6）岩崎によれば、「歴史修正主義」の情動は、つねに自分たちが不当に迫害された存在であり、ある構造的な力によって不遇をかこっているという説明を好んでいる。その場合「敵」として想定される存在（でっち上げられる存在）は、「サヨク」や「国外勢力」なるものであったりする（同:383）。

（7）2000年5月、民主、共産、社民の3党が参院に共同提出した選択的夫婦別姓を認める民法改正案は、参院法務委員会で本格的に審議入りしたが、質問は2時間だけで廃案が確定された。3党は同法案を衆院にも共同提出しているが、すでに廃案が確定しており、通算7回目の廃案である（『女性情報』2001年1月号:53）。

（8）女性差別撤廃条約を実施するため1999年に基本法を制定。少子高齢化社会に対応するため、性別にかかわりなく個性と能力を発揮できる男女共同参

画社会の実現を「21世紀のわが国社会を決定する最重要課題」と位置づけ、国、地方公共団体、国民の責務を規定。政府には男女共同参画基本計画を、都道府県には男女共同参画計画を策定するよう義務づけ、市町村は計画策定に努めるよう求めている。

（9）『朝日新聞』は2000年12月7日や2001年3月27日、同年4月4日、12月5日などの記事で、関連内容を報道した。

（10）正式名称は「日本軍性奴隷制度を裁く女性国際戦犯法廷」。「戦争と女性への暴力」日本ネットワーク（VAWW-NETジャパン）などが主催し、2001年12月にオランダ・ハーグで最終判決が下された。民衆法廷の先例としては、1967年の「ラッセル法廷」があり、同法廷のモデルとなったといわれる。

（11）2001年1月29日、「日本の前述と歴史教育を考える議員の会」の安倍晋三と中川昭一がNHK幹部を呼び出し「女性国際戦犯法廷」番組に圧力をかける。その他、放送前に幹部と会ったのは古屋圭司・平沢勝栄・下村博文で、右翼からの激しい抗議もあり、NHKは番組を改ざんする。法廷の主催団体名や「天皇の有罪」判決、元慰安婦と旧日本兵の証言部分などを削除した（『ジェンダー平等の豊かな社会をめざして』の付録CD-ROM「「性教育・ジェンダーへのバックラッシュ」年表」2010:15）。

（12）VAWW-NETジャパン編『日本軍性奴隷制を裁く 2000年女性国際戦犯法廷の記録』（全6巻）緑風出版、2000‐2002。第1巻から第6巻は、『戦犯裁判と性暴力』『加害の精神構造と戦後責任』『「慰安婦」・戦時性暴力の実態I 日本・台湾・朝鮮編』『「慰安婦」・戦時性暴力の実態II　中国・東南アジア・太平洋編』『女性国際戦犯法廷の全記録I』『女性国際戦犯法廷の全記録II』で構成されている。

（13）西尾幹二は『正論』2005年3月号の中で、「法的に根拠のない、世界の過激派が集まった政治ショーである。弁護人も反対証言者もゆるされていないやりたい放題の糾弾集会である」と批判している。バックラッシュ派の「被告がいない、弁護人もいない」という批判に対する反論は、金富子の論文を参照されたい。

（14）伊田は、模擬裁判でなく、「膨大な資料と証言と国際法に基づいて行われている民衆法廷である」ことを強調してから、保守派の「藤岡信勝氏は女性国際戦犯法廷のことを何も知らず、また調べもせずに、産経新聞の記事などをもとに「カルト集団じみた集会を、NHK教育テレビがまともなものである

第3章　地方自治体のジェンダー行政とバックラッシュの流れ　99

かのように扱って権威づけることは絶対に許されない」などという。弁護人
がいないこのような法廷でもないものを取材対象とするのが間違いだという
(『正論』2005年3月号)。この傲慢さ、愚かさを私は「スピリチュアリティが
見えない人だな」と呼ぶのである」と指摘した (同:25)。

(15) 控訴審判決 (東京高裁2007年1月29日) を不服としたNHKは上告するが、
上告審判決 (最高裁2008年6月12日) では、原告の逆転敗訴が確定する。

(16) 高橋史朗や山谷えり子によって、「高校家庭科教科書は、3歳児神話や良妻
賢母を否定し、家族解体イデオロギーに侵されている」「多様な家族を認める
ということは、伝統的な家族の否定につながる」などとして、家庭科教科書
に対する攻撃が起こった。2002年3月、参議院文部科学委員会で自民党の後
藤博子議員が高校における男子の家庭科必修に反対した。

(17) 性教育バッシングなどについては、浅井ほか2006、唯物論研究協会編
2006、若桑ほか編著2006、民主教育研究所「ジェンダーと教育」研究委員会
編著2010、関連年表を参照した。

(18) 2000年2月、東京都議会で土屋たかゆき議員が東京女性財団作成の『ジェ
ンダー・チェック』を不適切と批判、その後「東京女性財団」廃止が突然提
案される。2001年東京ウィメンズプラザは都の直営となる。

(19) 七生養護学校の金崎前校長を一般教諭に降格し停職1ヶ月の処分をおこな
う。28校の校長・教頭・教員計116名を減給・戒告・厳重注意処分が相次いだ。
この処分に反対する動きは2005年5月、七生養護学校事件に関して、東京都
などを相手取り慰謝料の支払い、教材返還を求める裁判 (「こころとからだの
学習」裁判) を開始する。この裁判では、2009年3月に都と都議3人 (土屋
敬之、古賀俊昭、田代博嗣) に計210万円の賠償命令の判決が出る。都議が
学校を視察した際、教育内容を一方的に批判した行為を「政治的信条に基づ
く介入、干渉で、教育の自主性を阻害する。旧教育基本法が定めた「不当な支
配」にあたる」とした。また、七生養護学校「金崎裁判」は、2010年2月23
日に最高裁の上告不受理が決まり、金崎の勝訴が確定した。

(20) 「学校が開いた保護者会では都教委を批判する声が相次いだ。ある親は「知
的障害の子は知識不足から被害者にも加害者にもなるので、性教育は切実な
問題。親には教えられないことも多い。思いやりの心を育てるなど広い意味
での性教育もしっかりあった。いったい何が問題なのか」と疑問を投げかけ
ている」(『信濃毎日』2003年12月29日「都の養護学校 性教育に逆風」)。

(21) 「日の丸・君が代」強制の経過については、棚橋 2010:32-34 が詳しい。

(22) 三井は、「2004 年 9 月、神奈川県教育委員会は、「男性と女性の違いを画一的に排除する意味で使用するのは適当でない」と、ジェンダーフリーという用語を使用しない方針を決定」したと述べている。

(23) 同記事によると、千葉県教委は 2001 年 9 月に「「男女平等に関する教育に学校教育が果たす役割は大きい」として、積極的にジェンダーフリー教育を推進する通知を出した」。

(24) 安倍晋三ほか「自民党「過激な性教育・ジェンダーフリー教育を考えるシンポジウム」抄録」。ここで山谷えり子は「大学院、短大、大学の 3 割弱でジェンダー学、女性学が必修化されている。ジェンダー学というのは男と女を対立構造でとらえるのです。もし、ジェンダー学が 100% 必修になってしまったら、家族、結婚、夫と妻の関係がぐちゃぐちゃになります。何よりも子どもたちが犠牲になります」と問題視し、司会の萩生田光一は「大学ではジェンダー学が非常に課目が増えてきて、しかも必修になっているというのを聞いて本当にびっくりしてしまうのですが、その中で離婚の進め、不倫の進め、中絶の進めが当たり前に教科書に出てくるという実態です」と問題の発言をした。

(25) 書籍 150 冊撤去をめぐる問題について、『東京新聞』2005 年 5 月 12 日、『朝日新聞』2005 年 5 月 12 日福井、『朝日新聞』5 月 17 日、『朝日新聞』7 月 13 日福井、『朝日新聞』8 月 12 日、『朝日新聞』8 月 27 日福井、などの記事で詳しい内容を報じている。他の地域でも、ジェンダー関連図書の排除に関する圧力が行われている。

(26) 請願事項は、「1. 日本の伝統と文化を尊重すること。2. 身体及び精神における男女の特性の違いに配慮すること。3. 家族と家庭を重視すること。4. 専業主婦の社会的貢献を評価し、支援すること。5. 子どもを健全に育成する上で、乳幼児期に母親の役割が重要であることに配慮すること。6. 性教育は社会の良識に配慮し、子どもの発達段階に応じて行うこと。7. 数値目標は現実的に策定し、長期的視野に立って達成すること。8. 教育においては上記の全項に配慮するほか、規範意識と公共の精神の醸成にも努めること。9. 表現の自由及び思想信条の自由を侵さないこと。10. 松山市はジェンダー学あるいは女性学の学習あるいは研究を奨励しないこと。11. 性別による固定的役割分担意識及びそれに基づく社会習慣を認定した場合には、その認定について松山市会議に報告すること。」（傍点は筆者）

第3章　地方自治体のジェンダー行政とバックラッシュの流れ　101

（27）笹沼朋子は「国は自治体に対し、図書を撤去するなどの具体的な指示まで
　　は出していない」と反論する。

（28）伊田、前掲「ジェンダー／ジェンダーフリー、およびバッシング関連年表」、
　　『朝日新聞』2009年3月30日「千葉知事に森田氏」を参照。

（29）主権回復を目指す会、在日特権を許さない市民の会、せと弘幸 Blog『日本
　　よ何処へ』、NPO外国人犯罪追放運動、外国人参政権に反対する会・東京な
　　どが、三鷹市で開催の「慰安婦展」に抗議活動を繰り広げた。反対派は「中
　　学生のための「売春」展示会を許さないぞ」などを掲げていた（伊田、前掲「ジェ
　　ンダー／ジェンダーフリー、およびバッシング関連年表」、『毎日新聞』2009
　　年7月15日、2009年8月4日などを参照）。

（30）たとえば、「男女平等や性差別の解消を否定する立場ではない」「しかし、
　　男女共同参画やジェンダーフリーには異議がある」「ジェンダーフリーは狂気
　　の思想」「性差の否定」「家庭崩壊」（西尾・八木 2005）、「女権拡大運動も否定
　　するものではない」「男女共同参画社会基本法は、決して男女平等を実現させ
　　るものではない」（『SAPIO』2005年5月10日、米田建三の主張）、「犯罪的な
　　教育が行われるようになった最大のきっかけは、男女共同参画基本法にある」
　　（『SAPIO』2005年3月23日、八木秀次の主張）などの言説がある。

（31）日本の GEM 指数は 1995年は 27位、1996年は 37位、2002年は 32位、
　　2005年は 43位、2007年は 54位、2008年は 58位であった。先進国の中で、
　　日本は女性の社会参画が非常に遅れていることを示す。

（32）例えば、派遣労働と非正規の問題の中から、女性の労働が劣位化されて
　　いくことが挙げられる（2章）。その結果、格差を深化させたと言えるだろう。
　　そこには女性差別が復帰されていることが見て取れる。グローバルな社会に
　　なった現在、先進国と言われる日本社会において女性差別の問題が一層深刻
　　化しようとしている。

102

〈表〉ジェンダー・バックラッシュの流れ

時期区分	特徴	主要内容	背景
第1期： 1996～ 2001年 発芽期 （出発点）	BLが始まる。 ・保守・右翼の団体が相次いで結成、設立される。 ・教科書の日本軍「慰安婦」記述削除や選択的夫婦別姓反対運動が始まる。 ・雑誌『諸君！』『正論』などでフェミニズム批判が増えはじめる。 ・図書資料室の蔵書からジェンダーフリー関係排除への圧力が始まる。	1996年「明るい日本・国会議員連盟」が教科書の「慰安婦」や南京大虐殺に関する記述を攻撃、削除を要求、6月。 1997年「新しい歴史教科書を作る会」設立総会、1月。「歴史教育議連」（日本の前述と歴史教育を考える若手議員の会、代表・中川昭一、事務局長・安倍晋三）結成、2月。 「日本を守る国民会議」と宗教組織「日本を守る会」が合体した、改憲・翼賛の右翼組織「日本会議」が発足、5月。 「日本会議」をバックアップする目的の「日本会議議連」も発足、5月。 都議会で民主党の土屋たかゆき議員が東京都の女性政策を批判。⇒BL代表 1999年「教育再生地方議員百人と市民の会」設立、1月。 2000年三重県の男女共同参画条例制定に対してバッシング。⇒BLからの批判が全国で行なわれる。 東京都議会で土屋たかゆき議員が東京女性財団作成の『ジェンダー・チェック』を不適切と批判、2月。 東京都・男女共同参画条例制定において、前文に「男女は、互いの違いを認めつつ」を挿入、3月。	93年「従軍慰安婦」について河野洋平内閣官房長官談話発表8月。 94年高校で家庭科男女共修制度スタート。 95年北京で第4回世界女性会議、日本政府も北京行動綱領を採択。 東京女性財団が運営「東京ウィメンズプラザ」開館11月。 96年夫婦別姓を批判する八木秀次・宮崎哲弥編『夫婦別姓大論破！』出版10月。 「男女共同参画2000年プラン」発表12月。 99年改正男女雇用機会均等法施行4月。 児童買春・ポルノ禁止法成立5月。 男女共同参画社会基本法公布・施行6月。 国旗・国歌法が成立8月。

第3章　地方自治体のジェンダー行政とバックラッシュの流れ　103

| | | 2001年 女性国際戦犯法廷と旧日本軍の「慰安婦」問題を扱おうとしたNHKのETV2001「戦争をどう裁くか」（とくに第2夜「問われる戦時性暴力」）が放送直前に大幅改ざん。「歴史教育議連」の中川昭一、安倍晋三が番組に関与、1月。
「最終目標は『家族解体』だった！フェミニズムの思想を基にした国家解体、家族解体が男女共同参画の実態だ」などと記された『日本時事評論号外』発行、5月。
千代田区男女共同参画センターで8月10日に開催予定の松井やよりによる講座が右翼の圧力で中止。東京都教委が都立養護学校で、愛媛県教委が県立ろう・養護学校で「つくる会」教科書使用決定、8月。
「日本会議」が選択的夫婦別姓反対の署名運動開始、9月。
「日本女性の会」（日本会議系組織）結成（<u>山谷えり子、西川京子、高市早苗</u>らが副会長）、9月。⇒ BL代表。家族の絆、日本人の美徳、国への誇りと愛情を取り戻すための世論づくりをすると宣言、選択的夫婦別姓反対署名を開始。静岡県の「男女共同参画条例」制定に対してBL。 | 01年 内閣府に男女共同参画会議、男女共同参画局設置。DV防止法成立4月 |
| 第2期：
2002〜
2004年
加速化期 | BLが広まる：ジェンダーフリー攻撃が加速化される。

・国会及び都議会、地方議会での性教育バッシングの動きが活発化。以後、都教委による性教育に関する調査・処分相次ぐ。

・ジェンダーフリー教育への集中的攻撃対象化。 | 2002年『新子育て支援—未来を育てる基本のき』や『思春期のためのラブ＆ボディBOOK』を批判するなど、国会で山谷えり子議員を中心に性教育批判が相次ぐ4月、5月。
「三重県いのちを尊重する会」が三重県教育長に『思春期のためのラブ＆ボディBOOK』はフリーセックスを助長すると抗議、5月。そのほか各地でも冊子への批判陳情。
民主党78議員「健全な教育を考える会」を発足（代表幹事・山谷えり子）、「行き過ぎたジェンダーフリー教育や性教育から子どもたちを守る」ことを目指す、6月。
山口県宇部市で、『産経新聞』などからモデル条例と賞賛される内容を包含した男女共同参画条例制定、6月 ⇒ BL成果
『思春期のためのラブ＆ボディBOOK』絶版と在庫回収、決定8月。
東京女性財団が廃止12月。 | 02年 豊中市など各地方議会で宇部市の条例を賞賛したりジェンダーフリー関連の図書を廃棄せよといったBL。大阪府、滋賀県、千葉県などで男女共同参画条例制定に関してBL。 |

| ・一部メディアや団体や政治家などにより、「ジェンダーフリー」の語をはじめ一連の男女共同参画行政や運動は家族を解体し日本の伝統文化を破壊し性差を否定する、などとするネガティブキャンペーンが高まる。 | 2003年「日本の家庭を守る地方議員の会」（代表・古賀俊昭、副代表・土屋敬之、田代博嗣）主催「ぶっとばせ！ジェンダーフリー～男女共生・児童の権利の政治的歪曲を許さない緊急集会」、高橋史朗と山谷えり子が講演、2月。
衆議院予算委員会で山谷えり子が性教育BL、小泉首相も賛同、7月。山谷議員が予算委員会で、「行き過ぎた性教育」について<u>全国調査を求める</u>7月。
「男女共同参画とジェンダーフリーを考える会」によるフェミニズム批判パンフ『あぶない！「男女共同参画条例」――あなたの町の子供と家族を守ろう』発行7月。
日本会議『教育基本法の改正を』発行7月。
東京都議会で、性教育とジェンダーバッシング発言が相次いだ（2月～7月）、東京都教育委員会が都立七生養護学校などで「不適切な性教育」を調査7月、教員を大量処分、9月 ⇒ BL大問題
鹿児島県議会で「ジェンダーフリー教育」への反対陳情採択、7月。それに対し、陳情の前提となった情報に根拠がないことを明らかにした『南日本新聞』記事報道、8月。 | 03年『産経新聞』『思想新聞』『週刊新潮』『読売』社説などジェンダーフリー教育・性教育批判記事。千葉県の男女共同参画条例が反対にあって廃案2月。秋田県が公文書でジェンダーフリーを使わないことを決定3月。石川県議会、徳島県議会などがBL的な決議や請願採択。三重県議会で教育長が「ジェンダーフリー」は今後県教育委員会では使わないと発言12月。 |
| | 2004年 福田康夫官房長官が、自治体の男女共同参画条例に、「ジェンダーフリー」表現を政府で不使用指導する方針を示した。理由は意味が曖昧、特定の主張、国際的な文章でも国内の公文書でも使用していないと指摘、『産経新聞』2月27日。ジェンダーフリー（性差否定）は男女平等や男女共同参画の理念とは全く無縁の和製英語だと『産経新聞』が報道3月14日、類似した記事が続く。
大阪府豊中市男女共同参画センター「すてっぷ」館長の三井マリ子、BL派の圧力を受けて雇止め、2月（2010年3月大阪高裁で三井が勝訴）。
東京都教育委員会が「ジェンダーフリー不使用」の見解や通知。誤ったジェンダーフリーに基づく男女混合名簿も禁止の通知、8月。⇒ BL大問題 | 04年自民党改憲PTが憲法24条を家族や共同体を重視する観点から見直すべきと提言6月。 |

第3期： 2005～ 2007年 最盛期 （勝利）	BLの動きが意図的・組織的に活発化される。 ・国会や政府を舞台としたBL動きの国政レベル化。 ・過激な性教育とジェンダーフリーへの攻撃、政府閣僚によって組織化される。 ・政府自民党による憲法改正、教育基本法改正が本格化。新憲法草案発表。 ・ジェンダーBLが佳境に入る。	2005年検定教科書から「従軍慰安婦」記述が消える。「つくる会」編の中学歴史・公民教科書が検定通過し、一部で使用決定。 自民党が「過激な性教育・ジェンダーフリー教育実態調査PT」を立ち上げ4月、初のシンポジウム・展示会を開催。座長・安倍晋三が、男女共同参画社会基本法やジェンダー概念自体を問題視、5月。 東京都国分寺市が、上野千鶴子・東大教授講演の都への申請を東京都の指導の下で取り下げ、講座中止8月。 山谷えり子が内閣総理大臣政務官（男女共同参画担当）に就任11月。 政府の「男女共同参画基本計画（第2次）」で、バックラッシュ派の主張に沿って「ジェンダー」「ジェンダーフリー」の説明文が挿入、12月。⇒BL大問題 文部科学省が性教育について実態調査、12月。	05年 七生養護学校の元教員が、東京都などを相手取り慰謝料の支払い、教材返還を求める裁判（「こころとからだの学習」裁判）開始5月。 徳島県、香川県、千葉県、大津市などの地方議会から、ジェンダーフリー教育を批判する意見書提出。 日本女性学会がジェンダー概念BLに関して声明を発表7月。 その他の学会や研究団体からも同様の声明。
		2006年 内閣府が「ジェンダーフリー使用は不適切」の見解・通知、1月。高校教科書検定で「ジェンダーフリー」が削除され、全教科書から消える。「ジェンダー」「家族」「性」に関わる検定の保守化がすすむ、3月。 福井県生活学習館の開架書棚から、約150冊のジェンダー関連図書を撤去（福井発・焚書坑儒事件）3月。 その後、抗議活動を受けて書棚に戻す5月。 安倍側近の下村博文、山谷えり子、稲田朋美議員らがシンポジウム「新政権に何を期待するか?」でジェンダーフリー批判、8月。安倍内閣（及び大臣並みの地位の首相補佐官）が組閣され「歴史教育議連」「日本会議議連」に参加しているメンバーが大量に登用される、9月。 千葉県市川市で男女平等基本条例が廃止され、固定的性別役割分担を肯定した新条例が制定、12月。	06年 BL派の高市が少子化・男女共同参画担当大臣、山谷が教育改革担当首相補佐官、下村が官房副長官に任命9月。 教育基本法が改正される12月。

		2007年「在日特権を許さない市民の会」（在特会）が発足1月、活動の中で特に日本軍「慰安婦」に関する企画・集会に対して妨害行動を続けている。 渡部昇一など日本の極右学者や国会議員らが「慰安婦」決議阻止を訴えて、駐日米国大使館前で抗議デモ。その中で旧日本軍の「性奴隷」である慰安婦を「売春婦」と呼ぶ、7月。国立女性教育会館が独立行政法人整理合理化計画（行革推進本部）で、国立青少年教育振興機構との統合という、実質上の縮小計画にさらされる、11月12月。統合の動きに対して、全国から反対の声が上がり12月に従来どおり存続することとなる。 政府の第2次基本計画をひきあいに「松山市はジェンダー学あるいは女性学の学習あるいは研究を奨励しないこと」などを求める、松山市男女共同参画推進条例の運用についてのBL請願が出され、市議会で採択される12月。 仙台市が、男女共同参画推進の拠点施設「エル・ソーラ仙台」の施設面積を現行の半分程度に縮小する方針を発表、12月。	07年米国下院本会議で日本軍「慰安婦」に対する日本政府の謝罪を求める決議可決7月。 三井マリ子の館長雇止めBL裁判、請求棄却判決9月。
第4期： 2008～ 2009年 小康状態期 （勝利ゆえの停滞）	BLの成果獲得後の小康状態：「仮想の敵」を作って反撃した時期に勝利を収めたので、それを維持するだけで、ことさら新しいことをしなくなっていく段階。 ・安倍政権退陣以降、小康状態に入る。 ・BL動きの沈静化。 ・自民党から民主党への政権交代	2008年松山市男女共同参画推進センター（コムズ）の図書コーナーから、ジェンダーフリー関連の21冊の本が書棚から撤去（2003年12月）され、市民が閲覧できなくなっていることが判明、1月。以後4月24日から閲覧と貸し出しが再開されるが、書庫で管理。 大阪府知事選で橋下徹候補は、ヒューライツ大阪とドーンセンターの財団をつぶすと集会で明言、1月。 茨城県つくばみらい市主催の平川和子のDV講演会（1月20日予定）が、反対団体から抗議を受けて中止となる。BL（野牧雅子、小菅清の「DV防止法犠牲家族支援の会」、右翼活動家・西村修平の「主権回復を目指す会」）が「講演者が偏向している、DV防止法は家族を崩壊する」などと主張、講演会への抗議や参加等をWEB上などで扇動し、16日には市庁舎前で拡声器による抗議宣伝活動を行い、市の担当者との面談で抗議した1月。 この影響で、28日予定の県立茎崎高校への出前授業も中止。大阪府堺市の図書館の書架から、ボーイズラブ系の計5499冊の図書が、いっせいに書庫（閉架）に移される8月。	08年日本教職員組合「教育研究全国集会」の全体集会の会場として予約されていたグランドプリンスホテル新高輪（東京都港区）が、右翼の圧力を理由に使用を拒み、2月2日開催予定の全体集会が中止となる2月。 自民党有志議員による「日教組問題究明議員連盟」が発足12月。

| | | 2009年東京都三鷹市の三鷹市市民協働センターで、ロラネット（フィリピン元「慰安婦」支援ネット・三多摩）主催「中学生のための慰安婦展」が7月29日〜8月3日まで開かれる予定であったが、西村修平（主権回復を目指す会）や桜井誠（在特会）といった右翼が圧力、抗議活動をかけ、一旦中止に追い込む。その後、ロラネット側の抗議を受けて、同センター内で開催場所と日程を変えて「中学生のための慰安婦展」を開催することになる、7月。 | |

注

1) 表は、伊田広行「ジェンダー／ジェンダーフリー、およびバッシング関連年表」などを参考に作成 *。

2) バックラッシュ（バッシング）を以下「BL」として略して記す。

3) 表中の下線はすべて筆者による。

＊ その他、赤石千衣子「資料 ジェンダー関連年表」pp.287-299、若桑みどり「バックラッシュの流れ」若桑みどり他編著『「ジェンダー」の危機を超える！』青弓社、2006、pp.84-123、井上輝子・江原由美子編「戦後女性史年表 1945-2004年」『女性のデータブック［第4版］』有斐閣、2005、pp.230-261、日韓「女性」共同歴史教材編纂委員会編「年表」『ジェンダーの視点からみる日韓近現代史』梨の木舎、2005、pp.347-350、民主教育研究所「ジェンダーと教育」研究委員会編著・発行 2010 を参照した。また、バックラッシュは日本各地で起こってきたため、本書の表の事例は全体中の主要内容に過ぎない。

第4章　大阪府Ａ市立Ｂ中学校における
「性教育バッシング」の事例

第1節　はじめに

　前章でも述べたように、21世紀に入って、「東京都立七生養護学校での性教育実践に対する徹底的な攻撃に始まり」、国会などでは性教育を実施した教員への誹謗中傷が繰り返され、以後学校現場で性教育は取り組みにくくなっている（井上2010:1）。

　1992年の「性教育元年」と呼ばれた頃の『産経新聞』（1992.10.29）では、「エイズ教育はあくまで性教育の一環として行われるべきである」「小学中学年からの性教育は不可欠だろう」などの記事が書かれているように、性教育の必要性を時代的要請として捉え、性教育に関する議論や学校現場における事例の紹介が展開されていた[1]。ところが、1999年に男女共同参画社会基本法が施行されてから、バックラッシュの動きは活発化する。メディアも議員もすべてを巻き込んだ大規模なものになるのが2001年からで、とくに性教育への攻撃は2003年から2005年にピークを迎えた。

　「性教育バッシング」が最も激しかった時期に、大阪府Ａ市立Ｂ中学校の性教育はまさに攻撃の対象になっていた。しかし、Ｂ中学校の性教育が、どのように攻撃されていたのか、具体的な攻撃の内容は何だったのか、攻撃側の意図は何なのか、結局どうなっているのか、などについて一切公開（研究・記録）されていない[2]。ほかの「性教育バッシング」もあまり具体的には伝えられていない。そのため、多くの人は「性教育バッシング」の実態について、ほとんど知らないのが実情である。そこ

で、典型的な例ながら今まで全く紹介されていなかったB中学校へのバックラッシュを本章では紹介する。本研究は、B中学校で性教育を担当して、バッシングをうけていた当事者であるN先生に対するインタビュー調査をベースにしている。

　本研究の目的は、大阪府A市立B中学校における「性教育バッシング」の事例を、このような「ジェンダー・バックラッシュ」の流れの中に位置づけ、バックラッシュの実態と本質を明らかにすることにある。そのために、まず、独自にインタビューした内容を再構成し、聞き取り調査の結果と関連資料に基づき、事件の概要と展開過程を整理する。そして、性教育バッシングに対する市教委や管理職・教職員や組合、保護者と生徒達の反応について検討するとともに、バックラッシュの動きと内容を考察する。それによって、今回の「性教育バッシング」の実態を究明し、バックラッシュ派の言説と背景に隠蔽されている意図及び目的を明らかにする。それは、このような攻撃を乗り越える今後の運動と実践が生まれることを期する作業にもつながるであろう。

　こうした性教育をめぐる思想的スタンス、政治的な意図が関係する問題の場合、完全に客観的中立的に記述することが適当とは言えないと筆者は考える。筆者はN教諭の思いを聞いてその真摯な教育姿勢に心を打たれた。そして証言された内容に嘘はないと確信した。密室で行われたやり取りゆえに証拠が残りにくい性質があるので、十分に証拠に基づいた論証は無理であるが、証言の真実性と与えられたビラなどの資料を見たことで、この調査内容の客観的真実性は担保されていると筆者は判断した。したがって性教育を攻撃するバックラッシュに対抗するN先生に共感する立場から、本章は記述されている。くりかえすが、本章のような詳細なバックラッシュの記録は皆無であるので、本調査にはそれ自体で意義があると考える。

第2節　事件の概要

1．N先生が攻撃のターゲットになった理由

　20年以上前に、NHKで、N先生の「性教育の授業」を撮ることになった。N先生は授業を撮ると言われた時に、「放送禁止用語のようなことを考えながら、私は授業できませんから、いつもの通りやります」といい、放送局側に編集をお願いし、了解を求めた。だが、授業の様子はほとんど編集されず、そのままテレビで放映された。朝の番組の視聴者はお母様方が多く、この放送を見た保護者は「先生の話を聞きたい」ということになって、教育委員会に問い合わせがあったり、NHKに問い合わせがあったりして、いろんな所から講義・講演の要請が入ってきた。それから、N先生の「性教育の授業」は全国的に知られるようになり、有名になった。

　日本では1990年代初頭から「性教育」が拡がり始めた。その頃、NHKでもその性教育が取り上げられるくらいに、「10代の性をこのままに放置してはならない」という、世の中の意識の高まりが背景にあったといわれている[3]。

　N先生の授業と講演についての反応を端的にいえば、「非常に分かりやすい。しかも、面白くて説得力がある」というものであった。それは、現実社会の具体的事例や教師生活の中で起こってきたこと、あるいは性教育関連の大会で学んだこともその中に混ぜていること、及び、生徒の反応をふまえて改善を積み重ねたことから、分かりやすいという反応と、生徒たちを笑わせたり、泣かせたりする説得力と面白さを感じさせる能力を持っていたからである。このように、面白くて充実した授業の内容に基づいたN先生に対する評判は、周辺の学校に広まって、あちこちの講演会やPTA講演会にも呼ばれるようになり、A市で「性教育担当の教師」

として人気を集めた。実際、N先生は「A市に性教育の副読本が出来上がったのはN先生の功績が大きい」ということをよくいろんな方から言われたという。当時は、まるでA市の性教育担当を代表するような形で受け止められていた。

　A市に性教育の副読本及びその指導書が作成されたのは1988年（初版本）である。N先生はアドバイザーの一人として監修や作成に関わった。この副読本はA市議会で承認され、A市の教育委員会が作成・発行したものである。『中学校性教育副読本』は各学校に配布され、先生が自主的に使っていた[4]。それが、バックラッシュの後、ストップがかかって、今は配布もされていないまま、止まっている状況である[5]。

　N先生が攻撃の対象になった理由を分析してみると、①NHK放映以降、多方面での講演を通して、性教育担当の教師として有名になったこと、②性教育の副読本及びその指導書の作成に関わったこと、③その当時、組合の執行委員などでなかったこと、及び女性であったことからたたきやすいとみられたこと、などが挙げられる。上述した性教育をして有名になったから、逆にたたかれたのである。

　しかし、バックラッシュ派の攻撃にもかかわらず、N先生は屈せず戦い抜いた。その顛末を以下詳しく見ていきたい。

2．A市立B中学校「性教育バッシング」の経過

　事件の経過については、当時「性教育バッシング」を受けていた当事者であるN先生にインタビューした内容と関連資料に基づいて、A市立B中学校「性教育バッシング」の関連年表を作成し、以下に掲げる形で提示する[6]。

　経緯を簡単に要約すれば、性教育を活発に行っていたA市のN教諭に対し、2004年から攻撃が始まり、それはおもに校長に向けられた。校長はその圧力に屈していき、不適切な対応を取り、その結果どうしようも

ないところに追い込まれて自ら退職してしまった。その後、教育委員会の圧力の中、N教諭は反省文のようなものを書かされ、結局2005年度以降、性教育ができない状況に追い込まれたという事件である。

〈表〉A市立B中学校「性教育バッシング」の経過

年　度	動きの内容
1980年代 後半	○ N先生の「性教育の授業」が全国的に知られる ・1980年代後半、NHKがN先生の「性教育の授業」を放送 －背景:1992年の文部省版「性教育元年」、「10代の性」に対する問題意識の高揚 ・1988年、A市で性教育副読本とその指導書の初版本が発行される －背景:80年代後半、エイズ流行の問題に関連して、行政や教育現場での性教育必要性が要望
2002年 以降	○ バックラッシュの流れに伴う「性教育バッシング」 ・バックラッシュの加速化期（2002年〜2004年）[7] －2002年12月18日、産経新聞:豊中市立中学校の性教育への批判記事 －2003年1月12日、産経新聞:東京都北区立小学校の例をあげ、過激な性教育批判の記事 －2003年7月から、東京都立七生養護学校への「性教育バッシング」が深刻化 －2003年10月23日、入学式・卒業式における「国旗」掲揚・「国歌」斉唱の指針通達 ・バックラッシュの最盛期（2005年〜2007年） －2005年4月、自民党の「過激な性教育・ジェンダーフリー教育実態調査プロジェクトチーム」結成
2004年 1学期	○ A市立B中学校「性教育」攻撃の経過 ・2003年4月、N先生はB中学校に赴任、1年担任・2年「保健体育」授業実施。性教育推進委員会（校長・教頭・教諭各学年1人ずつで構成）に入る ・2003年秋、N先生の「PTA講演会」、当時は保護者からの批判の声はなかった ・2004年4月、2003年秋の講演を聞いた保護者がM校長にコンドーム装着練習について抗議電話 ・4月以後、学校と校長の自宅にいやがらせの電話がかかってくる ・6月16日、B中学校の「性教育」について、保護者とある外郭団体の人物が校長に抗議に訪問 －N先生の性教育・補助教材としてコンドーム、鉗子、ビデオ（帝王切開と出産）の使用は中学生の発達段階に適さない、と主張 －授業で使った「ビデオ映像」の公開と「説明会」の開催を求める ・6月29日、校長室で、M校長とN先生、保護者2名とPTA役員による話し合いがもたれる －N先生が性教育の授業について説明、その説明を聞いたPTA役員は性教育を応援する －生徒にコンドームを配布して説明することは中止するという点で合意にいたる

第4章　大阪府A市立B中学校における「性教育バッシング」の事例　113

	－その後（7月）N先生は「学年便り」に性教育授業の内容を知らせる
	・7月7日、外郭団体の人物MA（攻撃側の中心人物）がN先生との話し合いを市教育委員会に要請
	・7月9日頃、N先生は保護者の少数意見を受け入れ、授業でコンドーム使用は中止すると言明
	－性教育の授業は1学期で終了
	・7月12日、教育委員会立会いで、校長とN先生、MA（外部団体）の話し合い
	－コンドーム装着練習の是非が議論、MAが「出産ビデオ」公開を要求
	－性教育批判記事のビラをMAが持ち込んで、校区内にビラを配布すると脅迫
	・7月15日、B中学校の「N先生と性教育」を誹謗中傷するビラが、校区内の各戸に配布される
	・8月6日、校長と教頭、保護者とMA（外部団体）の話し合い
	－昨年度のコンドーム装着練習についての説明会と「出産ビデオ」上映会の開催への圧力
	・9月3日、B中学運営委員会で校長が10月1日に性教育の説明会とビデオ上映会を開くと一方的に通知するが、職員会議で反対、延期になる
2004年 2学期	・9月か10月頃、B中学校の「N先生と性教育」を誹謗中傷するビラが校区内の各戸に配布される
	・9月市議会で自民党市会議員が「性教育に関わる質問」を行う
	・10月25日、M校長が内密にMA（外部団体）と保護者だけに、改ざんしたビデオ映像を見せる
	・11月2日、MAと保護者はビデオの内容が性教育に適切でないと主張、教育長に異議申請
	・11月18日、校長室で、MA（外部団体）と保護者が、校長とN先生に「出産ビデオ」改ざんの原因を追及
	・11月29日、学校の体育館で、保護者説明会
	－体育館で「出産ビデオ」上映と「性教育」授業の説明
	－保護者対象にも関わらず、MAと外部団体の人物が入り込む
	－校長の経過説明と見解：校長の判断として不適切な教材であったと遺憾表明
	「今後は性教育委員会を中心に組織的な取り組みとして進めていく」
	－保護者との質疑をめぐるやりとり
	「性教育」に批判的な意見は限られた人だけ、「性教育」におおむね賛成の意見、問題にした人たちを批判する意見も出る
	保護者にアンケートをとって欲しいという外部団体の意見があったが、保護者が反対
	－全保護者に知らせるための、「見解」配布は12月10日までに行うと校長が言う
	・12月3日、市教委の呼びかけで、市教委がN先生に「体罰の件」に対する事情聴取
	・12月8日、職員会議
	－校長が突然、自分の見解を書いた文章(主に「謝罪」の内容)を生徒に持ち帰らせるよう指示
	－校長は「職務上のお願い」から職務命令と言い換える
	－文章内容に教職員から異議続出

	・12月9日、職員会議で文書配布の職務命令が出される －労働組合が校長に電話し、「問題点を指摘、職務命令の撤回」を求める（10日放課後、執行部と話し合うことになる） －文書内容が問題であったため、封筒に入れて生徒たちに配布することになる ・12月10日、配布しなかった担任に再度、校長から職務命令 －配布しなければ管理職で配るが、その場合は配布しなかった教員は処分の対象となると校長が言明 ・組合は、校長に撤回を申し入れる －校長が職務命令は市教委の指示と発言 －校長は、「話があるなら市教委とやってくれ、部外者である組合とは会わない」と発言 ・組合が、市教委の学校教育指導室長に申し入れを行う （組合）－教務命令の撤回を指導せよ 　－この問題はA市の教育関係者が同一歩調で取り組む必要がある （市教委）－文書の内容は保護者説明会をふまえたもので正当なものだ 　－職務命令で行わせるよう指導した、撤回はできない ・12月15日、校長病休に入る（1週間） ・12月19日、産経新聞「出産フィルム上映・医療機器も見せる」「校長知らず過激な性教育」 ・12月21日、産経新聞に「副読本にも不適切記述」「A市の中学校、過激な性教育」と大見出しの記事が載る ・12月24日、M校長が突然退職する
2005年 以降	・1月8日、B中学校にK校長が新しく赴任（市教委の中で性教育攻撃の中心人物） ・2月2日、市教委がN先生に「性教育の授業」に対する事情聴取及び市教委の見解表明、同日、市教委の見解表明に対してN先生が反論 ・3月4日、参議院予算委員会で山谷えり子議員（自民党）は大阪府A市の性教育読本を取り上げ、行き過ぎた性教育として取り扱い、批判し政府に答弁を求める ・3月頃、市教委O氏がN先生に反省文を書かせようとする －これは「性教育バッシング」の問題について決着をつけようとする意図 【その後】 ・N先生は「性教育バッシング」を受けてから、性教育を2011年に至るまで実施していない ・2007年4月、N先生が他の中学校に転勤してから、A市性教育への攻撃は下火になる

注）　年度の区分についてはあくまで目安としてみていただきたい。

第3節　N先生への聞き取り調査—バックラッシュの動きと内容

　N先生へのインタビュー調査を通じて明らかになった「性教育バッシング」に関するすべての内容を記述することは紙幅の都合上許されないため、ここでは、その中でも代表的なバックラッシュの動きと内容につ

第4章 大阪府A市立B中学校における「性教育バッシング」の事例 115

いて、上記の表をベースにより詳しく記述していくこととする[8]。

1. 外部団体の人物からの攻撃、校長の反応
・2004年6月29日、保護者2名とPTAの役員の要請による話し合い

2004年4月、N先生の「PTA講演会」（2003年度秋）に参加した保護者がM校長にコンドーム装着練習について抗議の電話をする。

6月16日、B中学校「性教育」について、保護者とある外郭団体の人物がM校長に抗議するために校長室を訪れる。抗議の内容は、N先生が「性教育の補助教材」として使用しているコンドーム、鉗子、出産ビデオは中学生の発達段階に適さないという主張だった。また、授業で使った「映像ビデオ」の公開と「説明会」の開催を求める。

その後、校長はN先生に、保護者との話し合いを持つように提案し[9]、その結果6月29日に保護者2名[10]とPTAの役員がB中学校の校長室に来ることになる。そこで、N先生は「性教育」授業の内容や目的、補助教材の必要性と教え方などについて、一生懸命に説明をした。また、生徒からの授業の反応と感想文についても紹介した。その説明を聞いてから、付き添っていたPTAの役員が「先生の性教育は素晴らしい」「先生、その教育を是非頑張って下さい」と感想を述べた。そうしたら、保護者の2人もそれ以上の抗議の言葉を言えなくなったという。

一方、攻撃をしている人達の資料である「B中学性教育問題の経緯」をみてみると、2004年4月から、上記の保護者はM校長に性教育に関する抗議をしたと記されている。

その当時は、2003年7月に起きた東京都立七生養護学校での性教育実践に対する徹底的な攻撃のようなことが、まさか直接自分のところにくるとは思いもしなかったとN先生は述べた[11]。

・2004年7月12日、教育委員会立会いでの話し合い

最初に、MA（攻撃側の中心人物）[12] という人に「教育委員会で話し合ってくれ」と言われて、N先生は「いいですよ」と答えた。うなずいた理由は、実際「性教育の授業」で行われている内容や教え方や授業の目標、学生たちの反応などを説明するとともに、保護者のご意見も聞いて、話し合いたい、そうすればわかってもらえるだろうと考え、申し出を承諾した。教育委員会での話し合いに参加したのは、①M校長とN先生、②教育委員会からはO氏（指導主事、昔N先生の教え子だった人物）、③外部団体からは、MAと保護者ではない二人の女性（その人達はB中学校とは全く関係のない人）であった。

　一番最初に、MAは「あんた、入学式の君が代の時、立ったのか座ったのか」と語気荒く質問した。その質問に対して、N先生は「これ、性教育の話と関係ないことじゃないですか、私は性教育のお話をするために来たんです」といい、「お答する必要はありません」と返事した。そうすると、MAから「お前、何とかかんとか」と言われ、N先生はもうびっくりしたそうだ。性教育についての話し合いの場ではなく、一方的に相手側から決め付けられた言葉で言われたり、「街宣車まわすぞ」と恐喝のようなことを言われたりした。また相手側は、録音機を持ってきて、「ちゃんと録音させてもらうで！」とか言いながら録音したという。

　そして、MAは、「誉めたるわ、普通女は尻尾巻いて逃げるけど、ようおれに、会うたな！　自分は豊中の教育長と親分子分の間や」といい、「ばらまくぞ、チラシばらまくぞ。チラシはタダではばらまけない」といいながらその場で、女の人に「全部でいくらかかる？」とお金の計算までさせたという。このチラシというのは、2002年12月18日の『産経新聞』「コンドームの着け方実習」「豊中の市立中 性教育、批判の声も」という大見出し、2003年1月12日の『産経新聞』「過激な性教育、背景に何が」の大見出しとなっている性教育批判の記事をコピーし張り付けたものである[13]。上記の『産経新聞』記事とともに、A市立B中学校の性教育と

N先生を誹謗中傷する記事が一緒に載せてあるビラをMAが持ってきて、N先生にみせながら配布すると脅迫した。実際、平成16（2004）年7月15日の日付での「B中学校の性教育とN先生」を誹謗中傷する内容のビラが、N先生が勤めている地域の校区内にばらまかれた[14]。その後（9月か10月頃）も、類似した内容のビラが教区内に配布された（ビラ：別添資料に添付）。

　教育委員会がB中学校とは全く関係のない、しかも保護者でもない人達と会わせること自体がおかしい。また、そういう人によって市教委が煽られることも異常であるという問題が指摘できる。MAたちは、N先生の授業を直接見たこともないし、直接授業の事を聞こうともしないという姿勢であった。授業のことを聞くところか、急に「お前、日の丸・君が代の時、立ったのか」と言い出したのである。授業の内容については一切聞かず、一方的に自分たちが用意してきた質問ばかりしていた。

　N先生は、すでに性教育の授業は終了（2004年1学期）しているし、授業でコンドーム装着を教えることに反対する保護者の少数意見を受け入れ、今後の授業ではコンドーム使用は中止すると発言したので、主にコンドームの問題が取り上げられた性教育に対する是非の争いはもう終わったと思っていたが、「性教育バッシング」は続いていった[15]。

・M校長への攻撃、M校長からの攻撃、「出産ビデオ」改ざんの事件

　バックラッシュ派がN先生に攻撃を仕掛けてきた時に、初めの頃のM校長は「N先生の性教育は、親から絶賛されているし、自分も先生の性教育を支持している」といい、「どの親に聞いても、N先生の性教育は絶賛されている。心配しなくていい」と意思表明を示していた。

　しかし、その後、外部団体の人物が、校長の自宅と携帯に抗議の電話をかけたり、学校に訪ねて来たりして、圧力をかけていくと毅然と拒絶できず、校長は態度を変えていった。一番最初の時点で、当時の校長は

付け込まれてしまったといえる。昼夜なく攻撃をされた校長はクタクタになって、折れてしまったと考えられる。結局、N先生が性教育の授業で、生徒に見せた「出産ビデオ」が、誰かの手によって「改ざん」されてしまい、それがバックラッシュ派に見せられてしまうという事件が起こることになる。

N先生の話によると、産科のお医者さん向けのリアルな姿のビデオであるので、出産の映画を見せる前に、生徒たちに十分な注意事項及び心構えについて説明をするということであった[16]。その頃、子供の自殺といじめが、学校の問題行動の中にどんどん出てきていた時期であった。それで「命がどんなに大切で、尊いものであるのかを、生まれる姿を見て、生徒たちがそれを感じ取ってほしい」という思いが、N先生がビデオを見せるようになったきっかけである。だが、「話し合い」ではそのようなことについては一切触れずに、「えげつないものを見せた」「過激な性教育」などの攻撃ばかりがあった。そこに問題があったといえよう。

N先生に「我々も保護者もみんな先生の味方です」と最初激励してくれたM校長が、ある日、「もしものことがあったらいけないから、僕がビデオを預かります。僕が校長室の金庫に入れます」と提案してきた。N先生は、「校長先生にお預けしますが、勝手に向こうの攻撃している人たちに見せないで下さい。十分な説明なしに見せるものではありません」と強く頼んだ。それについて、校長は「それはもう間違いない」と返事をした。しかし、校長はその約束を破って、教職員が帰った夜、学校で外部団体の人達に勝手に見せた。しかも、フィルムの一部を切り取ったものを見せたのである[17]。

フィルム改ざんの証拠は、①N先生が子どもたちに見せたものは30分程のものであるが、校長から外部団体に見せられたものは15分程のもので、その時間のずれがある点と、②膣分娩のところがない点、および切られたところがテープによって繋がれている点が挙げられる。この二

つのことからもわかるように、誰かが勝手に改ざんしたことが見て取れる。

その後、11月18日にバックラッシュ派は学校に乗り込んできて、校長室でN先生に対する激しい攻撃をした。例えば、「N先生が勝手にビデオを切って見せた」「証拠隠滅した」などと言った。N先生は「私はこんなことをした覚えがありません。校長が預かっていて、それ以降見たこともありません」と陳述すると、攻撃側は今度は「この改ざんは、校長なのか」と言った。それについて、校長は「知りません」と言うだけだった。また、MAはN先生に「辞めたらいいんや、退職金ちゃんともらえるやろ」と言った。

・学校の体育館で、保護者会を招集して「出産ビデオ」上映と説明会

2004年11月29日、B中学校の体育館で「出産ビデオ」上映と「性教育」授業の説明会（M校長とN先生、保護者とPTA、MAと外部団体が参加）が行われる。この保護者説明会の開催の契機は、M校長が保護者会を招集して、N先生が授業で使っていたビデオ上映と授業の説明会を行うと言ったことである。これについて、職員会議では、「そのような保護者会を開催すること自体に問題がある」と皆が指摘したが、校長はその見解を無視して勝手に約束してしまったという。このような校長の行動から感じ取れるのは、バックラッシュ派の圧力にもう完全に屈してしまったことである。

そして、体育館での集まりでは「出産ビデオ」上映だけで、N先生の発言は禁止された。だが、「性教育の授業」が歪曲されてしまう恐れがあると判断したため、N先生は発言したいと強く主張した[18]。その中、保護者でもないMAが外部団体を連れて、体育館の中にどやどやと入ってきて、言い出したのが、「話が違う、校長！　N先生に発言させるな！」と野次を飛ばした[19]。そうしたら、保護者が「N先生に発言させろ！ 出て行け！、あんた、保護者でも何でもないでしょう。出て行きなさい」

と言い返した。そうすると、保護者が拍手したため、MAらはもういた
たまれない状態になったとN先生は証言した。その場所で、PTAの会長
は「先生、僕たちでできることがあったら何でもしますからね」と言っ
てくれた。そのとき、保護者が大勢いてくれて、むしろN先生の味方に
なってくれたと感じたという。そして、N先生によって授業の経過説明
と見解説明が行われた[20]。

　N先生と保護者との質疑応答をめぐるやりとりを通して、明らかになっ
たのは、保護者の中で「性教育」に批判的な意見がある人は限られた人
だけで、「性教育」におおむね賛成の意見であった点と、問題にした人達
を批判する意見も出たことであろう。反面、校長は一方的に不適切な教
材であったと遺憾表明をし、「今後は性教育委員会を中心に組織的な取り
組みとして進めていく」と発言した。また、全保護者に知らせるための
文書による「見解」配布は12月10日頃までと言った。

　N先生の話によると、授業後の生徒達の主な感想といえば、「母親が頑
張って、自分を生んでくれた」「命を粗末にしたらいけない。自分の命を
守らなければいけない」「親がこんな思いで自分を生んでくれたのか、感
動した」といったようなものだった。もちろん、生徒の中では、はじめは「気
持ち悪かった」という子もいるが、ほとんどの生徒の感想は前述の通り
である[21]。しかし、バックラッシュ派は、「気持ち悪かった」というそ
の言葉だけを取り上げて、「行き過ぎ」あるいは「過激な」性教育とレッ
テルを張りつけ、とんでもないことを教えていると誹謗中傷した。要す
るに、最初から潰すための意図であったとしか考えられない。

　以上のように、体育館で保護者にビデオだけ見せようとした行為は、
いかにもN先生の性教育をつるし上げるためのものであったと指摘でき
る。もし公平中立に検討するものだとしたら、N先生が進行する性教育
の授業全体を、ただ親が授業参観する形で、親に正しく見てもらう必要
があった。学校教育において、「生と死の教育」にまで踏み込んでいる先

第4章　大阪府Ａ市立Ｂ中学校における「性教育バッシング」の事例　121

生がいる反面、受験中心で考える先生もいるわけで、後者の先生の中には、そのようなことは教えなくてもいいという見解を持っている先生もいる。しかし、人の生と死について触れることは大事なことであると思われる。同じく性の問題に関しても、人間には非常に生命・動物の側面の要素があるため、「性教育の必要性」が求められるのは当然なことであり、「性教育」は重要な価値を持っていると思われる。

・校区内の生徒の家を一軒一軒まわる。

　その次の攻撃の動きは、2004年2学期に入ってから、バックラッシュ派は校区内の生徒の家を一軒一軒訪ねて、「Ｎ先生に何か不満はありませんか」あるいは「何か嫌なことはありませんでしたか」と質問をしながらまわっていったことである[22]。これは、事件の真相を把握するためではなく、そこで少しでもＮ先生についての悪い情報を得ようとする意図があったであろうと予想できる。

　一年半程前に、学校内ですごくいじめる子がいて、Ｎ先生が厳しく叱ったことがあった。その生徒とその親が教育委員会に、「Ｎ先生に体罰を受けた」（体罰の件：2003年1学期）と言った。その指導について、英語担当の女の先生が「いや、Ｎ先生は手なんか出してません」と証言してくれた。そして、2004年12月3日、市教委の呼びかけで、Ｎ先生は上述の「体罰の件」に関する事情聴取を受けることになる[23]。当時、教育委員会に呼ばれていったときにも、その先生は「いや、Ｎ先生は手なんか出してませんよ、私はそこにいました」と証言した。それ以来、証言した先生の自宅の電話が調べられて、連日のように嫌がらせの電話が家にかかってきた。

　Ｎ先生はバックラッシュの者たちが入れ替わり立ち替わりしてきた攻撃の動きをみて、それらは「確信犯」であったと指摘した[24]。

２．職員会議での反応と組合の反応

・職員会議で、教員の反応

　N先生が性教育に対する攻撃を受けている最中、職員会議で、「これは、私個人の問題じゃない。皆で立ち上がって、この教育に対する介入を阻止しなければならない」と先生方に訴えた。しかしながら、「大変だな」という言葉だけで、皆黙っていたと述べた。特に、職員会議でN先生が一番悲しく感じたのは、同僚である同じ教科の二人の男の先生の反応であった。それは、平素にはN先生の性教育を応援していたが、実際、攻撃があった時は、男の先生は何の発言もしないで、黙っていたという理由である。

　B中学校における「性教育」は、すでに2003年4月、「性教育推進委員会」（校長、教頭、教諭各学年一人ずつ）が設置されていたため、N先生が勝手に性教育を行うことができない状況であった。また、N先生は職員会議でも、「A市には、性教育読本と指導手引書が出ているので、性教育は私だけの仕事じゃありません。職員全員のそれぞれの仕事なんです」と主張した。さらに、「保健教育の教科」の中で、性教育の日程や教育内容などを明確に報告した。事件が起こる前には、同僚の男の先生は、「N先生のように、性教育の授業が出来ないから頼みます。先生、頑張ってください」と言って、N先生の性教育を応援していた。バックラッシュ事件以降も、心ある少数の先生は、やはり職員会議で問題点を指摘し、発言をしたという。

　2004年12月8日の職員会議で、M校長が突然、自分の見解を書いた文書（主に謝罪の内容）を明日、生徒に持ち帰らせるよう指示した。また、「職務上のお願い」から「職務命令」と言い換えた。その文書の内容に問題があると、教職員からの指摘と異議が続出した。この問題の対応として、「教育合同」（地域をベースにした学校外の労働組合で、少数派組合。以下、組合と略す）は、M校長と市教委に職務命令の撤回を申し入れることになる。

12月9日、組合は校長に電話し、「問題点を指摘、職務命令の撤回」を求める。職員会議で、文書内容は問題があると指摘されたので、封筒にいれて配布することになる。12月10日、文書を配布しなかった担任に再度職務命令が出された。配布しなければ管理職で配るが、その場合は処分の対象になると校長は言明した。組合は引き続き、校長に撤回を申し入れた。その結果、職務命令は市教委の指示であったことが明らかになった[25]。

結局、M校長はもうこれ以上、自分の力で持ちこたえることができないと判断したようで、突然、12月24日に退職する[26]。バックラッシュ派の圧力に負けて不適切な対応を重ね、進退きわまった結果と言える[27]。

・教育合同に加入、組合の反応

攻撃が始まってから、N先生は「教育合同」に加入した。それは、無所属のままだと「恰好の餌食」とされ、個人攻撃されて人間そのものが潰されてしまうと察知したからである。当時、A市には三つの組合がある中で、教育合同は最初からN先生の味方になって協力してくれた[28]。一方、御用組合ともいわれるある組合のある幹部は、組合の集会で思わず「あぁ、うちの組合員でなくてよかった」と発言したことを、N先生は同僚から聞いた。共産党系の組合は、攻撃の経過について組合員向けのチラシに書いてくれたという。その当時、N先生は三つの組合に「これは組合として立ち上がらなければ、教育介入を許すことになる」「これはみんなが手を携えて、この教育介入に対して闘わなければならない」と一生懸命に訴えたと述べた。

無所属であった時と違って、組合（教育合同）の委員長が立ち合うことになると、N教師だけに個人攻撃していた教育委員会と校長は、下手に対応できなくなって態度が変わったという。このように、組合の役割は重要であることがわかる。だが、昔と違って日本の組合は活動力が段々

低下していって、戦わない組合になってしまい、特にこのような右翼が強くなったときには、日本の組合は、非常に腰砕けになってしまうという批判がある。それ以来、いわゆる非組の先生が増えたといわれる。

　その経過の中、昔、多数派組合の先頭に立って「日の丸・君が代」反対を主張しながら、行政側と対立していた組合幹部の一人が、市教委に入ったら、今度は「日の丸・君が代」を強制する側になって、逆に攻撃する状況を見て、Ｎ先生は組合の変質を感じ、それまで加入していた学校内の多数派組合を脱退したという。日本では、一般的に校長や教頭になるルートといえば、教育委員会に一度入ってから管理職に昇進する。そういうなかで、組合にいたような人も権力的な立場に立って保身に走る場合があるわけである。権力を求める人でなくても、静観する場合がある。それは「いじめの構造」と同じようなものではなかろうか。学校現場においても、いろんな意味で管理が強化されている。それは教職員にも影響を及ぼしている。

・新しく赴任して来たＫ校長からの攻撃

　当時のＮ教育長が、非公式にＮ先生に会いに来たこともあった。Ｎ教育長はＮ先生を責めるためではなく、好意として転勤を説得するためにきたという。転勤届けを出す有効期限がすでに過ぎていた時期だった[29]。その後、Ｎ教育長は退職し、その後任としてＴ教育長に変わった。

　2005年1月8日、Ｂ中学校に新しく赴任してきたＫ校長（教育委員会内での攻撃側の中心人物）は、その当時、次の教育長になる人物だといわれていた。昔、多数派組合の委員長をしたこともあり、以前、教育委員会にＮ先生を呼びつけて、さんざん攻撃した人物だった。

　Ｎ先生は、「Ｋ校長は自分（Ｎ先生）を学校から追い出すために、辞めた前校長の代わりに来たのだと思う」と主張した。その理由は、新しい校長は「この学校を出て行け」と直接言ったからである。それに対抗して、

N先生は「何で出て行かなければいけないんですか」「私は何も悪いこ
としていませんよ」と答えた。

　N先生がバックラッシュに届せず、転勤届を出さないで、学校を辞め
なかった大きな理由のひとつが以下の点である。N先生はその時、中学
2年生の担任をしていた。一年生の時にある男の子が、性の問題行動を
持っている子であることがわかった。その学年の先生から「この子を指
導できる人は、N先生しかいないから頼む」と言われた。それで、N先
生はその男の子を指導することになり、「この子を置いて私は学校を出る
わけにはいかない」という教師としての強い思いがあったという。そう
いうことで、この子を卒業させるまでは、歯をくいしばってがまんする
ことにし、転勤届を出さなかったという。そして、N先生の話によると、
授業をずっと見張られているような状態だったと述べた。

　それはB中学校に教師として勤めはじめて2年目のことだった。N先
生としては、退職がそんなに先のことではなかったので、B中学校への
任用になったときには、「最後の勤めになる学校」であろうという思いで
赴任してきた。しかし、2007年4月、N先生はその生徒を卒業させてか
ら、次の学校へ転勤した。それにあわせて、K校長は教育委員会に戻った。
N先生追い出しの役目が終わったかのようであった。

3. 市教育委員会の反応
・N先生に「性教育について」の反省文書を書かせる。

　2005年2月2日、A市教育委員会がN先生の性教育の授業に対する
事情聴取及び市教委の見解表明をする。しかし、市教委の見解表明にN
先生は反論した。N先生は普段、「教育委員会」はより良い教育を子ど
もに与えるために、先生方を支え応援・励ますところであると思ってい
たが、今回のバックラッシュを通して、その態度は全然違っていたと話
した。市教委は、N先生を攻撃する人たちと一緒になって、N先生を攻

撃したからである[30]。

　その次に、3月に入って、市教委は、N先生に「性教育について」反省文（その後、改訂反省文）を書くように迫ってきた[31]。最初、反省文書を書く指示を受けたときは、N先生は反省することはないと言った[32]。

　当時、反省文書を書くように説得に来る担当をしていた市教委所属O氏は、昔N先生の教え子であり、その関係を利用してN先生に反省文を書かせる業務の指示を受けている立場であろうとN先生は判断した。つまり、教え子であったO氏に対応をやらせる意図が読み取れたのである。だからこそ、一度は「向こうに迎合するような書き方はしません」ときっぱりと断った。そうすると、O氏は、「先生の思いのたけを書いてください」と重ねてお願いしてきた。そこで反省文を書いたのだが、最初に書いた「反省文書の原文」には、反省する内容ではなく、思いのたけが書かれていた。

　反省文の原文に対し、O氏から修正の要求が出され、1回修正した。この修正された反省文に基づき、市教委のO氏がさらに自分で勝手に改訂したものが最終的なものとなった[33]。O氏が内容を変更する際に、「先生、ちょっとこういうふうに変更さしてもらいますが、いいですか」あるいは「この表現はこういうふうにしていいですか」と、N先生に了解を求める形をとりつつ、事実上強引に内容を変更していった。それについて、N先生は「あなたの立場もあるやろう。いいよ、もう出して、早く決着つけて」と答えた。それ以上、抵抗をしなかった理由として、当時のO氏の立場への配慮があった。仕方がなく反省文の改訂を受諾したという。

　反省文書の原文が、市教委により、どのように変えられていったかを確認し分析しておきたい。まず、原文と改訂の一部の文章を下記に紹介しておく。

〈最初の反省文の原文：性教育について〉

　私は三十年余り、使命感と情熱をもって、赴任した中学校の生徒達に対し、彼等の生命と未来を守りたいという一念で、主に保体の教科を通して、性教育を積極的に実践してきました。この実践については、生徒達や保護者の方々に強い支持を得ていたことを実感してきましたし、確信しています。

　平成十六年度、その実践内容についての、Ｂ中学校の数名の保護者と部外者の人達による長期にわたっての非難や中傷は、私の心身を限りなく消耗させ、さらに、市教委の数度の事情聴取と今後の私の実践に対する、手かせ足かせ的な見解をもっての指示は、Ａ市の副読本や手引書が作成される以前から、性教育に使命感と情熱を注いできた私の気力を萎えさせました。私の目ざす性教育が出来ない以上、Ａ市の性教育に私の出る幕はありません。後進の方々の健闘に譲ります。

　一人の教師が三十年余り、Ａ市の性教育に生命がけで取り組んできた情熱を、こういう形で奪われたことを、重く受け止めていただきたい。

付記、三月八日の市教委の呼び出しを欠席したことについて

　欠席理由は、事情聴取の後に作成された書面に署名捺印することに納得し難く、所属する組合（教育合同）を通しての市教委との話し合いが続行中であったことによる。組合からは、結論が出ていないので欠席でよいと指示された。無断で欠席したつもりはないし、市教委も了解していると認識していた。

〈改訂の反省文：性教育について〉

　（前略）平成十六年度、その実践内容について、保護者やその他の人達の指摘を受け、これまでの指導に変更を加えました。

今後は、諸指摘を踏まえ、実践に生かしていくつもりです。

しかしながら、一連の経過の中では「非難や中傷」と受けとめられることもあり、さらに、この事態に対する市教委の対応と私に対する事情聴取等は、Ａ市の性教育副読本や指導手引書が作成される以前から取り組んできた私の情熱を萎えさせました。一教師の情熱が、こういう形で奪われたことを重く受け止めていただきたいと考えます。

付記、平成十七年三月八日の市教委の呼び出しを欠席したことについて

　当時は、事情聴取の後に作成された書面に署名・捺印することに納得し難く、所属する組合（教育合同）を通しての市教委との話し合いが継続中であり、組合からは結論が出ていないので欠席でよいとの指示があったため欠席しました。私は無断で欠席したつもりはなく、市教委も了解していると認識していましたが、結果として無断欠席になってしまったことについては、連絡するべきであったと反省しています。（傍点は筆者）

　原文と改訂の反省文を比較してみると、かなりの内容の変更があることが分かる。変えられたところは、①「その実践内容について」の後に続く「非難や中傷」関連の文章と、②「市教委の事情聴取と指示」関連の前後の文章、③「付記」の最後に書かれている文章、の３か所である。

　また、１回目に修正された反省文には、原文に書かれていない二つの文章が新たに加えられた。その一つは、「性教育について」の内容の中に書かれている「今後は、諸指摘を踏まえ実践に生かしていくつもりでいます」という文章であり、もう一つは「付記」の最後に書かれている「結果的に無断欠席になってしまったことについては、連絡をするべきであったと反省している」という文章である。特に、この二つの文章は、別の

内容にもかかわらず、まるで、「性教育に問題があって、反省する」というような感じに捉えられるニュアンスがある。最初にN先生が書いた原文の精神とは大きく異なっている。

変更された主な文章には、筆者が傍点を振って示している。これは、市教委のO氏が下線を引いて、手を加えた箇所とほぼ重なるところである。手を加えた箇所には、原文がたくさん削られ、かなりの部分が変えられた。中間段階の改訂文には、N先生の「自分自身が悪いということは認めない」という精神が最低のところは残っているが、かなり修正されている。

原文からは、N先生が陳述したように、今までやってきた「性教育は間違っていない」という信念に基づき、あるいは、バックラッシュ派が主張する「行き過ぎ、過激な性教育」を行っていないことに対して、「反省することはない」といった意味がよく伝わってくる。また、外部団体の人達による「非難や中傷」の攻撃と市教委の対応と指示が、いかにN先生の心身を限りなく消耗させ、性教育に対する使命感と情熱の気力を萎えさせたのかが読み取れる。

しかし、市教委によって改訂された反省文書には、N先生が今までやってきた「性教育」には大変問題があって、いろんな指摘を受けることになり、その指摘を踏まえて、これまでの指導に変更を加えるというような感じがみてとれる。しかも、「付記」に書かれている「市教委の呼び出しに無断欠席したことを反省する」という点では、別の内容にもかかわらず、まるでN先生が今までやってきた「性教育について」反省しているかのような印象を与えるように書かれている。

以上、市教委がN先生に書かせた反省文書の原文と改訂文を比較し分析してみた。市教委が、反省文の内容を変更して改訂文を書かせること自体がおかしいことであり、非常に問題がある。さらに、前述した改訂文の変更内容は、子供たちの生命と未来を守りたいという一念で、使命

感と情熱をもって「性教育」の実践をしてきたN先生に対して、その授業の実態と真相を究明しようという姿勢は全然なく、市教委が取った対応はバックラッシュ派の言いなりになってしまい、N先生にどれほどひどいことをしていたのかが把握できる。すなわち、自分たち（市教委）を守るための責任回避と保身の姿勢をとったと言わざるをえない。

　反省文を担当していたO氏が、一方で、「先生、A市でまた性教育を頑張ってください」と言ったのは、O氏が中学の時にN先生の性教育を受けたからであろう [34]。しかし、O氏の立場が理解できなくはないが、N先生の性教育を受けたことのある教え子だからこそ、そこでN先生側に立って、性教育の事件に対する真相を究明しようとする態度をとるべきではなかっただろうか。

　市教委が反省文を書かせた意図及び目的は何だったのであろうか。結果的に、N先生が反省をしたかのように見せ、反省文を書かせたという形をもって、攻撃側にA市立B中学校の性教育に関する今回の問題の処分として抑えてくれというような妥協を仕掛けるためであったのではなかろうか。すなわち、N先生に反省文を書かせることにより、「性教育バッシング」の問題に決着をつけたのであろう。バックラッシュ派の勝利として。

　以上の経緯の中で、教育委員会や組合、職員会議などの反応と、その中の一部の人たちによる攻撃を受けて、N先生は、日本の教育状況への幻滅と人間の弱さを感じたと述べた。

4. 保護者と生徒たちの反応

　2004年11月29日、学校の体育館で行われた「保護者説明会」に参加したある保護者からN先生への応援の手紙が送られてきた。N先生が担任しているクラスの生徒の保護者であった。その保護者からの手紙を以下に紹介しておく。

N先生へ

　先日の性教育の説明会には参加させて頂きました。

　授業内容については、授業のあった頃、二人の子ども達から聞いており、親子三人で『命』についての尊さ、大事さを先生が伝えようとされているんだということを家で話しました。

　それゆえ、ああいった形で適切、不適切議論がなされていたなんて、本当に驚き、ガク然としました。誰でも自分の子どもが大事で、それぞれの思いがあろうかとは思いますが、先生が信念を持って子ども達に教えてきて下さった事、子ども達にも先生の思いが十分に伝わっていると思います。いろいろな中傷に屈せず これからも是非その信念を貫いて下さい。

　微力ではありますが、応援しております。頑張って下さい!!

　お父様のお体もさぞかし心配かと存じますが、N先生ご自身のお体もお大事になさってください。これからもB中学の子ども達を宜敷くお願い致します。

　前章で検討した2003年度秋の「PTA講演会」、2004年6月29日のPTA役員との話し合い、同年11月29日の体育館での説明会のように、保護者を対象にしたN先生の「性教育の授業」に関する説明会に参加した保護者からは、批判の声はほとんどなかった。むしろ、上記の保護者のように、応援する声が多く見られた。バックラッシュ派に属して、N先生の性教育に対する批判の声をあげた保護者は、二人だけであった。

　2005年3月頃、N先生は「性教育」の授業を受けた生徒達に「無記名でいいので、授業で感じたこと、感想を書いてください」と要請した。そのころは、B中学校の「性教育」を誹謗中傷するビラがすでに校区内の家に配布されていた。そういうことで、生徒達はN先生に何か起こっ

ていることを察知していた。それは生徒達が書いた感想文の中に示されていた。

　性教育に対する攻撃が激しかったときの生徒達の感想文を見てみると、おおむね共通する文章がある。その共通の文章を紹介すると、①「N先生の性教育がいきすぎだ（過激だ）とは思いません」「N先生の授業は、間違ったものではない」、②「負けないでください」「応援しています。頑張ってください」、③性教育の道具を使った内容については、「必要なこと、大切なことだ」「将来のため、いい経験になった」といった意味の言葉が挙げられる。その中には、「過激な性教育」と呼ばれることについて、それは「認識の違い」であり、周りの認識が間違っていると書かれているのもあった[35]。

　一方、普段の性教育の授業を受けた生徒からは、前述した感想の内容以外によく出てくる感想の言葉がある。例えば、「ちゃんと考えて、自分の性行動には責任を持つべき」「自分はバージンを守る」「今まで簡単に考えていたけど、これはしっかりしないと」「性行動を起こす前に、自分は人間として成長しなければならない」などである。中には「今の大人がおかしい。だから先生、僕らに性教育をしてくれるのもいいことだけど、わけの分からない大人にも性教育をしてください」と書く生徒もいる。また、卒業生からは大体「先生、性教育は大事ですから、頑張ってください」との声が多いという。

　N先生がまるで「フリーセックスを標榜している」ような歪曲をしている攻撃側に対して、N先生は「バックラッシュ派は現場のことを何にも分かっていない。私の授業を一時間も受けたこともない、授業の内容を正確に聞こうともしない人間が、勝手なことをいっているから、絶対負けない」と決心し、「子供の命を守り、子供の将来を守るために、自分は闘っているという信念は一度も揺るがなかったので、どんな攻撃を受けても負けなかった」とインタビューで答えた。

しかし、ここまで踏みつけにされて、こけにされた教育委員会のために、何で自分が教育委員会の思うような性教育をやらなければならないのか、というような思いにもなったという。別に性教育に対する意欲を失ったわけではないが、そのような気分になったと話した。これは、その次に転勤した学校での活動に影響した。2007年4月に新しく転勤した中学校で、「先生が性教育を行う時には、どんな性教育するのかを、指導案のようなものを出してください」と言われた。N先生は、自分のことを見張っているような状況下で、そんな不自由で腑抜けな授業はできないと判断し、「やりません」と答えたのである。

第4節　性教育の授業実践

1．N先生が述べる「性教育の必要性と重要性」

　N先生は、普通に学校に来る子供でも、性教育を行うとき、言葉だけでは理解できないことが多いので、いろんなものを工夫しながら表現して分からせることが有効であると主張する。「実際、知的障害を持った人たちが、健常者に強姦されて妊娠させられることが数多くある。普通の性教育の授業でも、知的障害者を対象にする授業でも、人間の性を理解させる内容もあるが、『自分の身を守るために』というのはどういうことであるのかを、やっぱり感覚として分かってもらうために、補助教材として使われる性教育関連の道具が必要になってくるのは当然のこと」であると論じる。

　N先生は、「この子たちは大きくなって、社会に生きていかなきゃならない。その子たちが人として、性に対しても、自分が女性である、男性であるということも、豊かに受け止めながら、活き活きと生きていくためには、どう教えたらいいのかと常に悩みながらやっている」と述べながら、その教育現場での先生方の悩みや苦労について、具体的な例を以下のように紹介してくれた。

女の子に生理の手当を教える場合に、「ナプキンがあって、こういうふうにするんだよ」と言うと、言葉ですぐに分かる子と全然分からない子がいます。分からない子にはトイレに連れていって、あてる方法や交換の仕方、捨て方などを直接教えなければいけないです。また、男の子の場合、例え、知的障害があっても、性的な発達に障害はありません。その時期になったら、性的に発達します。性衝動も当然起こってきます。その時に、男性の性衝動の消化の行動としてマスターベーションがあるわけです。でも、マスターベーションの仕方まで教えないと分からない場合があります。どう言ったらいいでしょうか。知的障害をもっている子は、いろんな机やイスに擦りつけたり、あるいは人前でマスターベーションやったりすることは、してはいけないということが分からないからです。これはもう本当、並々ならぬ現場の先生方の苦労があります。知的障害をもった子の親だって、幸せに生きてほしいと思うじゃないですか、親が教え切れないものは、学校に頼るしかないじゃないですか。攻撃する側の人達は、教育現場の苦労を何も知っていないのです。

　「過激な性教育」と歪曲された攻撃について、Ｎ先生は「現場のことを何も分かっていない、実際の状況も知らない人たちが、自分の思い込みや、こういうことになるに違いないという勝手な憶測でまとめ上げたものです。教科書を通しては教えられない実践論について全く知らないわけです」と批判した。

　従って、ここでは、Ｎ先生が普段行っている性教育の内容の中で、インタビューしたことに基づいて簡単に触れておきたい。まず、なぜ性教育が必要なのか。そして、授業の方法論として道具を使うことにより、期待できる学習効果はどういうものなのかについて、紹介しておきたい。

N先生が述べる「性教育の必要性及び重要性」について、授業と講演会の内容と教え方をふまえながら以下のようにまとめてみる。

①性についての間違った知識、中途半端に知っている知識、あるいは全く知識がないという事は、自分自身の幸せな人生を選ぶことが出来ないことに繋がる。そのように言うのは、性教育というのは、いかに自分の人生をより健全に自分の望む方向に持っていくか、それを全うさせるための欠くことのできない教育だと確信しているからである。

②生物界の生き物の世界では、子孫を残すという種が組み込まれている。発情期になると交尾する。人間の場合は性交という形で、子孫を残していくわけである。しかし、人間は精神的に非常に高等な種であると言われるように、他の生き物の生の姿と人間の生の姿は、明らかに違う。その人間の生と性の美しさと素晴らしさを正しく教えることが性教育の目的の一つである。

③女性が卵を排卵し始めるのは、今や早い子は小学校3年生頃であり、男性の精子をつくる働きも小学校の時代に始まっている。様々な統計によれば、初めての性交の経験をした年齢は16歳（高校1年生）が多いことがわかる。青少年時代に経験する初めての性交や妊娠は、その人間が選択しようとする生き方に大きな影響を及ぼすので、早期からの適切な教育が必要である。

④マスコミやインターネットによる性に関する偏った性情報と、性産業に10代の性が組み入れられている性売買の危険性から、どのように青少年を守ることができるのかという課題が出でくる。自分の子供を守りたいという親の願いにも連なる。こういう性に関する問題について、「照れくさくてうまく話せない」と親からよくいわれる。性の問題について、「自然に分かっていく」という人もいるが、自然には分からないものであろう。

⑤実際、10代に妊娠することがある。10代で子供を生むという現実

の厳しさに向かい合わなければならない。いわゆるできちゃった結婚をしてしまい、すぐ家庭が潰れる場合もある。また、今の子供の虐待、子供の育児放棄という社会問題も起きている。そこで放り出されるのは子供である。これらの問題が発生することを減らすためにも性教育は求められる。

⑥生まれてきた命は、もう独立した命である。生まれてくる子供は親を選べないから、その命の幸せを掴むのは生み出した人間に責任がある。自分自身の人生をどう生きるか、相手の命をどう考え、新しい命をどう考えるかをふまえて、自分の行動を選択する。つまり、親としての責任と自分の性行動を慎重に考えさせるとともに、選択する能力を高める教育をする。

⑦性教育を実施しようと思ったきっかけは、学校でいろんな問題行動を起こす生徒がいるが、その子の背景（家庭環境）には必ず親や家族との問題が関わっている。子供を生んだだけで教育をしようともしないで、ほったらかしている。その中で、つらいものを抱えて、いろんな問題行動を起こす生徒たちをN先生はたくさん見てきたからである。そして親にも話が通じない場合がある。だからこそ性教育をしなくてはと思った。

⑧病気とエイズの問題がある。日本でも10代の時に感染し、20代で発症している人達が出てきている。ある意味では、自分の人生や命を守るために、あるいは人として生きていく中で、出会う愛を守るため、性教育は大事なことである。

⑨性暴力と性犯罪の問題がある。例えば、恋人間のデートDV、夫婦間のDV、セクハラ、ストーカーが存在している。豊かな男女関係を築くための性教育は必要であろうし、人間の性をいかに深めて理解しているかということは、その人の幸福にもつながる。

⑩性同一性障害や同性愛の人達のように、一般的な性の姿として語られない一部の性的少数者の人たちがいる。統計的には約10パーセント近

くいるとの数字もある。これは、少なくともクラスに1人か2人はいることになる。この人達のことも含めて考えなければならない。自分がどんな性指向、性の在り方、傾向性を持っていようとも、人として自分の人生を輝かせるために欠くことのできない教育の分野だと信じている。

⑪わずか数十年前までは、家庭教育においても学校教育においても、人間の性・性交について語ることを公に出すのは恥ずかしいという雰囲気があった。そういうことで、生徒の保護者もまともな性教育を受けていない。また、親が教え切れないこともある。そういうものはやはり学校で教えるべきであろう。

2. 性教育の内容と方法論としての道具使用

次に、授業の方法論として道具を使うことにより、期待できる学習効果はどういうものなのかについて、検討してみることにしよう。N先生が授業と講演会で、どのような思いで、分かりやすく教えるための道具を使って、生徒にどういう説明をしているのか、伝えたいメッセージは何かについて、授業実践に触れながら以下のようにまとめてみる。

①小椋佳の「六月の雨」という愛を賛美する歌を歌う。

性病(性感染症)、人工妊娠中絶、児童虐待と児童殺人の記事、親に捨てられた子供の話などの「うっとうしくて重苦しい話」ばかりすることが、決して授業の内容のメインではない。授業と講演会に行った時には、最後に必ずこの歌を歌って、その歌の意味について説明をし、「みんなの青春を輝かせていこう」というメッセージを伝えるようにまとめている。

小椋佳の「六月の雨」

♪ そよ風は見えない　幸せも見えない　愛の姿も見えないけれど

♪ 見えない何かを信じながら

♪ いくつ春を数えても　いくつ秋を数えても　二人でいたい

この歌が意味しているのは、人を愛する気持ちだと思う。すなわち、「愛

の姿は見えないけど、この人と来年の春も、次の秋も、どんな苦しい事、つらい事があっても、二人で力を合わせて生きていきたいと思うんだよ」と解釈する[36]。それから、皆に「そんな愛に出会いたいですね。そんな愛に巡り合って輝いてくださいね」というメッセージを伝える。

　最初は、人間の性と命の歴史から説明をし、人を愛する気持ちと生命の素晴らしさを聞かせる。そして生まれてくる子供が好きでたまらなくなる、という思いを話すときの例として「六月の雨」の歌を紹介するのである。

　②人工妊娠中絶の深刻さについて言及する。

　生きていく中で産みたいと思っても産めない場合があるかもしれない。または、性に無知・中途半端な知識[37]による望まない妊娠をする場合もありうる。だから望ましくない中絶手術を防ぐための教育も必要である。中絶手術とは、どんなものであるか、及びそのリスク、あるいは一つの選択肢ではあるが、安易に考えるべきものではないこと等について、正しい知識をわかってもらうために、手術の時に使う器具の一部[38]と生まれる前の胎児の模型を見せる[39]。その理由は、胎児を掻き出すことを皆が知らないからである。そして、産み落とされた命、親に捨てられた子が養護施設に入って、どういう気持ちで、生きているのかを涙ながらに話す。

　このような中絶に関する話を聞いた生徒の反応といえば、感受性の強い時期だから、赤ちゃんがかわいそうに思われ、ポロポロと泣く子もいるが、中絶の深刻さがわかり、「自分の性行動について慎重に考えるようになった」という姿勢を示す生徒が多い。

　③コンドーム着用と避妊について話す。

　上述した「性教育の必要性と重要性」でも触れたように、性・性交に関わる様々な問題が起きている。あとで、問題を起こしてから「知らなかった」ではすまない。その予防策の一つとして、避妊とコンドームの

着用について教えるのである。コンドームとは、正しく付けないと避妊と性病予防の効果が全くないことから、装着の仕方に触れることもある。生徒たちから、「コンドームについて教えないと、子供が間違って理解して、人工妊娠中絶をする人が増えてしまう」「子供たちはまだ知らないと、親が勝手に勘違いしているだけ」との声があがる実態を踏まえるならば、この問題にも踏み込む必要がある。

コンドームの着用を教えることに対して、攻撃側のビラに「単に性的興味をあおったり、性行為の奨励になったり、百害あって一利なし」と書かれている。しかし、その主張は全く間違っている見解である。その理由は、「早期の性交の経験というのは、本人の人生にいろんな面で大きな影響を与えかねない。歪んだ性情報の影響もあるので、放置すべきでない」とN先生は考えているためである。N先生は決して、子供たちが早期に性交経験すればいいと思っているのではなく、逆に早期の性経験に慎重になるべきだと思うからこそ性教育をするという立場なのである。性行動を煽っているというより、行動をセーブ（抑制）させるように仕向けているといえる。

N先生の願いは、「その性衝動と向かい合い、闘い乗り越えていって、大人になって豊かな性というものを獲得していって欲しい」ということにある。それで、N先生が授業で「皆、マスターベーションやっているよね」と話す理由も、子供たちの切実な思いに届くような形で、授業の方向を持っていくためであると説明した。

④事前に留意点を十分説明してから「出産ビデオ」を見せる。

生徒の反応といえば、「僕は過激だと思っていない。新しい生命が誕生するのは美しいものだ」「正直ビックリした。見れなかったところもあったが、N先生の授業はきっと将来役にたつ！」「命の大切さやお母さんになることの大変さは知っておく必要がある。貴重な経験ができた」「多少はビックリしたりした時はあったけど、教えてもらったことは、絶対

将来必要なことだと思う」などの感想がある。性教育全体の感想と重なるところもある。

⑤講演会で、産婆さんが撮った「赤ちゃんの写真」を見せる。

産婆さんが生まれたばかりの赤ちゃんに「おめでとうございます。よくぞ生れてきて下さいました」と声をかけたら、赤ちゃんがすっと手を前に持って合掌する姿になったようにみえる事例の写真を見せる。しかも、その赤ちゃんは笑っている様子である。これは、何千人も取り上げた産婆さんが、あまりにもその様子が続くので写真に撮ったという。産まれる命は、このように喜びをもってむかえられたことを伝える。自己否定する子どもたちがいるので、そういう子のために写真の話をする。

⑥養護施設に入っている子供が書いた文集を紹介する。

例を挙げると、「僕にはお母さんがいません。お母さんがいたらどんなことしようかな！と時々考えます。一緒にご飯が食べたいです。参観日に見に来て欲しいです。テストを持って帰って来た日には、良い点でも、悪い点でも見せます。今までこんなことしてもらったことがありません…」と、ある男の子の声が載せている。ある女の子は、「私のお母さんは、私が赤ちゃんの時からどこかに行ってしまいました。私はとても寂しい思いをしながら大きくなりました。私はお母さんの顔やお母さんの事を全然覚えていません。今どこかで元気に暮らしているの？　私はお母さんに会いたいです。お母さんとの思い出がないのがつらい…」と切ない思いを書いている。

ここで、生徒に次のように問いかける。「皆には、家族で思い浮かぶ姿があるだろう、思い出があるだろう。この子はお母さんといっても思い浮かぶ顔がない。それがわかるか？　邪魔だから捨ててもいいのか？

この子らは何で君達と違うのか？　生んだ親が違う。君達だって、ひとつ間違ったら、この立場になったかもしれない。君達がこうしてここにいるのは、君達のお父さん、お母さんがあなた達の命に責任を持っ

第4章　大阪府Ａ市立Ｂ中学校における「性教育バッシング」の事例　141

て、一生懸命育ててくれたから、今ここにいることが出来るのよ」と話す。親に対する感謝の気持ちと親としての責任を教えることによって、軽い遊びでセックスをすることは、どんな事が身に降りかかるのか、あるいはこういう悲しい命を生んでしまうかもしれないことについて考えさせる。

　⑦児童虐待、児童殺害関連の記事を読む。

　子どもは親を選べないから、慎重に自分の行動を選んで、君達の親のように素晴らしい命を本当に大事に育てていく人になって欲しいというメッセージを伝える。生徒達からは「これからはちゃんと生きていきたい」「自分はセックスを甘く見ていた」、女の子は「しっかりしないといけない」、男の子は「いい加減にセックスなんかを考えたら、人を悲しませてしまう。自分はもっと人間として成長しなければならない」という感想文が寄せられる。そういう感想が出てくるのは、やはり虐待や中絶のことなどいろいろ話をしてその悲しさに涙が出そうになる経験をしたからである。

　⑧乳児院に訪問したときの幼児に関する話をする。

　病院の一角にある乳児院を訪問したときのことだが、ある子に会いにプレイルームを訪ねた。プレイルームで遊んでいる子の一部が駆け寄ってきて、Ｎ先生にべたっと引っ付いたのである。Ｎ先生の身体に６人ぐらいが引っ付いて、引っ付けなかった４人ぐらいの児童が近づいてきて、Ｎ先生に一生懸命に話をかける。その言葉は「会いに来てくれたの、僕に会いに来てくれた？　迎えに来てくれた？」と、必死になってＮ先生に問いかける。

　そうなると、その周りにいる人が「先生、ここの子らは、ほとんど誰も会いに来てもらえないのよ」と言いつつ、「だから、見知らぬ人を見ると‘自分に会いに来てくれたのかな、迎えに来てくれたのかな’と思って、今の先生のように引っ付いて行って、“迎えに来てくれた？　会いに来

てくれた？”と必死に聞くのです」と説明した。その話を聞いた生徒は、児童がかわいそうで泣く。生徒達の感想は上述のとおりである。

⑨「保健体育」を中心とした各教科の時間をつかって「性教育」を年間でおよそ10回くらい（50分授業）実施している。そのくらいの時間をかけなければ、教え切れないからである。このように、性教育に関して言及するときには、全体の流れと教え方がとても大事である。最後の内容に至るまでに、十分それぞれ時間をかけて、説明をしながら教えている。そして、「皆さんの青春が輝く事を本当に祈っている」とメッセージを伝えて、小椋佳の「六月の雨」という愛の賛美歌を歌って締めくくる。

以上、Ｎ先生の「性教育の授業実践」の内容についてまとめてみた。その授業実践の特徴と意義をまとめると以下のように言える。

第一、性行動に伴う危険性について、正しく教える。同時に、性行動の低年齢化、性の商品化が進んでいる現実のことも教える。

第二、その危険性に対処して、自分の行動を選択する能力を高める教育をする。

第三、生徒のレベルに合わせた話をして説得力を持たせると同時に、感動を与えることで、教育効果を高める。

第四、性に関する正しい知識を覚え、生徒が自分の性行動と人生について、真剣に考えるようになる力と機会を与える。

第5節　考察

Ａ市のバックラッシュの聞き取りをこうして記録することができたことによって、校長やＡ市教育委員会が取った行動がいかに適切なものでなかったか、毅然と不当な圧力に対抗せずに、責任回避と自己防衛に走ったのかということが具体的に明らかになった。市教委と攻撃側の中心人物であるＭＡ[40]が取った態度は、「性教育の授業実践」に関する真相を究明しようとか、教育の質を高めようという姿勢ではなく、まるでＮ教

第4章　大阪府Ａ市立Ｂ中学校における「性教育バッシング」の事例　143

師を潰すためだけに、最初から計画を立てて、Ｎ教師に攻撃をかけてい
たようだと評価せざるを得ない[41]（詳細な攻撃を記録したことで、そうした
本質が浮き彫りになったと言えると筆者は考える）。それは、バックラッシュ
の加速化期（2002〜2004年）に、性教育や性教育教材へのバッシングが
続き、都教委による性教育に関する調査・処分が相次いだことと類似し
ている。

　今回、Ｎ先生をインタビューした結果、明らかになったことがある。
それは、当時のバックラッシュ派は、①Ｎ先生が普段行っている授業を
実際に受けたことも参観したこともない。②授業全体の内容と流れにつ
いて正確に聞こうともしなかった。③授業を受けた生徒たちの反応と感
想及び学習効果について明確に把握していなかった。④問題の実態を究
明しようという姿勢でも、問題点を協議していこうという姿勢でもなく、
決め付けられた不明確なこと或いはごく一部のことを取り上げ、問題視
した、というようなことである。

　性教育の重要性については、教育の現場で心あるものたちには周知の
事実である。実際に役立つ充実した授業内容を作り上げるために、テキ
スト以外に副教材や補助教材としての器具・映像物等が使われるのも当
然のことである。これは生徒に分かりやすく教える手段としての方法論
でもある。性教育に関して言及するときには、全体の流れの内容と方法
論（教え方）を論ずることがとても大事である。一部だけ取り上げて誇張
することでは、その教育の意図と目的を正しく把握することが出来ない
からである。

　ところで、バックラッシュ派は性教育授業の全体の流れを見ていない。
しかも、教育現場においての切実な教員の思いにも全く目を向けていな
い[42]。だから、「過激な映画を見せた。生徒が気持ち悪い、気分が悪く
なったといった」など、ほんの一部の事象を取り上げ、抗議をしている[43]。
また、攻撃側のビラの中に「避妊」の指導については、「単に性的興味を

あおったり、性行為の奨励になったり百害あって一利なし」と記されていた。他にも、Ｎ先生の弁は、「「…親には子供の教育は出来ない。」などと親を小ばかにし、」と述べられているが、それは歪曲に過ぎない[44]。

「バックラッシュ（backlash）」及び「バッシング（bashing）」を日本語で訳するとき、現象の性質や動きによって「攻撃、反撃、反動、逆流、激しい批判」などの言葉で翻訳することができる。しかし、それに対して、一般に「攻撃」という言葉を使うと、過激なイメージあるいは強いイメージになりすぎるのではないか、適切ではないのではないかと言われることがある。しかし、今回のＡ市の「性教育バッシング」の実態を見てみればわかるように、Ｎ教師に対する言動はまさに「攻撃」と表現してよいものであったといえる。

「性教育バッシング」の影響の結果、その後のＡ市の性教育はどうなっているのだろうか。まず、Ａ市教育委員会が発行していた『中学校性教育副読本』と『性教育指導書』は、使用も配布もされていない。またＮ先生は「性教育バッシング」を受けてから、性教育の授業を実施していない。現在Ａ市では、公式に性教育が行われている様子が見えない状況である。結局、その過程で犠牲者になるのは子供たちであろう。性教育は子供たちの成長過程において非常に大事な授業であり、その必要性は言うまでもない。バックラッシュや、それに教育委員会が追随した結果、良い授業を受けられないのは子供である。いわば生徒の学習権が侵害されているといえよう。性教育へのこのような暴力的・権力的介入は、教育的研究を自由に進めることをも妨げており、性教育研究の発展を阻害する側面も持っている。

性教育やジェンダーをめぐるバックラッシュの動向について研究した結果、最大の特徴といえるものがある。それは、①ほんの一部の特定の人物がバックラッシュの中心的な担い手であったこと[45]、②その一部の勢力によって日本の多くの人が振り回されたこと、③「過激な性教育」

批判と「日の丸・君が代」強制攻撃は、セットで学校の現場にやってくること、である。これらの特徴は、N先生の性教育に対する攻撃の事例にもみられた。

　このような性教育バッシングに対して、関口久志は、「両性平等や性教育へのバッシングの裏に隠されているのが、国の右傾化とそのための構造改革・教育政策と考えられる」と述べ、「攻撃の目的は、両性平等教育や性教育を突破口の一つにして、戦後民主憲法下の教育を否定し教育への直接介入を可能にすること」だと主張する（関口2004:66）。また、「教育構造改革のなかで性教育が他にも増してバッシングされる」理由の一つとして、「「侵略戦争」観の是非論よりも、議員・国民・海外すべてにわたって反論が出されにくい分野が性なのである。その分野が…平和を願う人々、人権の尊重を願う人々の分断と教育内容への介入に最も都合よく使われているのである」と分析している（同:74-75）[46]。つまり、「性教育批判が人々の分断と教育内容への介入に有効に使われる」という指摘である。本章の事例の検討によって、そうした側面があることが一定示されたといえよう。

【別添資料】

〈ビラ1〉

緊 急 情 報

下記事実の通り、A市立B中学校で、前代未聞の珍事が起きています。ここ1,2年各地で起きている過激性教育のなかでも、とりわけ「過激大賞」が受賞できそうなマニアックさで、指導（？）しているN先生の弁は、

① 私がしなければ誰がする。

②親には出来ない。

ということです。思わず、「お前は何様ヤ！」と口から飛び出るほどの傲慢さ、自信過剰、自惚れ。7月14日、校長、N先生と面談しましたが話は平行線のままです。以上、情報を提供いたします。

問い合わせ先　　A市立B中学校　　M校長 00-0000-0000

146

学校周辺地域に配布予定のビラより抜粋

B中の、体育のN先生「なにがなんでも『絶対ヤル！』」

　自称性教育のエキスパートのN先生。授業中に人工妊娠中絶手術のとき胎児を掻き出す医療器具「鉗子」を生徒に示し実演。妊婦のお腹をメスで切開し、血が吹き出ている帝王切開手術の映画を生徒が鑑賞！　気分が悪くなり頭痛、吐き気を催す生徒が続出。B中は医学部産婦人科教室か。空前絶後のマニアック授業!!　N先生の弁……「私がやらねば誰がやる。」「大きなお世話。」怒り心頭のお母さん方。……もちろんコンドームの装着指導は言うに及ばず……。

……めったに起こらない特異な事例を羅列し、あたかもそれが日常的に起きているように話をすり代え錯覚させて、「保護者の理解を得た。親には子供の教育は出来ない。」などと親を小ばかにし、上記のような授業を繰り返していたのです。
……「たとえ違反（指導要領に大使）であっても私がやらないと生徒が不幸になる。」自分の価値観が法令よりも上にあるわけです。「思い上がるナ！」
……このことに関し、校長は私たちとN先生と間に入ってただオロオロするばかり。教育的配慮は何もなく、事態をいかに納める（ごまかす）か。最後は言外に「子供たちを預かっている……ガタガタ言うと……!!」

平成16年7月15日

MASUKI 情報デスク
TEL 00-0000-0000　FAX 00-0000-0000

〈ビラ②〉

お父さん、お母さん どう思います・・・・
B中で
授業中に **狂気映画上映**
M校長の責任、教育者としての資質を問う!!

これは真実の話です 保健体育のN先生……「なにがなんでも『絶対ヤル！』」

　自称性教育のエキスパートのN先生。今年の6月、中2の保健体育の授業中に、人工妊娠中絶手術のときに使う、胎児を掻き出す医療器具「鉗子」を生徒に示し使い方の実演。さらに妊婦のお腹をメスで切開し、血が吹き出る中でこどもが出てくる（生徒の話）帝王切開手術の映画を生徒が鑑賞！　気分が悪くなり頭痛、吐

き気を催す生徒が続出（これは傷害罪では？）。こどもからこの話を聞いたお母さん方は激怒‼　Ｂ中は医学部産婦人科教室か。空前絶後のマニアック授業‼

　Ｎ先生の弁……「私がやらねば誰がやる。」……「大きなお世話。」怒り心頭のお母さん方

　私たちはこの狂気映画の検証を求めてきました。このことが発覚したのは１学期の終わり。再三学校へ抗議するものの、３ケ月経った今日、未だに保護者への説明会、検証上映会は行なわれていません。

　言うまでもなく学校は保護者に対して、どのような教材（狂気映画もいちおう教材??）を使用したのかを開示し、授業内容の説明をする責任があると思います。「文化祭が終わってから」とか、「私（校長）の使用で都合が悪い」などと子供みたいな言い訳で引き伸ばし、ウヤムヤにしようとしている学校の対応に怒りを禁じえません。このままではとても子供を安心して学校に任せることはできません。

　私たちは地域の住民の皆様にＢ中の実態をお知らせし、Ｍ校長の教育者としての資質を問い、責任を追及せざるを得ないと考えました。

　私たちはＮ先生と懇談をしました。

　Ｎ先生は、今回の映画上映のほかに生徒にコンドームを配りその使用を薦めていました。「中学生が妊娠し、大変困ったことが何件もあった。」といいます。「それじゃＢでここ５年間に何回あったんですか。」と尋ねると黙して語らず。めったに起こらない特異な事例を羅列し、あたかもそれが日常的に起きているように話をすり代え錯覚させ、「保護者の理解を得た。親には子供の教育は出来ない。」などと親を小ばかにし、上記のような授業を繰り返していたのです。

　このことに関し、校長は私たちとＮ先生と間に入ってただオロオロするばかり。教育的配慮は何もなく、事態をいかに納める（ごまかす）か。最後は言外に「子供たちを預かっている……ガタガタ言うと……‼」……オドシ??

　確かに、一部の常識はずれの生徒には「避妊」の指導が必要かも知れません。しかし大半の生徒には全く不要であり、彼らがコンドームさえ使用すれば「安全」などと誤解したり、単に性的興味をあおったり、性行為の奨励になったり百害あって一利なし。ある講演で、経験のある高校生は40％で、進学校ほど割合は低く、低学力校ほど高いと聞きました。そう言えば確かに私立中学校ではコンドームの使用を指導したなんて話聞いたことがありません。取り敢えず、学校はコンドー

148

ムの学校内持込をストップしました。それも私達が何回も何回も交渉した挙句で
す。学校をしっかり監視してください。……監視しなければならないことが情けな
い……。

学校は何を考えるところなのでしょう。

生徒の学力アップに全力投球の私立中学。

コンドーム指導に一生懸命の公立中学。

子供たちは将来、どう育つのでしょうか。

> ①「賛成」「反対」「進歩的」「ハレンチ学校」
> 　等々、ご意見をお寄せください。
> 　A市の公教育を考える市民の会
> 　00-0000-0000
> ②直接学校へ抗議してください。
> 　B中学校M校長 00-0000-0000

【注】

（1）『産経新聞』は、1990年代前半に文部省と厚生省が「エイズ予防」教育の
立場から性教育を推進したことに呼応して、性教育の取り組みを時代的要請
として認識した。コンドームの取り扱いについては、いくつかの学校を取材し、
中学高校におけるコンドームの使用方法を説明することに肯定的で、その事
例について紹介した（『産経新聞』1992年12月2日「どこまで教えるべきか
高まるコンドーム論議」、1993年2月24日「初の家庭用アニメビデオ 子供に
優しい性教育」）。

（2）N先生は組合の方から、訴訟の提案をうけたことがあった。しかし、裁判
をしたら、何度も思い返して傷を広げることになるし、一日でも早く葬りた
いという思いだったので、訴訟をしなかったと説明した。また、N先生の事
件に関する具体的な内容については、他の出版物でも論じられていない。

（3）「学習指導要領改訂によって1992年4月から小学校5年生の保健と理科の
教科書に「月経・射精」と「生命の誕生」が盛り込まれることになり、「性教
育元年」と呼ばれる」（井上・和田2010:38）。文部省は1992年10月、高校
生向けに配布したエイズ予防教育用の教材の中で「コンドームを正しく使え
ばエイズウイルスの感染を予防できます」などと記述している（『産経新聞』
1992年10月29日「エイズで問われる性教育」）。

（4）その当時は、一都市が税金を使って、生徒向けの副読本を出すというのは、
画期的なことだったので、いろんなところからA市が出した副読本は求めら
れた。それを参考にして、各地でいろいろな性教育副読本がつくられていっ
たのである。その結果、N先生の性教育は皆から支持されるようになり、様々
な問い合わせがくるようになった。1980年代後半の社会的背景として、全国
的にエイズの問題が発生したことと、男女平等教育や人間の性に関する研究

テーマが関心を集めた気運があった。特にエイズの問題に関連して、行政や教育現場でも性教育の必要性が謳われた時期であった。

（5）2004年12月21日の『産経新聞』に、大阪府A市教委の作成している性教育副読本を「過激な性教育」として批判する記事が載った。

（6）「教育合同A市フォーラム」（NO.284）2005年1月21日や攻撃側の資料である「B中学性教育問題の経緯」、N先生とのインタビュー調査内容、などを参考に筆者が作成したものである。

（7）「ジェンダー・バックラッシュ」の時期区分については、第3章で提示したものと対応している。

（8）N先生へのインタビュー調査は、2011年2月12日と4月9日の2回にわたって実施した。他に、E-mailと電話で、内容確認などを行った。

（9）その話し合いのきっかけは、外郭団体に関係する保護者が意見を言いたい、先生に自分たちの意見を聞いてほしいということで、N先生に会いに学校を訪問したいとのことだった。そこで、M校長は保護者とともにPTAの役員にも話を聞いてもらおうと言い出して、PTAの役員も話し合いに入れた。

（10）保護者2人は、2003年度の秋「N先生のPTA講演会」に参加した教え子の母親である。当時、M校長に「先生が行っている性教育について、保護者向けのPTA講演会で話してください」と頼まれた。N先生も保護者に授業の内容を分かっていただきたいという希望があったので、講演会に応じたという。実際、その以前からN先生の性教育の講演は、様々なところからの依頼を受けるほど、知られて評判が良かった。しかし、すべての人が全部満足できるような授業にするというのは、現実的になかなか難しいだろう。

（11）東京都立七生養護学校への「性教育バッシング」とその関連裁判については、『ジェンダー平等の豊かな社会をめざして』（2010）が詳しく論じている。都教委の処分が教育への不当介入にあたるとして提訴した七生養護学校「こころとからだの学習」裁判は、2009年3月に東京地方裁判所で勝訴判決となる。また、七生養護学校「金崎裁判」は、2009年4月に東京地方裁判所で勝訴判決、2010年2月に最高裁判所で勝訴が確定した。

（12）2004年3月31日、大阪府豊中市男女共同参画センター「すてっぷ」で、バックラッシュ派の圧力を受けて、館長三井マリ子氏雇止め（以下、三井さん事件とする）。MAは、三井さん事件に対するバックラッシュ派の先鋒の一人だった。2004年12月「館長雇止め・バックラッシュ裁判」が開始される。その

後、2010 年 3 月 30 日、大阪高等裁判所は「館長雇止め・バックラッシュ裁判」の控訴審で、豊中市・豊中男女共同参画推進財団の違法性を認め、一審判決を覆す原告逆転勝訴の判決を言い渡した。ファイトバックの会（館長雇止め・バックラッシュ裁判を支援する会）の HP（http://fightback.fem.jp）に詳しい情報が載っている。

〈ビラ 1〉の下段の連絡先には「MASUKI 情報デスク」と書いてあり、〈ビラ 2〉の連絡先には「A 市の公教育を考える市民の会」と書いてある。バックラッシュ派による A 市立 B 中学校「性教育バッシング」の動きは、2004 年 6 月から見えはじめる。

(13) 前者は大阪府豊中市立中学校の性教育を批判する記事で、後者は東京都北区立小学校のケースの例をあげ、過激な性教育というレッテルをつけている。

(14) 7 月 12 日に MA が持ってきたものとは、似た部分はあるが同じビラではなく、産経新聞の記事はなく、小見出しに「学校周辺地域に配布予定のビラより抜粋」となっている。

(15) N 先生の言葉を借りると、「教師になる人というのは、やはり基本的に子供が好きで、子供のために、自分ができるだけのことをして頑張ることに喜びを感じるような人間がほとんどです。金儲けとか、私利私欲で教育というのはできないです。だから、このようなひどい攻撃の場であるとは考えもしなかったし、それに適切な対応ができなかった」と述べた。

(16) 例えば、「血に弱い人は、無理して見なくていいんだよ、下見ててもいい、目をつぶってもいいよ、目の隙間から見てもいい」と言いつつ、「感受性敏感な人もいるから無理してみる必要はないよ。でも私はみんなに勇気を持ってね、自分がどのような姿で生まれたのか、お母ちゃんがどのように頑張って生んでくれたのかを確かめてほしい」と、あらかじめ説明してから見せているし、突然説明なく見せることはしていないと強調する。性教育全体の流れの中で、ずっと「命とは何か、命の大切さ」について、十分時間をかけて語ることも強調する。問題になった当時の「出産ビデオ」の映画は、N 先生が医療機器メーカーから、個人的に好意で借りているものであり、学校の物ではなかった。

(17) 抗議をしている人達の資料には、2004 年 10 月 21 日に「映画の上映を要請した NPO・保護者だけに校長が内密に映画を上映するが機械不良により中止する」、10 月 25 日に「再度映画を上映する」と記されている。

第4章　大阪府Ａ市立Ｂ中学校における「性教育バッシング」の事例　151

（18）①どうして「出産ビデオ」を生徒に見せるのかという授業の意図と目的、
②見せる前にどのような留意点を生徒に説明するのか、③親としての責任感
や親への感謝の気持ち、生命の大切さ、愛の素晴らしさなどのＮ先生が強調
したいメッセージ、④授業の効果、生徒達の感想を説明しなければ、保護者
は「性教育」についての正しい判断ができないという理由である。

（19）三井マリ子は次のように述べる。ＭＡは、性教育を攻撃の的にし、「MASUKI
情報デスクの名で、大阪府Ａ市の公立中学校で高く評価されてきた性教育を
誹謗中傷するビラをまき、校長と担当教員を恫喝しました。」と主張し、誹謗
中傷を受けたＮ先生は「2008年5月、本裁判に陳述書を出してくれました」
という（三井・浅倉編著 2012:73）。

（20）Ｎ先生が授業で強調している内容の一部を簡単に要約すると、下記のよう
にいえる。

　　　人間の性というのは他の生き物たちの性とは全然違う。他の生き物は子孫
を残すための生殖といえる。けれども、人間の性は命を輝かすエネルギーの
源なのである。だから、人間の性は汚いとか、いやらしいものではない。人
間は性の目覚めの中で、命と命が引き寄せ合う。そこで、共に助け合って生
きていこうという人生を輝かすものである。そして、生命の大切さ、親とし
ての責任感、人間の愛の素晴らしさ等について一生懸命に話す。バックラッ
シュ派が言っているような過激な性を煽ったり、奨励したりは絶対していな
いと言及した。

（21）最初は「多少ビックリした」「気持ち悪い」との反応があっても、「将来のため、
知っておく必要がある」との結論が大部分を示している。反面、「授業が過激
だとは全く思わない」との声も多い。

（22）そうすると、その中では「体育の授業の評価がよくない」とか、そういう
ことで不満を持っている者が、一部ではあるがいるわけである。Ｎ先生は公明・
公平に成績を出していると証言した。

（23）Ｎ先生は、教育委員会に呼びつけられて、指導主事たち何人かに取りかこ
まれて、「こんなことあったやろ、こんなこと言ったやろ」というふうに責め
まくられたという。

（24）『産経新聞』の性教育批判記事や国会で自分のことが取り上げられたこと
に関連して、Ｎ先生は「あの人たちは、確信犯です。例えば、ここはもうちょっ
と表現を変えたほうがいいのではないか、というような歩み寄って協議する

のではなかった。そういう意図じゃなく、はじめから潰しにかかっているんです。だから、私がどういう授業をしているかを聞いたことも見たこともない人たちですよ」と説明した。

(25) 校長は「職務命令は市教委の指示」であると弁解し、「話があるなら市教委とやってくれ、部外者である組合とは会わない」と発言した。それで、組合は市教委の学校教育指導室長に、「職務命令の撤回を指導せよ」と申し入れる。それについて、市教委は「文書の内容は保護者説明会をふまえたもので正当なものである」と示し、「職務命令で行わせるよう指導した。撤回はできない」と答弁した（「教育合同Ａ市フォーラム」NO.284、2005 年 1 月 21 日）。

(26) 教職員に一枚のお知らせで「退職いたします」と、職員と生徒の両方ともに一切の挨拶なしで、突然辞めたのである。

(27) Ｎ先生の言葉を借りると、「おそらく、教育委員会からもいろんな指示が出ていたと思います。要するに、権力側についた人間は、これ以上大事になって今度はＡ市教育委員会が攻撃されたら、かなわないと判断し、Ｎ教師一人に攻撃を集約させたかったわけです」と。

(28) Ａ市には組合として、社会党系の組合と共産党系の組合、教育合同の三つがあった。その三つの組合の中で、「Ｎ先生、頑張ってください」と、ずっと言い続けてくれたのは、教育合同の人たちだけだったという。また、攻撃を受けた時に親身になって「何でも相談に乗ります」と支えてくれたのも教育合同だった。

(29) Ｎ教育長は「先生の行きたいところへ転勤させてあげます。行きたいところへ行って下さい」と説得した。Ｎ先生は、教育長の前で泣きながら「ここで動いたら、私は負けになります。私は教師として、自分の抱えた子どもを捨てて、自分がつらいからといって、出ていくわけにはいきません」と訴えた。そうしたら、Ｎ教育長は「分かりました」と答えて、教育長との話は終わった。その頃、Ｎ先生は危篤状態のお父さんをずっと付き添いながら、バッシングを受けていた。その嵐のような中で、12 月 17 日にＮ先生のお父さんは亡くなられた。

(30) 例えば、市教委の委員の中には、かつて組合委員長をしていた人がいた。その人は組合の時代に、先生たちを先導し、教育委員会や校長を対象に権力と闘っていた人物だったが、市教委という行政の組織に入ったら、その態度を変え、Ｎ先生を攻撃したのである。

第4章　大阪府Ａ市立Ｂ中学校における「性教育バッシング」の事例　153

(31) Ａ市立中学校の性教育が国会で取り上げられたのは、2005年の3月4日、参議院予算委員会で山谷えり子議員（自民党）が、男女共同参画問題の一部として、ジェンダーフリー教育の批判を展開した。山谷議員が、小学校低学年の性教育の教材（大阪府Ａ市の副教材、東京の「セックス人形」、神奈川県の副教材）を示して質問。小泉首相は「ちょっとひどい」「問題だ」「こんな教育、私の子供のころは受けたことがない」、中山文科相は「子供たちの発達段階に応じて教えるべきだ」「行き過ぎた性教育」と答弁。そのとき、Ａ市の『おおきくなあれ』も取り上げ、「いきすぎた性教育をどう思いますか」と質問して以来、全国から名指しの批判を受けたり、右翼の新聞に実名入りの記事が書かれたりした（「教育合同Ａ市フォーラム」（NO.289）2005年3月10日、『産経新聞』2005年3月6日「過激性教育」などを参照）。
　　このような国会とメディアの反応によって、Ａ市教委は縮みあがり、影響を受けて、その後のバックラッシュ的な対応につながったと考えられる。

(32)「ああすればよかった、こうすればよかったというような悔いはあります。反省することはありません」と。

(33) Ｎ先生が最初に書いた原文の反省文について、Ｏ氏が文章の修正を要求した。それで1回修正された反省文がある。この修正された反省文に基づき、市教委のＯ氏がさらに改訂したのを「改訂の反省文」と筆者が名づけた。反省文の下段の日付は、平成十七年三月三十一日となっている。

(34) Ｎ先生は、「私が本当に気合を込めて大事だと主張すること、命がけでの授業をしていることを彼は知っている。だから最初に、先生の思いのたけを書いて下さいと言った後、この表現はこういうふうにしていいですかと言ったのは、上から私に反省文を書かせるように仕向けられたからに違いない」と述べた。

(35) Ｎ先生の性教育を受けた生徒たちの感想文を参照、引用した。

(36)「豊かな男女関係というのは、お互いの性をちゃんと理解し合って、補い合って、助け合うこと。だから、人間の性交というのは汚らしい事でも、恥ずかしい事でも、いやらしい事でもない。愛する人と命を一つにして、そこからふたつの愛が一つの新しい生命になって生れる。なんて素晴らしい人生だろう」と訴える。

(37)「例えば、初めてのセックスだから妊娠しない、子ども同士だから妊娠しない、今日は安全日・危険日だ、などの正確でない知識を平気で言う青少年

がいる。これは、中途半端の知識による「気休め」にしかならない話であろう。」

(38) 最初、医療機器メーカーがN先生に「性教育に良かったら貸してあげます」との提案のきっかけで使うようになった。借りたものである。

(39) 教育効果があると判断し、授業で必要な時に使うため、N先生が個人で買ったものであり、税金で購入したものではない。つまり、私費であり、税金で購入したものはない。

(40) 三井マリ子の調査によれば、「教育再生地方議員百人と市民の会」の事務局（大阪府A市）はMAとなっており、またMAは「在日特権を許さない市民の会（在特会）」の関西支部長であった（三井・浅倉編著2012:70）。

(41) 例えば、2002年から2003年にかけて、豊中市の市立中学がバックラッシュ派によって先にたたかれた。2004年に三井さんをやめさせた同じ勢力が、その次はN先生を攻撃してきた。それは、三井さん事件と経過が似ていることから想像がつくものである。三井さん裁判の事件に関わったバックラッシュ派の立役者がほとんど同じ人物だった。豊中の次のターゲットとして、2004年1学期にA市で攻撃が始まったわけである。これに関しては、前掲書が参考になる。

(42) バックラッシュ派の論調の中で、「学校で避妊を教えるから、フリーセックスが蔓延したり、性病・エイズ病が盛んになったりする」あるいは、「結婚せずに少子化社会になってしまう原因には、学校での過激な性教育とジェンダーフリー教育を教えたことにある」という主張に対して、N先生は「全くそうではない」と反論した。それは、教科書を通しては教えられないという現実について理解していないし、教育現場での先生方の悩みや苦労を知らない論調であるとしか言いようがない、と。

(43) ビラの中に、「帝王切開手術の映画を生徒が鑑賞！気分が悪くなり頭痛、吐き気を催す生徒が続出」と記されているが、事実からかけ離れたことを誇張し、歪曲している。

(44) ビラの中に、N先生と性教育に対する誹謗が多数記述されているが、N先生は「事実無根の話」であると否定した。あの時の悔しい思いを考えると、やっとふさがった傷をまたはがしているような感じで、吐き気がするくらいだと吐露した。

(45) バックラッシュを担う人々については、日本女性学会ジェンダー研究会編著2006:183-186が詳しい。

第4章 大阪府Ａ市立Ｂ中学校における「性教育バッシング」の事例 155

（46）ここで関口は、「性教育は未成熟な分野であることは確かである。…子ど
もたちや保護者そして教職員とで協力しあって乗り越えて、よりよい実践を
つくりあげればよいことである。教育行政や関係者は、未成熟な性教育に挑
む先駆者たちを励ましこそすれ、決して犯罪者扱いし萎縮させることがあっ
てはならない」と警告している（同:77）。

第5章 「ジェンダー・バックラッシュ」勢力の
言説とその思想的特性
―性と家族・伝統を中心に―

第1節 はじめに

すでに筆者は、現代日本社会における「ジェンダー・バックラッシュ」の問題が、どれほど深刻な危機状況を迎えているのかについて論じてきた。バックラッシュの影響は過去の問題ではない。今もマイナス点が残っており、決して軽視してはならない大きい問題であることを指摘してきた。

1990年代後半以降、ジェンダー論及びフェミニズムに対する歪曲・誇張された言説は、政治的な力で拡大再生産された。しかし、多くの人々は、バックラッシュの勢力がとんでもない主張をしていることを知らない場合が多いようである。また、バックラッシュの言説に関する先行研究を見てみると、見出しやキーワードのような短い文章での紹介が多く、しかも出典が明記されていないものも多かった。従って、バックラッシュ派と言われている反フェミニズム側の人が、どういう文脈で何を根拠にして主張しているのかについて、ある程度の分量の文章を紹介し、その言説を分析する研究が必要であると感じた。

筆者はフェミニスト側の主張が完璧で正しいと主張したいわけではない。当然、ジェンダー論やフェミニズムにも多様なものがあり、中には問題のある言説もあるであろうし、試行錯誤を重ねながら理論と実践を進化させていくべきものといえる。それは、すべての研究分野において言える問題であろう。しかし、各人の人権と自由に立脚しているジェン

ダー論とフェミニズムの思想が歪曲され悪玉にされ、バックラッシュ派の決めつけと歪曲の影響を受けて、多くの人にジェンダー平等の意義が伝わらないこと、それによって多くの女性のエンパワメントの機会が奪われることを懸念している。

　本章では、バックラッシュ派の政治的な力と言説によって、フェミニズムの「歪曲と悪玉視」が拡大再生産されてきたことを考察したい。そして、それらの言説の思想的特性を明らかにすることが目的である。本章では、性（性別・性の多様性）と家族・伝統というカテゴリーを中心に、バックラッシュ派のオピニオンリーダーといえる識者の主張と論調について検討する。このために、まず、フェミニズム側の主張を分かりやすく簡単にまとめて、バックラッシュ派の主張を紹介する。その思想的特性を探り出し、それに解釈を行うとともにフェミニズム側の弱点も指摘したい。

　なお、あらかじめお断りしておくことがある。本論では、①人物の職位は、引用文献の出版年度当時の職位を示している。②引用文中の傍点はすべて筆者による。③言説を分析する道具としてキーワードを引用文の文頭に設定した。具体的に、批判の対象と主張の特性を分析した上で、①性（性別・性の多様性）をめぐる言説について、【男女二分法のイデオロギー】【同性愛者嫌悪】【女装家（オカマの授業）】【自己弁護論】【破壊・否定論】【男女平等との分離論】【女性蔑視・詭弁・ルサンチマン視】【陰謀論】というキーワードでまとめた。②家族・伝統をめぐる言説について、【基本家族・標準家族】【子どもの権利・自己決定】【専業主婦の敵視化論】【詭弁と無知】【自己弁護論】【個人攻撃・女性蔑視】【家庭科教科書】というキーワードでまとめた。

第2節　性（性別・性の多様性）

1. 男女二分法と「男らしさ・女らしさ」論

　バックラッシュ言説の主たる論点について井上輝子は、①生物学・生

理学の名を借りた本質主義的性別二分論（生物学的・生理学的本質主義）、②ジェンダー二元論の無条件肯定、③異性愛男性中心主義的セクシュアリティ観の3点に整理できると述べ、これらの三位一体論を「性別二元制イデオロギー」と名づけておくと示している（井上 2008:14-22）[1]。また、性別二元制イデオロギーの問題点について詳しく分析しているが、その分析の一部を紹介しておくと、上記の①に対しては、男女は完全には二分できないし、生物学的性別、生理学的性差、心理学的性差、またジェンダー・アイデンティティは、一貫しているわけではない。②に対して、性別分業のあり方は、文化によって、また歴史とともに変化してきている。「男は仕事、女は家事と育児」の性別役割分業は、産業構造が転換した現在の日本社会においては、適合的でない。③の問題点は、人々の性的指向は異性に対してのみ向かうとは限らず、同性に対して性的欲望を感じる人も存在する。現在の社会において、異性愛者が多数だからといって、それ以外の性的指向を持つ人の権利を奪うことは出来ない、などを指摘している。

　バックラッシュ派の重要な論点カテゴリーの一つが、男女二分法と「男らしさ・女らしさ」と性別役割分業の肯定論にあることは周知の通りである。そういう言説を具体的に見ていくことにしよう。

　　【男女二分法のイデオロギー】
「万物不易之自然陰陽道」で、中国の陰と陽の易学から始まり、天地と万物がそうした二極対立で成り立っています。その自然に逆らって、自然から解放されると「個」が確立するなどとは到底言えないはずです。女は女らしく、男は男らしく生きるなかで、「個」の確立を求めていくべきではないかと思います（西尾・八木 2005:31）。

　生物一般にとっても、また生物の中の人間種にとっても、二項対立

は絶対に必要なものである。生物にとっては雌雄の区別は生き残っていくための優れた戦略であることが解明されている。人間にとっても男性と女性が分業するという方策は、たんに生殖と保育の次元にとどまらず、生活全般にわたって有効な戦略である。…「男らしさ」「女らしさ」の二項対立も、根本的にはこうした生物としての二項対立的な戦略の一環として捉える視点が必要になる（林 1999:183-184）。

現実には、「らしさ」から離れた丸裸の「個」などはどこにも存在しません。そう思い込んでいるだけなのです。…うがった見方をすれば、彼らはこれまでの歴史や伝統、秩序や規範を破壊するためにこそ、そのような「らしさ」を否定しようとしているとも言えます（西尾・八木 2005:37）。

男女のあいだには優劣の差なんかない。ただ女性は女性という生理的宿命を背負っており、そこを起点にして考えなくてはならない。男性もまた、男性以外は持っていない生理的宿命を背負って生きているのです（同 :354-355）。

　以上のように男女二分法と男らしさ・女らしさが、生物学・生理学にもとづいた本質主義的イデオロギーとして構築される言説がその典型である。バックラッシュ派がそれを裏付ける科学的言説として援用しているのが「脳科学」的知識である。これによって、絶対的性差があることを指し示そうとしているが、特に、新井康允の著書をよく引用している。

　新井康允氏は『ここまでわかった！　女の脳・男の脳』（講談社、一九九四年）の中で、脳科学から見ると男女の行動様式の性差にははっきりと生得的な違いがあることを明らかにしている（林 2005a:38）[2]。

昔から自然と男女の遊びは分かれていますね。脳の構造が男女で違うからだ、というのが最新の脳科学の見解のようですが、その意味で遊びの内容が違ったり、分かれて遊ぶほうが自然なのです（西尾・八木 2005:60）。

人間総合科学大学教授・新井康允氏の『脳の性差』（共立出版、平成十一年）という本を見ますと、はっきりと医学的な根拠を持って、男と女の違いは、ホルモンの分泌によって、生まれつききちんと区別されていると書かれています。…立派な学術書です（同:266）。

マネーの実験が悲惨な結果を招いたことはいまでは広く知られているが、じつは同じ無謀なことをいまも行政や教育の場でフェミニストたちは実践しているのである。日本の男女共同参画行政は子供に対して犯罪を犯していると言わざるをえない（林 2005a:67）。

　これらと連動させて登場するのが、ジョン・コラピント著『ブレンダと呼ばれた少年』（村井智之訳、無名舎、2000/ 扶桑社、2005）である[3]。「脳の性差」とともに、ジョン・マネー（アメリカの心理学者）の「双子の症例」は、「ジェンダー概念の非科学性」をめぐる言説空間において非常に批判的に利用される。これについて北田暁大の言葉を借りると、「非科学的なジェンダー概念を振り回すことによって、人間の「自然」を破壊し、社会を混乱に陥らせている。そうした像の構築は、反フェミニズムの論者たちにとって、きわめて重要な「戦術」となっている」（北田ほか 2006）。また、小山エミの調査によれば、『正論』2003 年 6 月号に「双子の症例」が取り上げられ、2003 年から 2005 年の間、『正論』『世界日報』『SAPIO』を中心に「ジェンダー・バッシング」の論点として掲載されたことがわ

第5章　「ジェンダー・バックラッシュ」勢力の言説とその思想的特性　161

かる（小山 2006:284-309）[4]。「ブレンダの悲劇」と「双子の症例」をめぐる言説の攻防については、北田暁大の研究報告書（2006）第2章の「(3)科学のレトリック」に詳しく記述されている。

このような男女二分法と男らしさ・女らしさに代表される「本質主義」「生理的宿命」論は、容易に固定的な性別役割分業の肯定と性別特性論に繋げられる。その反面、「性の多様性」については認められないだろうし、これは性的マイノリティへの差別へと繋がる論理になっていることが見て取れる。性の多様性の否定は、もちろん「家族の多様性」の否定及び差別にも繋がる問題であろう。ここで指摘しておくべきは、バックラッシュ派には、明言は避けるものの、性的マイノリティへの差別意識、女性蔑視があるという点である[5]。そこを示す点についてみていこう。

【同性愛者嫌悪】

八木：あの曲（引用者注:SMAP の「世界に一つだけの花」）を作った槇原敬之氏は同性愛者ですけれども、あの歌にははっきり思想的背景があるんですよ、ジェンダーフリー、同性愛奨励の歌としてです。現にいま、全国の小学校や幼稚園では組合系の先生たちがこの歌を子供たちに盛んに歌わせています。

西尾：人でも国でも、ナンバーワンになろうと努力しなければ、オンリーワンにもなれないんですよ。そういうことが分かっていない悲しい時代の風潮です（西尾・八木 2005:114）。

【女装家（オカマの授業）】

はなはだしいものでは、「女装家」と称する人物が授業をするケースがあります。「女装家」というのは、本来は男性ですが、女性の格好をしている人です。この人が中学校の教壇、…生徒の前に出て授業をするのです。じつはこの授業が行われる前に、生徒にジェン

ダーチェックをしています（注：東京・足立区立第十一中学校）。…自分たちと変わらない、決して特殊な人ではないのだという意識を持たせるという仕組みです（同:77-78）。

女装家など、子供が気持ち悪がるのが自然なのに、その子供に気持ち悪がらせないための意識改革までしてから講師として授業をさせるというのは、手が込みすぎているし、やり方が悪辣ですね（同:80）。

ニューハーフ（いわゆる"オカマ"）が中学校の教壇に立って自分の経験談を語り、「自分のなかの男らしさ、女らしさの意識を払拭しなさい」と教えているケースがあります。たとえば、東京・区立足立十一中学校では「『差異』と『差別』を考えるニューハーフの存在と自分の中の弱者の発見」なる授業が行われ、…「女装家」がゲストとして講師を務めたそうです。第二次性徴期を狙ってそういう教育が行われているんですね。これでは完全に役割モデルが混乱します。…人間としてのアイデンティティを破壊する教育を意識的に行っているんですね（八木編著 2002:234）。

【自己弁護論】
誤解のないように言いますが、私はホモやバイセクシャルを差別すべきだと言っているのではなく、結婚など社会の制度や慣行は男女の関係を前提として成り立っており、同性愛や両性愛をそれを同等としなければならないという主張は過剰な要求だと言っているにすぎません。揚げ足を取る人がいますから、この点、誤解がないように言っておきます（西尾・八木 2005:302）。

八木秀次は、東京・足立区立第十一中学校の授業実践を上記のように

第5章 「ジェンダー・バックラッシュ」勢力の言説とその思想的特性　163

「「意識改革」の後に待っているのは“オカマの授業”」として取り上げ、批判的に語っている。「女装家」の授業を発案したといわれる藤原和博が、民間人校長として東京・杉並区立和田中学校に就任した(6)。これに関連して、八木の記述によれば、自分が「女装家」の授業を『正論』のコラムで指摘したため、都教委にずいぶんクレームがあったようであり、地元の杉並区でも反対運動が起こり、校長の辞令が出るのがずいぶん遅れたものの、結局、校長に就任したと言う（同:79）。

　これらの主張には、同性愛者嫌悪と性的マイノリティへの差別の思想が孕まれているといえる。つまり、人権意識を考える姿勢やジェンダー平等の意識が欠如しているといえる。にもかかわらず、藤原校長就任の事件から読み取れるのは、バックラッシュ派の草の根の運動が働きかけていること、および、バックラッシュ派の主張が現実の教育内容や人事にまで及びそうであるという深刻さである。また、自己弁護的に、「差別」ではないと言いつつ、「同等」は過剰な要求だという主張は、論理矛盾に陥っている主張となっている。

2. ジェンダーとジェンダーフリー

　元来「ジェンダー」は言語学の用語で、名詞を性別化して分類する文法的性別を意味したが、およそ1950年代以来、様々な論者によって定義が与えられ使用されてきた。第二波フェミニズム以降の文脈では、社会的・文化的な性差を示すものとして使われている。

　井上は『新・女性学への招待』の中で、男女の役割や傾向性の違いが、生物学的に宿命づけられたものではなく、社会的・文化的に構築されたものであることを明らかにしたアン・オークレーの著書（『セックス、ジェンダー、社会』1972）を紹介する。これ以降、女性学では生物学的・生理学的性差を「セックス」、社会的・文化的性差を「ジェンダー」と呼んで、区別して使用するようになったと述べる。そして井上は、1980年代に入

ると、セックスとジェンダーを二分するとらえ方に疑問が出される。つまり、セックス自体が社会的・文化的に構築されたものに気付き、セックスもジェンダーに含まれることになると説明する。ここで、ジェンダーを広く「性別や性差に関する知（知識・認識）」と定義することで、社会通念化した男女観の歴史性や思い込みの構造などを分析の俎上に載せることが可能になったと論ずる（井上 2011:16-17）。

1990 年代以降のフェミニズム論壇において「セックス」と「ジェンダー」の構築性のことで盛んに議論された代表的な研究としては、①ジュディス・バトラー『ジェンダー・トラブル』（竹村和子訳、青土社、1999）[7]と、②ジョーン.W. スコット『ジェンダーと歴史学』（荻野美穂訳、平凡社、2004）[8]があり、日本では③江原由美子『ジェンダー秩序』（勁草書房、2001）[9]が挙げられる。こうしたジェンダーをめぐる秩序が、異性愛（男女の二分法）という制度と密接不可分にあることや、性の構築性について、再考・再論されるようになった。

「ジェンダーフリー」は、日本の学校現場で「性別特性論型の男女平等教育」と区別する必要性から使われ、広まった言葉であると同時に、日本の運動の中で性差別解消・ジェンダー平等運動の前進に有効な概念として使用され、広がった概念であるといえる[10]。フェミニズム側においても「ジェンダーフリー」をめぐる賛否両論はあったが、筆者はこの概念は決して曖昧でも難しいものでもなく、「ジェンダーの抑圧・偏見から自由になる」ことと理解すればいいと考える。具体的に、男も女も一人ひとりが個性に従ってのびのびと生きられるようにするという意味で、これを伊田広行は「個々人としてその違い・多様性を尊重していく概念（個人単位の平等論）」だと表現する。

しかし、2000 年代以後、バックラッシュ派によって「ジェンダーフリー」に対する集中的攻撃が激しくなった。「バックラッシュ」言説によって「ジェンダーフリー」は最大の標的として取り上げられた。上記のような

フェミニストが使った意味をゆがめて宣伝して、攻撃対象としやすかったのである。これに関連して、前述の北田暁大の報告書では、バックラッシュ派は単に、フェミニズムへの違和感や批判意識を提示したのではなく、「ジェンダーフリー」「フェミニズム」を看過しえない社会問題として認知する枠組みを提示し、「社会問題としてのジェンダーフリー」構築過程は、一定の成果へと結実した「社会運動」であったと指摘している。それは、筆者も「バックラッシュの流れ」で検討した通りである。ではどのように、フェミニストの使った意味をゆがめて社会運動として反フェミニズムの機運にまで高めたのか。その言説の思想的特性について見ていくことにする。

【破壊・否定論】
ジェンダーフリーを提唱して、日本の文化を破壊しようとしている（西尾・八木 2005:188)。

いびつな女権拡大は日本の伝統文化を破壊する「白い文化大革命」だ（米田 2006:76)。

結局は、「男らしさ」「女らしさ」を否定し、「男性だから外で働く」「女性だから家事をする」といった性別役割分担を全否定します（桜井 2005:329)。

「ジェンダー」とは「社会的文化的に作られた性差」という意味である。この性差をなくしてしまおうというのが、フェミニストの理想としている「ジェンダー・フリー」の考え方である。なぜなくすべきかというと、現在の男性中心社会では、ジェンダーは男性に都合よく、女性には不利益に作られているからだというのである（林

1999:176)。

現在の反ジェンダーフリーと言われる人たちは、ジェンダーフリー
運動家の実態が性差別撤廃という理念からはずれて、丸ごとの性
差否定にまで暴走していることに対して批判しているのである（林
2005a:136）。

フェミニズムでいう「ジェンダー」概念は、「男女のあらゆる性差
を認めない」、つまり政府が公式用語として問題があると認めてい
る「ジェンダーフリー」の概念を必然的に導くものである。本質的に、
性差否定のための概念なのである（光原 2005:250）。

山谷えり子参議院議員の参議院外交防衛委員会での質問のほか、六
月十四日に行われた自民党の「内閣部会」「女性に関する特別委員
会（野田聖子委員長）」「男女共同参画推進協議会（古賀誠会長）」「過激
な性教育・ジェンダーフリー教育実態調査プロジェクトチーム（安
倍晋三会長）」の合同会議でも、出席議員から「ジェンダー」概念に
基づく男女共同参画行政への批判が相次いだという。関係者によれ
ば、…「ジェンダーは…フェミニズムを信奉している人だけが認知
している言葉。これを認知しておくべき。使わないようにしなけれ
ばならない」（西川京子衆議院議員）（同 :250-251）。

「ジェンダーフリー」という用語を使わないということだけでは、
フェミニズムイデオロギーを政府が否認することを意味せず、全く
無意味である。「ジェンダーフリー」がだめなら「ジェンダーに敏
感な視点」や「ジェンダー平等」、それでもだめなら「男女共同参
画に敏感な視点」「男女共同参画社会の実現」と言い換えるだけで

あろう。「ジェンダー」概念（フェミニズム革命の基礎概念）そのもの
を放棄しなければ事態は何ら変わらない（同：256）。

　バックラッシュ派による「ジェンダー」と「ジェンダーフリー」をめ
ぐる最大の論点は、性差の否定・解消、男らしさ・女らしさ（男女の特性）
を否定し、日本の伝統や文化を破壊するという主張である。この「破壊・
崩壊・否定」論は、既存の秩序と規範、伝統と文化、家族と家庭、国家
などの言葉の後ろに「…の破壊・崩壊・否定」という言葉を付けて、ジェ
ンダー論だけでなく、フェミニズムの思想全体にマイナス的イメージを
与えて、理論と実践を過度に単純化（歪曲）させ、まるで社会の「悪玉」
のように仕立て上げる重要な戦略として有効に使われることになる。
　上記のジェンダー概念の廃止論はフェミニズム全体を批判している点、
および社会の破壊に対抗するという構図に持ち込む点に特徴がある。
　ジェンダー論者が単純に、ジェンダーフリーは「性差否定」ではなく、
「性差別の解消」であるといくら主張しても、彼らは聞く耳を持たない、
あるいは認めたくない立場であろう。この性差否定は根本的に誤った認
識、あるいは意図的に歪曲した認識であるにもかかわらず、この言説に
よって、以下のように男女平等との分離論を作り上げていった。性差否
定はありえないことであり、フェミニストは多様性の尊重を求めている
が、徹底してゆがめて論じるのである。

　【男女平等との分離論】
　「男女平等」や「性差別の解消」を否定する立場にはありません。…
しかし、「男女共同参画」や「ジェンダーフリー」には異議があります。
…すなわち「男女平等」ないし「性差別の解消」と、「男女共同参画」
ないし「ジェンダーフリー」とがまったく別物だからです。…一言
で言えば「性差の解消」、あるいは「性差の否定」ということがで

きます（西尾・八木 2005:38）。

社会の中で男女が平等に参加し協力し合っていくことは、たいへんすばらしいことであり、それ自体に反対する理由はなにもない。しかしその場合に問題になるのは、「男女共同参画社会」ということの中に、つねに「ジェンダー・フリー」という主張が交じってくることである。フェミニストの大半は、この二つを同一視している。しかし、これらはまったく異なるものである（林 1999:176）。

【女性蔑視・詭弁・ルサンチマン視】
人間の幸福は男が女を愛し、女が男を愛するということで成り立っていて、これは万古不易です。ジェンダーフリーの思想は、女としての幸福が得られない女の主張なのです。…ジェンダーフリーの思想は、社会的正義に名を借りて、いわば、平均から逸れた人が男らしい男や女らしい女を否定しようとする心理から発しているので、これは新しい差別になります（西尾・八木 2005:42-43）。

ジェンダーフリーの思想は、美しい女性に対する嫉妬の体系から生まれた反乱だと思います。とても歪んだものです。…ジェンダーフリーは性差がないということで、真ん中、いわば中性化しようとすることで、女の優越者、男の優越者を排除しようとする思想だと私には思える。これはある意味で、新しい差別の構造を作ろうとしているのです。非常に非人間的な、人の自由を侵害する、いままでの社会の常識で作られた自由を奪うことを目的としているのではないか（同:44）。

日常生活でも魅力的な女性はいじめの対象なのです。…女は女をい

じめるし、差別します。とくに魅力的な女性は差別の対象で、女性社会から差別されています。…一般社会で、美醜が女性の価値を決めているのは動かし難い現実です。…そうであるからこそ、美しい女性は女性らしくすればするほどいじめられるのです（同:43-44）。

　このような女性蔑視の思想と詭弁、ルサンチマン視はあまりにも低レベルなものであるため、学術的には検討に値しないともいえる。しかしながら、とんでもない詭弁であっても分かりやすい言葉で説明している点から、むしろフェミニズムに無関心な人やなんとなくフェミニズムがいやだと思う人を、まるでそうであるかのように引き付けた可能性があったのではないだろうか。多くの人が美しさなどへのあこがれ、羨望を持っており、内心には少しのねたみ意識も持っている。そこに付け込んで、フェミニズムを叫ぶ女性は、美しい女性への恨みや妬みで行動しているのだというのは、そうはありたくないという人々の意識と重なって広く受け入れられる特性を持っていると言える。また特に男性には、美しい女性を評価することを肯定したいがゆえに、上記のようなルサンチマン理解がわかりやすく、自分への反省もしなくて済むので受容しやすかったと言えよう。

　彼らがジェンダーを目の敵にする理由について加納実紀代の分析によれば、「ジェンダーを導入することによって、彼らが死守したい男性中心社会が根源から揺るがされる。そのことを彼らなりに学んだのではないか。とくにナショナリズムにとって、ジェンダーは非常に脅威を与えるものだということに彼らは気づいた」からであるという（加納 2005:45）。体制にとっての危険性を認識している彼らの危機意識を、次の高橋史朗の論法によって見ておくこととしよう。

　固定的な「性的役割分担意識」を破壊し、男女の「結果の平等」を

妨げる一切の制度、慣行を打破するために意図的に作られた概念にほかならない。この強力な破壊力をもった「ジェンダー」という概念が、男性が女性を支配し女性が抑圧される「権力装置」「抑圧システム」として、男女の関係を支配─被支配、権力─抑圧の敵対関係として固定的にマイナス的に捉えていることが最大の問題点といえる（高橋 2003:280）。

　以上の言葉の選択（特に傍点）から見えてくるものは、「批判・改善・変革」と「破壊・崩壊」は言葉のニュアンスが違うにもかかわらず、意識的に言い換えている点、および、フェミニズムの主張が危険であると印象付ける特性がある点である。フェミニストが男性中心社会システムと性に関わる権力関係を批判し改善を求めてきたことに対して、男女関係を敵対関係として捉えた、それはルサンチマンだと解釈（曲解）する論法が、多くの人の「誤解」あるいは時には「納得」を招いたと判断できる。言い換えれば、そうした議論の枠組み設定が大衆操作としては巧妙であったがゆえに、多くの人が説得されたと考えられる。また、男女を対立関係のみでとらえているかのように見えてしまったことは、フェミニズム側の弱点であったともいえる。フェミニストの皆がそう言っていたわけではないが、一部に単純化し、男女二分法にのって男性批判だけを言っているかのようにみられる言説が多かった事実があり、バックラッシュに果敢に反論することを避けたり、十分にうまく反論しきれなかった点がフェミズム側の問題であった。

　【陰謀論】
　こういう思想が出てきた理由を考えると、男女の平均から逸れたために嫌な思いをしている人がたしかにいるということです。…それが社会的復讐心になってマルクス主義と結びつき、平等─不平等、

第5章 「ジェンダー・バックラッシュ」勢力の言説とその思想的特性　171

支配—被支配という感情が生まれます（西尾・八木 2005:43）。

ジェンダーフリーは白色革命

…暴力革命を「赤い革命」と呼ぶならば、こっちは「白い革命」と
名づける人もいます。つまり、表面的には異様なまでに個人の自由
や意思を尊重するような言葉を並べます。たとえば「性の自己決定
権」とか、「個」ということを言いますね。…ところが実態は、あ
らゆる伝統や観念を敵と見なして破壊しようとする狙いを秘めてい
る…（同 :186-187）。

ジェンダーフリーの原点は連合赤軍

…一九七〇年代…全共闘運動の行き着く果てに「連合赤軍」事件
がありますが、連合赤軍の思想とジェンダーフリーの発想とは驚く
ほど似ており、「そのまま、そっくり」とまで言えるものです。と
いうより、ジェンダーフリーは連合赤軍の思想そのものなのです
（同 :195）。

後ろ盾と活動の場を失った冷戦後の左翼は、大挙してフェミニズム
に活動の場を見出した。とくに共産党系とクリスチャン左派は癒着
しつつフェミニズム運動になだれ込んでいる。彼らの最大の狙いは
家族を空洞化させ、破壊することである。…女性を家事・育児から「解
放」し、男も女も国民全員を労働者化し、家庭を分解して全国民を「社
会化」する。フェミニストたちが目指しているのは、まさしく共産
主義社会である（林 2005a:1）。

フェミニストの背後には必ずと言っていいほどに、クリスチャンと
共産党と朝鮮勢力の影がちらついている。というより、クリスチャ

ンと共産党と朝鮮勢力とフェミニストは相互にダブっており、密接
に協力し合っているのである（同:137）。

日本人の感情を逆撫でする乱暴なやり口は、いまやフェミニストの
中に北朝鮮勢力が広く深く浸透していることを暗示している。この
ことをわれわれは深刻に受け止めておかなければならない。今後悪
性フェミニズムと戦うときには、北朝鮮工作との戦いでもありうる
ことを覚悟しておかなければならない（同:140）。

中條：ジェンダーフリーやジェンダー論は、共産主義を土台にして
いる（山谷・中條 2005:256）[11]。
山谷：PT も毎週集まって、メンバーで『家族、私有財産、及び国
家の起源』から読み直して、「ジェンダー論」の家族観・男女観は、
まさにエンゲルスの共産主義、階級闘争史観に基づいたものだとい
うことを勉強しました（同:258）[12]。

ジェンダーフリー思想（男女の区別の否定）は、…マルクス、エン
ゲルスを経て、レーニンがロシア革命時に「性と女性の解放」をス
ローガンに掲げて政策として採用します。家族制度の廃止を呼びか
け、家事労働や保育を共同化し、堕胎を奨励したことから、実質的
にフリーセックスになり五百万人の私生児が誕生して、非行少年が
増加して社会が大混乱します。結局は、社会主義の実験でもフリー
セックスは成功せず、スターリンの登場で、こうした実験は終止符
が打たれます（桜井 2005:329）。

ジェンダーフリーとは、初期の共産主義社会で行われた、しかも
大失敗した実験を、現代の日本で再現しようとする試みなのである。

こんな思想が支持されたのは、70年安保の全共闘世代が、今や省庁
や大学などで指導的な立場に立つようになったからだと考えられる
（八木 2005c:97）。

【自己弁護論】
山谷：自民党のPTは女性を家庭に押し込めておくような封建的で
時代錯誤の運動をしているという根も葉もない中傷を、いわゆる女
性運動団体の人たちが経済団体、経営者の人たちに言って回ってい
るという話も聞いています。私たちは女性の社会進出には賛成です
し、謂われなき待遇差別はなくさなければならないと思っています。
町づくりにも女性にもっと参加の場を与え、育児支援も推進すべき
だと考えています。ただ、ジェンダーフリー、あるいはそれと同義
のジェンダー論にもとづいた教育と過激な性教育、あるいは政策展
開はやめてほしいと言っているだけなんですね（山谷・中條 2005:256）。

　これらは、ジェンダーフリーやフェミニズムを、マルクス主義、共産
主義、連合赤軍、左翼、北朝鮮勢力などへつなげ、その両者の「思想的」
な親和性を指し示そうとする手法である。つまり、否定すべき社会の「悪
玉」だと印象付ける意図があるといえる。以上みてきた「陰謀論」を先
述の「破壊・否定」論と結びつけて、多くの人々の中にある左翼・共産
主義・北朝鮮などへの恐怖感や敵意を動員し、ジェンダーフリーやフェ
ミニズムを、伝統ある社会を破壊する、怖い、とんでもない思想だと思
わせる効果を生み出そうとしたのである。これについて小谷真理の言葉
を借りると、「フェミニストたちが何かしらの謀略をたくらむ存在である
と展開するところで、そのひとつの証左として、背後に共産主義者の影
響を匂わせるくだりである。…きっと「共産主義」がうしろにいて、彼
女たちをあやつっているのだ」（小谷 2006:187）、というように見せ掛けて

いる。

東京都荒川区の男女共同参画社会懇談会（会長・林道義）の『報告書』に対する当時の攻防は、双方の熱い議論のため、注目を集めた事件である (13)。当時のバックラッシュ側は、まるで「痛いところをつかれての逆上」したかのような反応を見せた。この事件に関連して、林道義はクリスチャンと関わりのある組織として『共同通信』『信濃毎日新聞』『若手日報』を挙げており、反対意見書を出した「国際婦人年連絡会」代表の江尻美穂子（津田塾大学名誉教授、日本YWCA理事長）をサヨクとクリスチャンの共闘組織の「女性九条の会」の指導者であると指摘し、同懇談会から抗議の意思表示として辞任した張學鍊弁護士を、在日朝鮮人で、朝鮮人学校の大学受験資格取得や在日外国人参政権取得でも北朝鮮の代弁者の役割をしている人物として紹介した（林 2005a:137）。

山谷の自己正当化論から浮き彫りになる点は、「女性の社会進出は賛成だが、ジェンダー論に基づいた政策展開はやめてほしい」という「無理やりの分離」であること、同時にジェンダー論と女性政策についての無知からくる発想であることである。また、「女性の社会進出は賛成だが」とか「言っているだけ」の記述からは政治的な力で、社会問題として拡大再生産したバッシング問題の行為を、穏便で冷静でまともでつつましやかな主張と見せようとする、縮小化させる意図が見られる。

以上、性（性別・性の多様性）をめぐる言説について検討してきた。ここで問題視すべきことについて簡単に触れておきたい。これらの問題について考えざるを得ない示唆性を与えてくれる井上の分析を紹介しておこう。

　　性別二元制イデオロギーは、個々人の自由・平等・人権よりは、家
　　族・共同体・国家の秩序の維持を第一に考える家族主義・共同体主義・
　　国家主義に連動しやすい。事実、数年来のバックラッシュ派の発言

の端々には、戦前のイエ制度に繋がる家族主義と国家主義との癒着が垣間見られる。…性別二元制イデオロギーは、単に一部の熱狂的反動主義者の挑発にとどまらず、政府の政策や立法の根拠付けとして採用されつつある。…性別二元制秩序が再構築されつつある事態となっている（井上 2008:20-21）。

　ジェンダー平等論者は、英語で「gender equality」を主張してきたが、「gender less」を主張したことはない。すなわち、「性差否定」「完全に男女の差をなくすという意味でのジェンダーをなくす」という場合は「gender less」の意味に当たる。性差否定の主張は、バックラッシュ派がフェミニズムの思想を攻撃する名分（戦略）として意図的・非意図的に死守したいものであろう。フェミニズムを客観的に伝えるならば、性差否定ではなく、「性差別否定」であるが、バックラッシュ派はそこを意図的に混同、同一視する。

　これだけ大規模で影響力の大きい攻撃がなされているにもかかわらず、フェミニストの内部でジェンダーフリー概念をめぐる賛反両論の論争があった時期に、多くの日本のフェミニストは、ジェンダーフリー攻撃を含んだ「ジェンダー・バックラッシュ」の動きに対する問題の深刻さと危機意識をあまり感じていなかったのではないかと筆者には受止められた。その結果、ジェンダー平等を理解しない人々による用語禁止の圧力があったとき、積極的に抵抗しないことによって、思想統制に加担するような傾向が一部見られたことは否定できない弱点であろう。また、2006 年前後にバックラッシュに対抗する単行本が出版される前までは、ジェンダー、ジェンダーフリー概念の理解と整理をめぐって混乱があったことが浮き彫りになり、それ（曖昧さ）が批判にさらされたことはすでに指摘した点である。

　一方、陰謀論の中には、マルクス主義・共産主義とフェミニズム（男

女共同参画・ジェンダーフリー）を結び付けてレッテルを貼る手法が多く見られた。しかし、こうした陰謀は客観的には存在しない。フェミニズムは、過去の社会主義などの人権に関わる思想の影響は受けているが、直接つながっていないと言われる。しかも、マルクスは様々な領域に多様な影響を与えたことは事実であるが、マルクス主義と定義づけようとするバックラッシュ派の論理自体に矛盾があると指摘できる。自己弁護論の中で、バックラッシュ派が主張する「男女平等」とは、性別特性論に基づいた「男女の役割は異なるが平等」が基本原理であるため、現代のフェミニストが主張している男女平等・ジェンダー平等とは基本的に意味が違うことに留意すべきである。

第3節　家族と家庭科教科書

1．家族と伝統

　日本において、「明治初頭に法令用語として使われた"家族"という語が、学術用語や日常語として確立していくのは大正期であり、家族"集団"を表わす現在のような意味として定着したのは、第二次世界大戦後のことである」（井上ほか編 2002:72）。戦後の憲法制定と民法改正によって、夫婦を基本とする戦後の家族体制の法的枠組みが定められるが、実質的に大衆化するのは高度経済成長期である。「男性は仕事、女性は家事」という性別役割分業の核家族を指す「戦後家族」体制は、日本型雇用制度維持に不可欠であった。この時期に主婦が一般化し、家事役割に抵触しない範囲での女性の就労がその後増大する。性別役割分業の家族が標準的な家族のあり方として定着し、1980 年代半ばまで「戦後家族」は強化されてきた。

　しかし、社会は変化し、価値観の多様化とともに家族も変容し、性別役割分業を維持することは徐々に困難な社会的要因が増大していった。現在は、法律結婚、事実婚、単親家族、共働き世帯、同性愛世帯、一人

暮らし、友人との暮らしなどの多様な家族のあり方が存在し、増加している状況である。

このような多様な家族と多様な生き方をしている人々を対等に尊重し認め合うことが、ジェンダー平等論者の主張である。時代の変化による新しい家族像と社会の安定を模索しているのであって、社会の破壊などは主張していない。具体的には、現代の多様な家族と生き方に対応できるように社会保障制度を改善するために、家族単位から個人単位システムへの転換や、様々な現実問題に対する現実的な対応と制度を求めている。これらの提案は、決して家族と社会を崩壊させたり、専業主婦を貶めたり、伝統と道徳を否定する考えではなく、苦しんでいる人や社会的弱者や多様な人々の人権を擁護し、対等で平等な関係を築いていくものであり、社会の変容に対応したものである。いわば、フェミニズムは個人の人権と自由を大事にすることに立脚した社会づくりを提唱している。

前述した家族の歴史的変遷のように、現在日本で「伝統」と言われているものの多くは明治以降の近代になって創られたものである。歴史学者の桂島宣弘によれば、江戸時代の「封建的家族」と呼ばれるものには、専業主婦の姿はあり得ない存在であり、農民層の民衆は懸命に共働きをしないと食べていけない時代であった。近代になって「近代家族」が形成され、家父長制度や良妻賢母の概念が固定化されたという。また、桂島は「日本文化は日本文化論の上に成り立つ」、つまり、文化は言説の上に存在していると説明する。このように、家族のあり方や伝統文化、人の行動は時代によって変化するものなので、これらを「自然・本能」だと決め付けることはできない。

しかし、バックラッシュ派は本質主義にたって、「伝統」「文化」や「本能」という言葉を頻繁に使って説得力を得ようとしている。たとえば、男らしさと女らしさは日本の美しき伝統で、「母性」は本能である、ジェンダーフリーはその伝統を破壊し、本能を否定するという論調である。これも

また俗受けする論法である。ここでは、家族と伝統をめぐる言説について検討することにしよう。

【基本家族・標準家族】

家族を崩すという隠された動機を持つのが、「多様な家族」論である。父母子の三要素がそろった家族を私は「基本家族」と呼んでいるが、そのうちのいずれかが欠けた状態も、基本家族とまったく同等の権利を認め、同等の扱いをせよと要求している。シングルマザーと非嫡出児、同性愛のカップル、同棲のカップル、これらの「多様な」形態の家族すべてを平等に「家族」として認めよと言うのである。…「多様な家族」をすべて「平等に」認めたら、人間は好き勝手に何をしても自由ということになり、家族の中で協調したり、我慢したり、義務や責任を重んずることは必要なくなってしまう。それではただ家族を崩すことを目的としているとしか考えられないのである（林 2005a:92-93）。

山谷：事実婚の人を差別していいという意味ではなくて、やはり日本の現状では婚姻届を出して同居するのが結婚でしょう。その基本を教えない。そういう教育をしていくと、子供たちは結婚の意味がわからなくなります（山谷・八木 2002:206）。

八木：「多様な生き方」とか「家族の多様性」だとか、「多様」というところだけを強調して、「基本」の形を子供たちに教えない。…両親揃った家族、母子家庭、父子家庭、あるいは同性愛でたまたま一緒に同居しているカップル、動物と暮らしている人、さらには独身者も「一人家族」ということで、すべてをまったく等しい「家族」として扱うんですね。そのように教えられたら、いったいどこに家

庭生活の意義を見出してよいのか、子供はわからなくなってしまいます（同 :222）。

家庭科の教科書などは、「典型的な家族のモデル」を示さず、「家庭には多様なかたちがあっていい」と説明する。生まれついた性によってワクをはめてはならないという考えからだ（安倍 2006:216）。
家族のかたちは、理想どおりにはいかない。それでも、「お父さんとお母さんと子どもがいて、おじいちゃんもおばあちゃんも含めてみんな家族だ」という家族観と、「そういう家族が仲良く暮らすのがいちばんの幸せだ」という価値観は、守り続けていくべきだと思う（同 :219）。

　以上の言説からもわかるように、異性愛夫婦と子供を基本とする法律婚の家族モデルを「基本家族・標準家族」と決め付け、そこと異なる家族のあり方は対等に扱ってはいけないという主張である。この論調の中には、「多様な家族」といわれる標準以外の家族を基本家族の下位に位置づける、家族形態間の差別の感覚が潜んでおり、そこからは当然、少数派への差別の問題は解消されず、様々な家庭の事情で苦しむ人々を切り捨てる結果を生み出すことになる。さらに、林道義の「多様な家族を平等に認めたら、人間は好き勝手に…」云々という文章は、あまりに扇動的すぎると言えよう。
　家族はフェミニストによって崩壊させられたり、崩壊するものではなく、時代の変容によって新しい家族モデルが形成されていくのである。八木秀次の家族論では、基本家族でなければ、家庭生活の意義がないということを示唆している。バックラッシュ派は言葉では、「多様な家族があってもいい、差別していない」と言っているが、実はそうではないことを如実にあらわしている。バックラッシュ派の人々は、性別役割分担

に基づいた「基本家族」を「日本の家族」または「伝統」であると強調し、伝統家族を再構築させようという意図を隠さない。この認識は、社会の基本単位として性分業異性愛家族をおく家族単位システムを維持するということであり、個人単位システムへの社会政策の転換を妨げることが事実上の意味である。これは、様々な問題に現実的な対応ができないことにも繋がると指摘できよう。フェミニストによる冷静かつ合理的な制度の提起を全く無視し、伝統と本能を否定するという単純な情報を与えて反発させるという構図を取っているのがバックラッシュなのである。

　次は、子どもの権利と自己決定権に関するバックラッシュ派の言説を見てみよう。

【子どもの権利・自己決定】
早すぎる「自己決定」が招く不幸
…幼い子供には、せいぜい着脱衣の訓練で自己決定ということはありますが、それ以上のレベルの事柄に関しては、大人になるまでは何の権限もないということを躾けていくことで、じつは大人になったとき、本当の自己決定のできる人間に育つわけです。…子供は、徹底的に子供として扱うなかで訓練を繰り返すのが一番いいことではないのか…（西尾・八木 2005:27-29）。

　子どもが大人になって突然自己決定能力が育成されるわけではないため、子どもが大人に成長していく過程での教育の連続性が欠如している点と、子どもの人権に対する無知と人権意識の欠如がこの主張から指摘できる。また、東京都の児童福祉審議会が 1998 年 7 月に出した答申に対して、八木は以下のように反論している。

　　少年非行が凶悪化しているのは、子供たちがその「権利」を侵害さ

れているからではなく、逆に、「権利」の名の下に彼らのわがまま勝手で未熟な要求まで大人社会が許容しているからなのですが、この審議会の認識はそうではない。発達段階にある子供にまで「主体性」を認めようというのです（同 :36）[14]。

　西尾幹二は「幼いときから自己決定だなどと言っていると」、下記のようなことが起こると述べているが、これは規則を守ること（規則の問題）と子どもの権利を勘違いしているとしか言いようがない。あるいは、国連の「児童の権利条約」[15] をわざと有害なものとして見せるための手法といえる。

　　子供はまるで大人であるかのように扱われるので、先生が「学校は八時まで来るんだよ」と言うと、「うるせぇな」とか、「先生、そんな決まりがどこに書いてあるんだよ」とか、「なんで、先生はそんなことをオレに命令する資格があるんだよ」とか口答えする子供に育つことになります（同 :29）。

　実際、日本では長い間、幼い子どもは親のものとして認識されていて、子どもは「独立した人格」であるという視点が弱いところがあったといえる。例えば、児童虐待の事件が起きた場合、行政の人が、調査のためにその家を訪問した時、親は「家庭内の問題であり、私の子どものことだから口を出すな」という反応を見せる一部の人がいる。このような意識が内面化されている一部の日本人にとって、子どもの権利と自己決定に関するバックラッシュ派の主張は、説得力をもって聞こえたことであろう。

　しかしもちろん、現代の子どもにみられる諸問題をすべてフェミニズムの主張と政策の責任にするのは、非論理的な態度である。子どもの権

利や子どもの主体性尊重は、何も子どものわがままや人権侵害の態度や暴力行為を容認するものではない。むしろ自分で考えて自分を律する力をつけさせる子育てなのである。

　次は、フェミニストと専業主婦を対立させる手法の言説について検討してみよう。

【専業主婦の敵視化論】
専業主婦を貶め、家庭崩壊を画策
…家事は数量化できないものです。…家庭の愛情の問題なのです。…今後、男女共同参画社会基本法は、何らかの形で廃案に持っていくことが必要です。…つねに専業主婦に劣等感を背負い込ませるようなものの言い方、考え方は、専業主婦を職業というふうに見なそうとするのが一つの立場、そして代価の支払われる職業と見なされながら、本格的な職業ではなくて、時代遅れの職業だというようなことを繰り返し言うのが第二の立場です。二つの立場が…「夫は自己実現をしているけれど、専業主婦は社会から切り離されて自己実現をしていない」と無用な劣等感を与えています（西尾・八木2005:45-49）。

ジェンダーフリー論者たちは、ことさら専業主婦を敵視しますね。「専業主婦が女性の社会進出を阻んでいる」という言い方すらします。それが、高校教育の現場にすでに入り込んでいる…（同:65）。

「働け」イデオロギーに侵されているフェミニストたちは、それゆえに「専業主婦」に対して「家畜だ」「慰安婦だ」という差別的な罵詈雑言を浴びせる。「専業主婦」こそはフェミニズムの不倶戴天の敵なのである。すべての判断基準は、女性が働くことにとって有

利か不利かという一点に絞られている（林 1999:86）。

隠された動機は家庭破壊！
専業主婦の不満を煽るという、こういう活動の裏には、フェミニストたちの隠された動機が二つある。一つは幸せな家庭を破壊したい…、もう一つは男性を支配したいという動機である。田中喜美子の言動が家庭不和をもたらすと私は言った（同:215）。

【詭弁と無知】
家事・育児の社会化は、女性が働くために必要だとされている。…「働く女性の利害」である。家事や育児が嫌いまたは不得意で、外に出て働いているほうが楽だとか向いていると感じている女性たちは、家事や育児を外注して「仕事」だけをしていればよい社会体制を実現しようとする。要するに女性として、または母親として失格な女性たちが、家族の空洞化のために狂奔し、そのための理論を作り出しているのである。家族の空洞化を正当化しようとして考え出されたのがフェミニズム理論である。…すべては女性として（または母親として）失格だと言われないための理論装置にすぎない（林 2005a:2-3）。

家の外に出なければ対等になれないのではなく、家の中にいても平等を実現できる法的制度を作るための客観的基盤が存在している…。夫の稼いだものの半分は妻のもの、財産も誰の名義になっていようとも半分は妻のもの、という法律を作りさえすれば、なにも問題はないのである。…そのことに反対する男性は現代の日本にはほとんどいないだろう（林 1999:225）。

184

【自己弁護論】

フェミニズムが告発している家庭内での男性支配がまだまだある
という現状認識は私も同じだし、それについては私も批判してきた。
しかし「それに対するフェミニズムの代案は間違っている」という
のが、私の主張のすべてである。母性本能を「母性神話」だと言っ
て否定したり、嘘を並べて保育園を美化する保育園神話など、フェ
ミニズムにはすりかえやでたらめが多すぎる。そしてそれをまとも
に批判する「真の味方」に対して、人間的な中傷を加えて葬り去ろ
うとする（同：226）。

　まずここで、専業主婦や家事労働に関するフェミニズムの蓄積につい
て簡単に触れておきたい。欧米のフェミニズム運動に影響を受け、1960
年から70年代に日本の国内外で家事労働をめぐる論争が行われた。フェ
ミニストは、女性の抑圧の物質的基盤を資本制による家事労働の搾取に
あると抉り出し、資本制経済と無償の家事労働をめぐる論争が始まった。
　専業主婦や母性、家事と無償労働、家父長制という概念は、今までフェ
ミニズムの論争において重要なキーワードであったし、長きにわたって
再考察してきた女性学の蓄積がある[16]。例えば、新聞記者であったベティ・
フリーダンは、結婚後は専業主婦になって一男二女を産み育てた。その
後、ベティ・フリーダンは『女らしさの神話』（1963、邦訳『新しい女性の
創造』1965）の著作で、中流の専業主婦層の女性たちの孤独感や無力感
を「名前のない問題」として追及した。また、ケイト・ミレット『性の
政治学』（1970、邦訳1973）では、家父長制を、年長の男性が年少者を支
配、男性が女性を支配しているという年齢と性からなる二重の支配制度
であることを考察した。日本では、上野千鶴子『家父長制と資本制』（1990）
などの研究がある。これらの成果は、個人的経験と多くの女性へのイン
タビューから探求して論じられてきた。

第5章 「ジェンダー・バックラッシュ」勢力の言説とその思想的特性　185

　以上、専業主婦や就労女性に関わる多様な概念は、当事者である女性にとって重要な問題であったことは明らかである。だからこそ、個人的経験や苦難や女性の視点を深刻に言語化してきた。前述したように、「多様な家族・多様な生き方」を尊重しようということがジェンダー平等論者の基本主張である。従って、バックラッシュ派が言っているように、専業主婦を貶めたり、敵対視したり、就労女性の利益だけを最優先したりはしていない。ただ、「女らしさを賛美する風潮と強制」や「女性ジェンダーの積極的な内面化」「男性中心の権力」については批判をしてきた。家事と育児と介護は、男女ともの家族的責任であることを強調してきた。

　それに対し、バックラッシュ派は「母性」と「父性」を本能だと決めつけ、男性の家族的責任を無視し、女性の労働権の軽視を示している。彼・彼女らの言説には、性別役割分業を本能・自然だと固定化させたい狙いと、専業主婦とフェミニストを敵対関係にする手法[17]によって女性たちを分裂させ、「フェミニズムの害毒」をでっち上げたいという狙いが潜んでいることが把握できる。専業主婦と有業主婦、独身女性、母子家庭女性など、女性の中の多様な在り方は、どれもが家族単位システムの中のジェンダー構造によって、さまざまな生き難さを抱えざるを得ない。お互い自分を肯定したい気持ちと、相手の立場をうらやましく思う気持ちと、自分の方がしんどいということをわかってほしい気持ちなどが入り混じった、センシティブなテーマである。そこの微妙な心理に付け込んで、フェミニストは専業主婦をバカにしていると囁けば、フェミニズムに怒りがわくのは当然であろう。またそう聞けば、有業女性、共働き女性も、専業主婦を否定すべきでないというしかないし、もしフェミニストがそんなことを言っているなら私はそれと一緒に思われたくないと感じるだろう。こうしてフェミニズムを悪玉にすることは成功していく。誰もが私はフェミニストではないと言いたくなる。男の敵視はよくない、エリート女性の上から目線は嫌だと思うだろう。

多くの人にとって、フェミニストといっても会ったこともなく、テレビで発言している福島瑞穂議員や田島陽子を思い浮かべる程度で、後はエリートの女性学者、女性官僚や政治家などが裏で策動しているんだろうというイメージしか持っていない。バックラッシュは、そういうイメージに付け込んで、多くの「普通の女性」「主婦」に、あなたたちをバカにするエリートへの反発心を煽るものなのである。フェミニズムが、上野千鶴子などの女性学者のイメージしか持たれていないことこそ、フェミニズムの敗北の遠因の一つであったと言えよう。

次に、直接攻撃の対象としての個人を取り巻く言説を取り上げる。それはきわめて恣意的で暴力的であると言える。

【個人攻撃・女性蔑視】
私は、上野千鶴子さんや大沢真理さんの顔を見たことはありませんが、多分、愛されないタイプではないでしょうか。ここであえて断言しておきます。女性には四つのタイプがあり、（一）同性にも異性にも愛される女性、（二）同性には好まれるが異性から相手にされない女性、（三）けっこう一部の異性には相手にされるが同性から毛嫌いされるし、本人も同性が嫌いでたえられない女性、（四）同性にも異性にも無視される女性、…ご本を拝読していて、上野さんは（三）のタイプ、大沢さんは（四）のタイプなのではないでしょうか。…つねに男を敵として、男と対立する女ばかりを自ら意識して生きてきたに違いない…（西尾・八木 2005:45-46）。

男に対して復讐心を抱いている女性から生まれた思想
…上野千鶴子さん、大沢真理さん、あなた方は、結婚もしていないし、子供も育てていないし、家庭も持っていないのでしょう。そういう女性は他のどんな分野で発言することも許されていますが、家

族・家庭・性教育・子育て・女性労働・女性学などには発言する資
格はなく、発言すれば、バランスを欠いた反逆的な議論、アウト・ロー
風の発想になるのは生理現象かもしれません。社会的には、はた迷
惑です。…推測ですが、男に対する優越感はあったけれど男から本
当には愛されなかった、それで復讐心だけが肥大化したと、そうい
うタイプの女性でしょう。それがたまたま東京大学に職を得て、い
まの東大はおかしいから、そういう人を迎え入れるという構造が生
まれ、また官寮のなかでも気の弱い男性をうまく取り込んでいった。
そして一連の妙な動きが、中央官庁や各自治体、学校などで、あっ
と言う間に行われ始めたのではないか…。もちろん左翼陰謀家のよ
うな自民党の政治家がいるので、彼らとうまく手を組んだ結果です
（同 :49-51）。

いかに大沢真理氏や上野千鶴子氏が男に愛されない女で、その歪み
と僻みが破壊的な運動になって、美しい、かわいい女の子たちをい
じめるという運動が始まったとしても、世の中はそれを認めるとい
うふうには簡単にならないと、私は信じております（同 :246）。

そして、我妻栄と中川善之助（民法学者）は「家制度の廃止」を持ち込
んだことから、戦後の家族破壊の元凶であるとレッテルを張られた。

前述の上野千鶴子と大沢真理に対する低劣な攻撃の言説は、なんと「新
しい歴史教科書をつくる会」の前会長のものである。女性は四つのタイ
プがあるという記述や、独身女性は「家族・家庭・性教育・子育て・女
性労働・女性学などには発言する資格はない」という主張は、女性蔑視
発言につながる問題で、女性が抱えている現実問題についての無自覚、
女性政策及びジェンダー研究に関する無理解が指摘できる。

こうした主張は、ルサンチマン意識と抱き合わせで主張されている。

エリートであるが、女性として幸せでない、男に愛されず子供もいない不幸な女が、家族を持つ幸せな女性を恨んで攻撃しているのがフェミニズムだという構図を持ち出すのである。

　こうした個人攻撃の言説は、客観性の欠如に加え、その品格が問われるものといえよう。

　ジャーナリストの千葉展正[18]は、「ジェンダーフリーに狂奔するフェミニスト8人の仰天「言行録」」（『SAPIO』2006.5.10）という記事を書いた。前置きに、千葉氏が「日本の現代フェミニズム運動を牽引する8人」を、彼女たちの「妄言」とともに紹介すると述べているが、その記事は以下のような小見出しで書かれている。

　　①「結婚と主婦を敵視するフェミニズム業界の大親分」上野千鶴子（東京大学大学院教授）
　　②「政府内に深く潜り込んだフェミニズム学者」大澤真理（東京大学教授）
　　③「「ジェンダーと戦争」を講演の十八番に持つ現職大臣」猪口邦子（少子化・男女共同参画担当大臣）
　　④「フェミ理論を外交に持ち込む親韓・親北政党の党首」福島瑞穂（社民党党首）
　　⑤「自己主張の実現のためなら財政危機も厭わない!?」堂本暁子（千葉県知事）
　　⑥「「待機児童30万人説」を唱えるフェミ界の"宣教師"」坂東真理子（前内閣府男女共同参画局長）
　　⑦「俗流フェミニズムをタレ流す「フェミタレ」の第一人者」田嶋陽子（タレント）
　　⑧「フェミ問題になると"豹変"する気鋭の評論家」斉藤美奈子（評論家）

第5章 「ジェンダー・バックラッシュ」勢力の言説とその思想的特性　189

　上記の小見出し記事は、まるで魔女狩りを連想させるようなレッテルを張る、確信犯的な手法であると指摘できる。

2.　家庭科教科書

　女性が自分自身の経験を言語化し、女性の視点から学問を見直した運動が女性学の成り立ちである。欧米諸国と日本における女性学は1960年代後半からの女性解放運動の中から成立し、女性たちによる大学改革運動の一環でもあった。また、女性学は小・中・高の学校教育にも多大な影響を与えた。

　戦後、日本の学校教育における男女平等の課題の一つは、男女共学の実施であったが、その教育課程をみると、高校家庭科の女子のみ必修や、技術・家庭と体育の男女別修という男女特性に基づく男女分離の教育内容であった。当時は、男女同一ではないことを差別と見る観点はなかったといえる。舘かおるは、「男女の特性に適合した教育を与えることが平等」とする「特性教育論」に基づく男女平等教育観であると分析し、今でも男女特性教育論は教育界に実に根強いと主張する。また、戦後民主教育に内在するこの男女特性教育という性差別教育に対し、組合女性部を中心に「女子教育問題」という視点からの取り組みが1960年代後半から開始されたと論ずる（舘 1998:11）[19]。そこには、教師たちの教育実践の中からの、学校が性の不平等を再生産している（男子優先の学校慣行など）という気付きが背景にあった。

　そして、「女性学の観点から教科書を分析し、問題点を明らかにする運動が、1970年代以後積み重ねられてきた。その結果、教科書執筆者や登場人物は圧倒的に男性が多く女性の数が少ないこと、描かれている図像や文章が、ステレオタイプ的な男女像を伝えていることなどが指摘されてきた」（井上 2011:40）。こうして、教科書の記述や挿絵、写真における

ジェンダー・バイアス（偏見）の指摘と是正への取り組みが進められてきた。日本でも1990年代以来、学校文化を問い直す「隠れたカリキュラム」に関する研究と運動が盛んになった[20]。このような教育運動が、現場では「ジェンダー・フリー教育」という表現で広まった。

　井上の研究によれば、家庭科はもともとは、戦後の教育改革のなかで誕生した科目であり、衣食住に関する知識のみならず、「家庭の民主化」を男女共学で学ぶ教科として出発したが、「逆コース」と呼ばれる復古的風潮の中で、家庭科の位置づけも次第に変質したという（同:53-54）。前述の教育運動の流れで、1974年に結成された「家庭科の男女共修をすすめる会」をはじめとした家庭科の男女共学運動が開始される[21]。井上の言葉のように「戦後から現在にいたる女性の地位と性役割観の変遷が如実に反映されている科目」であるがゆえに、家庭科教科書は、バックラッシュ派の攻撃の対象となった。どのような言説でバッシングを受けたのかについて検討してみることにしよう。

　高橋史朗は「ファロスを矯めて国立たず」（2002）の論文で、「歴史教科書よりも深刻な「国民の油断」は家庭科教科書のほうに見受けられる」と位置づけている。その理由の一例を下記のように挙げ、早急に家庭科教科書批判の国民運動を展開する必要があると煽動している。

　　男女共修の家庭科では、選択制夫婦別姓や家族の多様化を取り上げる教科書が目立ち、「今や同性愛のカップルでも家族といえない理由はない」（教育図書）という記述が初めて登場するなど、「事実婚」やシングルマザーを肯定するような筆致がみられるようになった（高橋2002:96）。

「専業主婦」「良妻賢母」否定論

…極端なフェミニズム、社会的文化的につくられた性差をなくそう
という「ジェンダー・フリー」の思想が、家庭科教科書を通して若
者たちに浸透し、大きな影響を及ぼしつつあることは意外に知られ
ていない。しかし、現行の家庭科教科書を放置すれば、生き方とし
ての文化破壊、すなわち家庭、家族、共同体意識の崩壊をもたらす
ことは明白であり、早急に家庭科教科書批判の国民運動を展開する
必要があると思う（同 :97-98）。

　引き続き、高橋は、現行の高校家庭科教科書と指導資料の内容の問題
点を指摘しつつ、その背景にある見すごせない政治的偏向性を明らかに
したいと述べる。本論では、家庭科と指導資料の記述に対する懐疑論的
な解釈と批判を行ってから、「日本の伝統文化を踏まえた日本独自の家庭
科教科書に改める必要がある」と主張した。彼が述べる問題点を要約し
て以下に紹介しておこう [22]。

　① 第一の問題点は、家庭科教科書が専業主婦と良妻賢母を否定的に
記述している点。
　　実教出版の高校家庭科教科書『家庭一般 21』の記述 [23] を一方的
な否定論だと解釈する。この記述に対して、参議院文教科学委員会
（2002.3.20）で、後藤博子議員（自民党）が「この記述はあまりにも
一面的過ぎて、専業主婦や良妻賢母に対して誤解を与える」と発言、
衆議院文部科学委員会（2001.10.31）で、山谷えり子議員（民主党）が
問題視したと紹介する。
　②第二は、「個人の自立と平等なパートナーシップ」をキーワードに、
「家族のなかの民主主義」をことさら重視し、伝統的な「家族」を
相対化して「脱・家族」を目指している点。
　　実教出版『家庭一般 21』の「親子は上下の関係ではなく、横の関

係（パートナー）である」や、開隆堂『家庭一般』の「これからの家族・家庭」という記述を批判する。

③第三は、「子どもは三歳までは常時家庭において母親の手で育てないと、子どものその後の成長に悪影響を及ぼす」という主張を教科書が否定している点。根拠なき「三歳児神話」否定論（引用者注：この考えはフェミニスト側からは「三歳児神話（母性神話）」として批判されているが、フェミニズムの方が間違っているという）。

　具体的には、開隆堂の指導資料、実教出版の指導資料「三歳児神話は合理的根拠がない」、平成10年版『厚生白書』の「三歳児神話には、少なくとも合理的な根拠は認められない」という記述を批判する(24)。

④第四は、家庭科教科書が「父性」「母性」という用語を避け、「親性」「育児性」「養護性」という耳なれない用語を強調している点。

　実教出版の同教科書(25)、開隆堂の同教科書(26)、平成10年版『厚生白書』の記述を批判する。

⑤第五は、「男らしさ、女らしさ」よりも「人間らしさ」をことさら強調する点。

　文部省作成『生徒指導における性に関する指導』の「性差と性差別を混同しないよう留意する必要がある」、「女子差別撤廃条約」第一条、日教組の方針（第90回臨時大会議案）(27)、男女混合名簿、日教組の平和学習冊子編集委員会編『総合学習の時間に生かす これが平和学習だ!!』「平和とジェンダー」視点の関連記述、東京都足立区立中学校の「よのなか」科授業を批判的に記す。

⑥第六は、家庭科教科書が多様な家庭・家族像を強調し、「夫婦別姓」を一方的に支持する偏った記述をしている点。

　実教出版の同教科書「1994年国連国際家族年宣言」の多様な家族像、東京書籍『資料・家庭科』の「別姓制度」関連記述を批判する。

⑦　第七は、未成年者を対象にした教科書なのに、「性的自立」すなわち、性的自己決定権をことさら強調している点。

　実教出版の同教科書「性的自立」⁽²⁸⁾、実教出版の副読本『生きる──男と女の自立・共生』「自立のピラミッド」、山本直英『子育てのなかの性教育』（大月書店、1989）、一橋出版『新家庭一般』⁽²⁹⁾、一橋出版の副読本『ヒューマン・セクソロジー』の教師用指導書の「生徒の研究課題」という記述を批判する。

⑧第八は、家庭科教科書が児童の権利条約を歪めて拡大解釈をして、子供を「権利行使の主体」と位置づけている点。

　実教出版『家庭一般21』の「子どもの権利条約に反するような最近の事件・できごとをあげてみよう」、開隆堂の同指導資料の「子どもを保護の対象から権利行使の主体」へと転換した点が権利条約の最も大きな特徴であるという解釈を間違っていると批判する。

⑨　第九は、家庭科教科書が1995年に北京で開催された第四回国連世界女性会議で、産む産まないを決めるのは「女性の自己決定権」であり、人工妊娠中絶も女性の基本的人権の一部（リプロダクティブ・ヘルス／ライツ＝性と生殖に関する健康／権利）と明記していること。

　実教出版『家庭一般21』、開隆堂の『家庭一般』指導資料の記述に、同会議への反対意見を紹介しないのは、公平性と客観性を欠いていると批判する。

⑩第十は、家庭科教科書が「女子差別撤廃条約」との関連から、家庭科を男女共修の教育課程としたこと。

　高橋は、家庭科の男女共修は「世界の流れ」とはいえないと述べ、「女子差別撤廃条約」の締約国168、署名国97、批准国94、加入国70、承継国5、という数字のように日本は独自性をもつべきだと主張する。

194

　以上の家庭科教科書に対する懐疑論的解釈と批判は、バックラッシュ派の典型的な主張である。これらの言説は、学校教育や性教育、フェミニズムの全般にわたって見られるため、その影響は広く、問題は深刻である。これへの批判点はすでに述べたことにも重なるが、権利を抑制する動きや道徳義務注入主義（個人の権利より道徳や義務が好き）、男性中心主義思想、気に入らないものの切り捨て、国際的理解の不足と国際的感覚の遅れ、などが指摘できよう。特に、教育現場で、長年積み重ねられてきた教師や市民の運動と理論の成果[30]をあまりも軽視・単純化し、排除しようとする動きが見られる。

　科学的学問的に積み重ねられてきた知見を全く無視し、俗受けするように、単純に「子供を甘やかしすぎ」「父性や母性という自然の役割を否定する」「専業主婦や伝統的家族を否定する」「幼い子供は母親が家庭で育てるのがよい」という程度のことを言って、男女平等政策全体を批判しているのである。つまり、主張は単純で繰り返し繰り返し、同じことを言っているという特徴がある。

　問題は、極右系の弱小メディアや産経や読売など保守系メディアだけでなく、その他のマスメディアも正面からバックラッシュの言説を批判することなく、少しの行きすぎだという程度で見逃し、こうしたバックラッシュの強引な議論を批判しなかったことである[31]。それはメディアの記者たちが不勉強で、バックラッシャー理論家や政治家たちの言い分しか目にしないために、フェミニズムや男女共同参画を擁護する立場に立たなかったということである。その中には、マスメディアを担う人々（多くは男性）自身が、フェミニズムへの内的嫌悪感を一部持っていたことも影響したであろう。

第4節　おわりに

　バックラッシュ言説の中で、性と家族・伝統をめぐる主たる論点（主張）

とその思想的特性について検討してみた。

　まず、男女二分法と「男らしさ・女らしさ」論においては、生物学・生理学にもとづいた本質主義的イデオロギーとして構築される言説がその典型であった。この「本質主義」「生理的宿命」論は、固定的性別役割分業と性別特性論の肯定に繋がる論法である。したがって、「性の多様性」は認められず、これは同性愛者嫌悪と性的マイノリティ、多様な家族と生き方に対する差別の思想を孕んでいることが見て取れる。

　バックラッシュ派による「ジェンダー」と「ジェンダーフリー」をめぐる最大の論点は、性差否定、男らしさ・女らしさ（男女の特性）を否定し、日本の伝統や文化を破壊するという主張である。この「破壊・崩壊・否定」論は、既存の秩序と規範、伝統と文化、家族と家庭、国家などの言葉の後ろに「破壊・崩壊・否定」の語を付けて、ジェンダー論だけでなく、フェミニズムの思想全体にマイナス的イメージを与える。そしてそれが、フェミニズムの実践を過度に単純化（歪曲）させ、まるで社会の「悪玉」のように仕立て上げる重要な戦略として有効に使われた。「ジェンダーフリー」は、性差否定ではなく、性差別解消と個々人の自由の拡大を目指す概念であり、フェミニストは人権と多様性の尊重を求めているものであるが、そこは歪曲されて利用された。

　社会問題として「悪玉視」するもう一つの大きな特徴は、陰謀論の主張である。フェミニズム（男女共同参画やジェンダーフリー）をマルクス主義、共産主義、連合赤軍、左翼、北朝鮮勢力などと結び付けて、その「思想的」な親和性を指し示そうとする手法であり、ネットや雑誌などでは「フェミナチ」というレッテルまでもが張られた。

　次に、家族と伝統をめぐる言説をみると、バックラッシュ派は、異性愛夫婦と子供を基本とする法律婚の家族モデルを「基本家族・標準家族」＝社会の基本単位と決め付ける。性別役割分担に基づいた基本家族を「日本の家族」または「伝統」であると強調し、伝統家族を再構築させよう

という意図をあからさまに示す。その基本家族に適合しない家族形態は対等に扱ってはいけないという論理である。その基本家族の重要性を教えない、多様な家庭・家族像を強調する、専業主婦と良妻賢母を否定する、性的自己決定権（性的自立）をことさら強調する、などの理由により、家庭科教科書は、歴史教科書と同様に深刻な「国民の油断」として批判の対象になる。

「基本・標準」の決め付けの中には、多数派の利益優先と少数派の切捨てという功利主義が働いている。だが、現実には多様な家族と生き方が増えつつある。家族のあり方や伝統文化、人の行動様式は時代によって変化するものであり、フェミニストによって崩壊させられるものではない。重要なのは、様々な現実問題に対する現実的な対応と制度が求められることであろう。

本論で言及したように、特に教育現場で、長年積み重ねられてきた教師や市民の運動と理論の成果が、バックラッシュ派によって、あまりにも単純化され、排除されようとする動きが見られたが、このことは深刻に受け止めなければならない問題であると考える。

一方、フェミニストの内部で、ジェンダーフリー概念をめぐる多様な意見の論争はあってもいいのだが、当時（2000年代の初め頃）、「ジェンダー・バックラッシュ」に対する重大な意味や巻き返しの力に気付いていたのならば、バックラッシュに対抗できる戦略へと議論を盛り上げ、行動に移していくべきであったし、同時にフェミニストは連携の上で直ちに対抗運動を起こすべきであった。だが現実は、その運動はすぐには起こらず、遅れてしまった。フェミニスト側がバックラッシュの動き（巻き返しの力）を軽視・静観したり、あるいは、個人攻撃を恐れたりした面があったといえる。三井マリ子解雇問題でも、行政の男女共同参画にかかわり続けたいがゆえに協力しない立場を選んだものまでいたのは事実である（三井・浅倉編著 2012 などを参照）。一部にはフェミニストであるにもかか

わらず、ジェンダー・フリー概念には賛成でないと言い出すものまで出た。時局を見誤った典型的な態度であった。これもバックラッシュの動きが加速化された原因の一つになったと考えられる。

　現在の日本社会においては、右翼・保守運動に対抗できるようなメディアが弱くなっている点や、労働分野と研究分野における市民運動の力も弱くなっている点があるように見受けられる。2000年代に入ってからの保守論壇では、『産経新聞』『正論』『SAPIO』『諸君！』といった大手保守系メディア、『日本時事評論』『世界日報』などの宗教系メディアを中心に、積極的なフェミニズム批判が展開されていった。保守論壇によるフェミニズム（男女共同参画やジェンダーフリー）への攻撃は、実態と掛け離れた流言が多かったが、それが広がっていった。日本軍「慰安婦」問題への攻撃はその一例であった。保守運動とフェミニズム運動の対立は、両方とも相手を「敵」として捉えるだけで、議論や対話を重ねていく点では弱かったと言えるが、中立主義的に発言すればいいというものでもない。

　今後の研究として、引き続き、教育と行政現場というカテゴリーの面で、どのようなバックラッシュ言説がなされたのかという点を掘り起こし記録していくことと、その主張の論理構造を検討していくことが必要であろう。また、バックラッシュ言説を総合的に分析して、気づかれていないその問題性を明らかにしていくことも課題といえよう。筆者はその他の分野でもバックラッシュ言説を分析しているが、時間と紙幅の関係で、現時点では本章の範囲でバックラッシュ言説を分析するにとどまっている。

【注】
（１）井上は、「バックラッシュは、国会・自治体でのジェンダーフリー・バッシング、ならびに「過激な性教育」批判、ジェンダーフリー教育批判を中核

として展開されてきたが、それだけではない。林道義、西尾幹二、八木秀次ら、バックラッシュ派イデオローグの手になる諸著作…さらには、石原慎太郎都知事「ババァ」発言（2000年）、森元首相「子どもを産まない女性に年金は不要」発言（2002年）、柳澤厚労相「女性は産む機械」発言（2007年）等々のトンデモ発言の続出がある。…バックラッシュ言説の論点を整理し、その問題点を明らかにすること」が目的であると記している（同:14）。

（2）その他、新井康允『男と女の脳をさぐる』（東京図書、1986）と、アラン・ピーズ、バーバラ・ピーズ『話を聞かない男、地図が読めない女』（主婦の友社、2000）をあげて、「空間認知と言語能力」にも男と女では生得的な得意と不得意があることを主張している。しかし、実際には脳科学者の中でもいろんな意見がある。

　　これに対して、荻野美穂は次のように反論する。荻野は、最近の研究によれば、脳の構造に男女で違いがあるのは確かなようだが、ただしそれは、「女だから家庭に入って子育てするのが自然」と言い切れるほど、単純なものでも決定的でもないと述べ、ディヴィッドの一事例だけから、「すべての人の性自認は、先天的なもの」とは言えず、ジェンダー概念が否定されるわけではない。また、性自認の問題と男らしさ・女らしさの問題とは、分けて考える必要があると主張し、フェミニズムは、マネーの議論だけを根拠にしていたわけでもないと反論する（日本女性学会ジェンダー研究会編 2006:33-35）。

（3）「ブレンダと呼ばれた少年」の悲劇と呼ばれるのは、ジョン・マネーの「性自認形成の後天性」の人体実験をされた少年の物語である。マネーは、論文「双子の症例」（1972）で、その実験が成功したと発表した。

（4）彼らは、「マネーの理論が崩壊したいま、ジェンダー論は全面的に見直されるべきだと主張した」（同:285）。

（5）言葉で表現されていない隠れた「ジェンダー差別」があることが、今日のバックラッシュの大きな特徴である。これを筆者はバックラッシュ派の「自己弁護論」と名付ける。

（6）藤原和博ほか著『人生の教科書［よのなか］』（筑摩書房、1998）、『世界でいちばん受けたい授業―足立十一中［よのなか］科』（小学館、2001）などの著書で、授業実践を紹介した。

（7）バトラーは徹底的な構築主義の立場に立って、セックス／ジェンダー／セクシュアリティの構成だけでなく、身体の構成も本質的に決定されるよりも

第5章 「ジェンダー・バックラッシュ」勢力の言説とその思想的特性　199

文化的に構成されると考える。「「セックス」と呼ばれるこの構築物こそ、ジェンダーと同様に、社会的に構築されたものである」と言う。また「セックスは、つねにすでにジェンダーなのだ」と言明する（翻訳書 :28-29）。

（8）スコットは、ジェンダーを「肉体的差異に意味を付与する知」と定義し、「あらゆる社会関係の場に存在して、人間が世界を認識し、構築する際の基本概念の一つとして機能している」と述べる。そしてそこでジェンダーと権力は不可分のものとして出現する（翻訳書 :448-449 参照）。

（9）江原は「ジェンダー秩序」とは、「男らしさ」「女らしさ」という意味でのジェンダーと、男女間の権力関係である「性支配」を、同時に産出していく社会的実践のパターンを意味すると述べ、ジェンダーと「性支配」が、ジェンダー秩序に沿った社会的実践の持続によって、同時的に、社会的に構築されると考える。また、ジェンダーは、それ自体、権力を内包している可能性があると捉える。江原によれば、「男」「女」という「ジェンダー化された主体」が最初にあって、その両者の間で「支配—被支配」の関係がうまれるのではなく、「男」「女」として「ジェンダー化」されること自体が、権力を内包している可能性がある。つまり、ジェンダーと性支配は、同時的に形成されるのかもしれないと論ずる（同 :i, 25）。

（10）日本女性学会ジェンダー研究会編 2006:169 参照、一部引用。ジェンダー平等とは、既存の性別特性論の上での男女平等を超えた概念であり、女性の問題だけでなく、男性の解放や性的マイノリティーの問題も視野に入れている。つまり、男女平等を発展させた概念である。

（11）当時、中條高徳は日本国際青年文化協会会長、山谷えり子は自民党参議院議員。

（12）PT の正式名称は「過激な性教育・ジェンダーフリー教育実態調査プロジェクトチーム」（安倍晋三・座長、山谷えり子・事務局長）。

（13）荒川区「男女共同参画社会基本条例案」は、騒動の末、2004 年 7 月 1 日の区議会本会議で撤回された。同懇談会の会長・林道義、副会長・高橋史朗、委員の一人が八木秀次（委員は 17 人）で、三人の人選に関わったとされる高橋祥三助役は「つくる会」協力者だという（委員は公募の区民 3 人以外は区の人選）。これについては、張學錬「インタビュー：荒川区条例問題にみるバッシングの実相」『世界』2005 年 4 月、pp.106-109 や、長岡義幸「ジェンダーフリー叩きと荒川区条例案撤回騒動」月刊『創』2004 年 9・10 月号、pp.102-109 や、

『論座』2005 年 3 月号「ジェンダーフリーたたきの深層」記事の中で、北田暁大「近代的家族の相対化への不安が根っこにある」pp.172-181 と高橋純子「なぜ区長は条例案を撤回したのか」pp.182-189 と八木秀次「一部の特殊な人たちの考えが基本法になってしまった」pp.194-197 を参照のこと。張學錬（チャン・ハンニョン）は弁護士会で「外国人の権利に関する委員会」「両性の平等に関する委員会」「犯罪被害者支援委員会」などの活動に携わった。

(14) 答申の「少年非行が凶悪化しているのであれば、それは権利を侵害された子どもたちの社会への抗議という声として聞くべき」で、「なおさら子どもたちの権利保障を急がなければならない」「子どもが学校、行政機関などに対して自己の意見を表明できること」という記述への反論。

(15) 1989 年に国連総会で「児童の権利に関する条約」が満場一致で採択された。日本政府は 1994 年に批准した（158 番目）。子どもを一人の人間として捉え、その権利を認めようとする世界の子どものための条約（井上ほか編 2002:258）。

(16) 日本における母性保護論争の始まりは、1916 年の与謝野晶子と平塚らいてうによる議論と、1918 年と 1919 年の山川菊栄と山田わかが合流して、多様な主題を含んだ論争が有名である。

(17) 例えば、専業主婦と良妻賢母と母性の否定、保育園神話、育児休業、M 字型就労形態の否定、配偶者控除廃止、介護保険制度などの例をあげ、「専業主婦こそがフェミニストの敵」なのだとでっち上げている。

(18) 著書に『男と女の戦争——反フェミニズム入門』（展転社、2004）、共著に『男女平等バカ』（宝島社、2005）がある。

(19) 舘かおるの説明によると、「もともと教育学上の概念として「女子教育」は存在しても「男子教育」という概念が存在しなかったように、普遍的教育概念は男子を中心に形作られてきた。従って「女子生徒が自立する主体になる教育」を提供するには「女子教育問題」という枠組みを成立させざるを得なかった」という。ここで、舘は「隠れたカリキュラムにおける性別分化・固定化・男子中心主義」の問題と「ジェンダー・フリー教育の展開過程」を見事に述べている。

(20) たとえば、研究成果として、木村涼子『学校文化とジェンダー』（勁草書房、1999）がある。

(21) 1989 年に学習指導要領が改訂され、中学校は 1993 年度、高校は 1994 年度から男女共修（男女共学必修の略語）の家庭科となった。1980 年代前半ま

では、女子必修家庭科を支持する勢力も強く、男女共修をめぐる激しい攻防が続いたが、女性差別撤廃条約の批准のため、男女共修が実現される。1990年代には教える側にも男女共修への認識が広がる。

(22) 高橋史朗「ファロスを矯めて国立たず」は、『教育黒書』第2章「「人権」「平等」「平和」「国際理解」という名の偏向教育」の中の論文で、pp.98-114を参照して要約した。

(23)「専業主婦として、日中家で子どもと過ごす母親は、生きがいは子どもだけになり、いっぽうで孤独感やいらだちを募らせる。子どもは友だちとの関係がきずけなくなる」「女性が専業主婦化すると、性による役割分業も明確になる。良妻賢母観は、そうした過程の中で女性に課せられた役割期待である。個人としてどう生きるか以前に、まずよき妻、母であることが期待された」

(24) 林道義『母性の復権』（中公新書）、宮本健作『母と子の絆』（同）、澤口俊之『幼児教育と脳』（文春新書）を挙げ、「三歳児神話」には十分な根拠があると反論する。

(25)「最近では、母性と父性、母親役割と父親役割を明確に区別せず、やさしさやきびしさ、受容性や規範性は母親も父親ももちあわせているとの考えがなされている。家事も育児も習熟すればどちらにでもできることであり、男女共通に親役割をになうところから、親性が育つと考えられている」

(26)「父性が男性、母性が女性のもつ資質と限られるものではなく、両方を合わせて親性・育児性・養護性などともいわれる」。同指導資料「母性と父性は必ずしも全く異質で対立的、背反的なものではない」。これらの記述に対して、高橋は「厳しさをもって「切る」父性原理は父親が、優しさをもって「包む」母性原理は母親がまず担う必要がある」と反論する。

(27)「平和教育と人権教育を柱にして「総合学習の教育過程にジェンダーの視点を位置づける」「卒業式、入学式をジェンダーの視点から見直す」「男女混合名簿拡大」「男女の自立・平等・共生をめざすカリキュラムをつくる」など、教育活動全般にジェンダーの視点を取り入れる日教組の運動方針が新たに決定されてもいるからだ（2月20日付『日教組教育新聞』に連載された「日教組第90回臨時大会議案」による）。」

(28)「みずからの性のあり方をみずから選択・決定し、その決定に対して責任をもつこと」を意味する。高橋によれば、高校家庭科が男女共修（1994年度）となり、採択率が37.3%の1位を占めるのが「実教出版」、26.8%の2位を占

めるのが「一橋出版」の教科書であるという。

(29)「人間にとっての性行動は、単に生殖につながるだけのものではなく、男女のコミュニケーションとして愛情を育て、確かめあい、互いに充足感を求めようとする行動である」。この記述を、国会で山谷えり子が問題視した。

(30) 学校教育に潜んでいる性差別の問題（隠れたカリキュラム）、ジェンダーの問題を考えさせる新たな教育作りの方向模索、人権意識の高揚、民主主義と平和教育、などがある。

(31) 内田ひろ子他編『女性情報249号』（特集「06ジェンダー関連全報道」「教育はいま―教育基本法改正案衆院通過」）パド・ウィメンズ・オフィス、2006年12月号（他、2004年12月号や2005年12月号など）や保守系メディアなどの記事を参照した。

終　章

第1節　ジェンダー・バックラッシュとは何であったのか

　現代日本社会における「ジェンダー・バックラッシュ」は、何であったのかについて、本論の各章で明らかにしたことや強調したかったこと等を、以下、まとめて述べていきたい。

　第1章では、「ジェンダー・バックラッシュ」現象は、どうして起こってきているのかについて、世界経済の動向や、日本の保守化とその社会経済的背景を中心に検討した。その結果次のようなことが明らかになった。

　1980年代、世界に登場するグローバリゼーションと新自由主義、新保守主義の潮流を背景に、日本は、1990年代にバブル経済が崩壊して以降、新しい国家モデルの構築として「強健な国家づくり」を進めてきた。その中には、人権を重視してきた流れを逆流させていこうとする動きがあり、それが国の保守化とそのための平和憲法と教育基本法の改正を志向するという形で徐々に進んだ。バックラッシュは、こうした国家再編の動きと結び付いて行われていたといえる。具体的には、小泉内閣と安倍内閣の「構造改革」「教育再生」の特徴を中心に検討を行った。

　また、バックラッシュの組織である「つくる会」教科書の問題を取り上げ、ジェンダーの視点で分析した。ここで「歴史修正主義」「自由主義史観」に基づいた保守運動と連動しつつ、「ジェンダー・バックラッシュ」が起きているにもかかわらず、多くの人々はその関連性と深刻さに気付いていなかった点やその問題が軽視された点について、筆者は厳しく指摘した。それは、日本において「女性と社会的弱者」への人権意識の低

204

さと無関心を示す問題だからである。バックラッシュとは、男女平等（＝ジェンダー平等）を進めることに対抗した動きであった。

第2章の「基本法の名称問題」では、男女共同参画自体の持つ限界が明白になったという点である。男女共同参画社会基本法の名称をめぐる議論をフォローした結果、日本政府が女性政策に「男女平等」という言葉を使うことを避けている背景には、日本の保守的政治文化と意識の遅れが反映されていることが明らかになった。それは名称だけではなく、基本法自体の限界も示唆されていると考えられる。実際、日本政府の男女共同参画には具体性がないという限界があり、行政や国民の意識も制度も変えない程度のものであった。これが、バックラッシュの動きを容認してしまった一因であるといえよう。つまり、表面的形式的に取り組んでいたために、行政や国民の中に男女平等後退に抵抗する力、ここは絶対に大事な点だから守らねばならないという意識を持つような点がなかったという欠陥が指摘できる。

1980年代以後、日本の「女性政策」及び「性役割と家族モデル」には、2つの方向がみられた。それは、①経済中心・経済成長戦略を重視する政策と、法律婚による「伝統的家族」を維持・強化しようという保守派の動きであり、もう一つは②個人の人権と自由を重視する男女平等の政策と、家族の変容を受け入れようというジェンダー平等の動きである。

①「保守派の動き」と②「ジェンダー平等の動き」という二つの流れは、1990年代以降も混在しつつ存続した。前者の背景には、新自由主義的な経済構造改革と新保守主義の思想が、後者の背景には、女性の地位向上に関する国連の取組みと国内の女性学・ジェンダー研究の成果が影響しているといえる。①の具体的な現れとしては、労働者派遣法の規制緩和的な改悪、大きな限界を持ったパート労働法の成立・改正、女性の非正規雇用の急増（男性2割、女性5割以上）、国旗・国歌法の成立、性役割・家族主義の強化であり、②は、男女雇用機会均等法の改正、男女共同参

画社会基本法と DV 防止法の制定であろう。

　以上の女性政策の変化と社会状況の動きが全体として大きな限界を持っていたことを明らかにすることで、それが「ジェンダー・バックラッシュ」問題を引き起こす基盤・背景であることを指摘した。「性別役割分業」や「家族モデル」は、1990 年代においても「個人単位」化されることなく、むしろ「ジェンダー」を組み込んで「家族単位」的に再編されてきたことを示した。その 2 つは日本人のライフスタイルを「束縛」するものとして定着しつつ、日本人の意識の中に根強く「内面化」されていった。バックラッシュ派は、それが「束縛」であると感じるよりは、むしろ「家族の絆」「日本人の美意識」「愛国心」「伝統文化」などと美化し、個人の尊重より「家族・共同体・国家重視」の秩序を強化・維持しようとしているとみることができる。

　そしてこの章で最後に確認したことは、1990 年代に右翼勢力が自民党の右派議員と連携し、さまざまな「議連」を作り、その後のバックラッシュなどにつながる主張を繰り返し要求し始めていたという事実があったことである。そうした右翼的改変を担った勢力が、日本軍「慰安婦」問題以外に対しても、1998 年ごろから 2007 年ごろまで集中的にジェンダーに関して攻撃を行ったのであり、それがジェンダーに関するバックラッシュであったということである。

　第 3 章では、「地方自治体のジェンダー行政とバックラッシュの流れ」について調査し再構成して全体像を明確にした。1990 年代以降の日本の右傾化（自民党や日本会議を中心とした組織的な戦後体制の見直し）とともに「バックラッシュ」の動きも進行していったが、特に、バックラッシュの時代といえる時期は 1996 年から 2009 年までである（その後、後述するように日本軍「慰安婦」問題で新たなバックラッシュが展開されるが、それは本書の分析対象外としている）。ここでは、それを、①バックラッシュの発芽期（出発点：1996~2001 年）、②加速化期（2002~2004 年）、③最盛期（勝利：2005~2007

年）、④小康状態期（勝利ゆえの停滞:2008~2009年）という四つの時期に区分することを提起し、時期区分の名称の説明をその内容と合わせて提示している。

　バックラッシュが及ぼした影響の結果、現在どうなっているのかについて、その事件・事例分析を取り上げ示すことによって検証した。

　例えば、バックラッシュ側の圧力による、NHK-ETV「女性国際戦犯法廷」番組の改ざん事件、フェミニストの講座・講演の中止や、東京女性財団の廃止、性教育教材の絶版と回収、性教育・教員に関する調査と処分、七生養護学校事件と裁判、大阪府豊中市男女共同参画推進センター（すてっぷ）初代館長・三井マリ子の解雇と裁判、「日の丸・君が代」強制に反対する教職員への調査と処分、「ジェンダー・性・家族」に関する教科書検定の保守化、図書資料室の蔵書からジェンダーフリー関係排除など、このような被害事例は全国各分野にわたり数多く存在した。

　バックラッシュ派の「勝利」といえる代表的成果を挙げると、保守派の主張を盛り込んだ山口県宇部市の男女共同参画条例の制定、地方自治体の条例づくりに影響を与えた事例、東京都教育委員会が「ジェンダーフリー不使用」の見解と通知を出したこと、第2次男女共同参画基本計画の「ジェンダー」「ジェンダーフリー」説明文、内閣府が「ジェンダーフリー使用は不適切」との見解と通知を出したこと、検定教科書の記述において「従軍慰安婦」「ジェンダーフリー」が削除されたこと、などがある。

　最後に、バックラッシュの流れを分析した結果、浮き彫りになったことについて論じた。そのひとつが、①男女共同参画条例やジェンダーフリー教育・性教育に対する集中的な抵抗運動（攻撃）がほんの一部というのではなく、全国の地方自治体レベルで行われていたことである。これは、バックラッシュの動きが日本全国に影響を及ぼした問題の深刻さを表している。②バックラッシュ派の内在的指向の目標は、男女共同参画

社会基本法の廃止・改正や平和憲法および教育基本法の改正、強い国づくり・軍事大国化（戦争のできる国）をめざすことにあったということである。③前述の事件・事例について、国会や地方議会、審議会の中での議論が十分に行われていないまま、バックラッシュ派の発言に巻き込まれてしまった。つまり、国会・議会が十分機能していなかったことが確認された。④バックラッシュが広がった要因の一つに、保守派の識者と政治家・閣僚の発言や一部保守系雑誌やマスコミ報道の「連係プレー」（竹信 2005:23）があった。バックラッシュの言説（＝「フェミ悪玉論」）は、このような連鎖の下で「組織力と資金力と政治的な力」で拡大再生産されたといえる。

　以上のように、東京都だけでなく、日本全国の地方自治体レベルでの大規模な「ジェンダー・バックラッシュ」の動きがあったにもかかわらず、その動きの大きな影響はあまり知られていない。結局、バックラッシュの影響により、教育現場では性教育やジェンダー平等教育を実施しにくくなっており、戦後民主主義教育、平和教育にも批判の声が上がっている。「従軍慰安婦」を言うことが困難になるということは、第二次世界大戦での日本の加害性を軽視する右派勢力の意図がかなり広がったことを意味した。「ジェンダーフリー」を言えないことは、その種の主張をする講演者や研究者を排除し、ジェンダー平等を言いにくくさせる空気を作ることとなった。行政現場においても管理・監視強化及び予算が厳しくなってきている。現在は、一時期ほどバッシングは強くないものの、依然として教育や行政現場は厳しい状況にあるといえる。

　第4章では、大阪府 A 市立 B 中学校における「性教育バッシング」の事例を、今日の「ジェンダー・バックラッシュ」の流れの中に位置づけた。これは、20 年以上「性教育」を活発に行っていた A 市の N 教諭に対し、2004 年から攻撃が始まり、結局 2005 年度以降、性教育ができない状況に追い込まれたという事件である。

バックラッシュ派の詳細な攻撃を記録することで、浮き彫りになったことは、①校長やＡ市教育委員会が取った行動は、毅然と不当な圧力に対抗せず、責任回避と自己防衛に走ったことである。②市教委と攻撃側の中心人物であるＭＡが取った態度は、「性教育の授業実践」に関する真相を究明しようとか、教育の質を高めようという姿勢ではなく、まるでＮ教師を潰すためだけに、最初から計画を立てて、Ｎ教師に攻撃をかけていたようだと評価せざるを得ないことである。③その結果、性教育に限らず、教員、行政、議会の中に、ジェンダー平等を言いにくくさせ、右翼的人物に文句を言われないかという萎縮の空気が生まれ、保守化の機運が強くなる作用をもたらしたことである[1]。

次に、Ｎ先生をインタビューした結果、明らかになったことがある。それは、当時のバックラッシュ派は、①Ｎ先生が普段行っている授業を実際に受けたことも参観したこともない。②授業全体の内容と教え方、流れについて正確に聞こうともしなかった。③授業を受けた生徒たちの反応と感想及び学習効果について明確に把握していなかった。④問題の実態を究明しようという姿勢でも、問題点を協議していこうという姿勢でもなく、決め付けられた不明確なことあるいはごく一部のことを取り上げ、問題視した、というようなことである。

「性教育バッシング」の結果、①Ａ市教育委員会が発行しそれまで使われていた『中学校性教育副読本』と『性教育指導書』は、その後使用も配布もされなくなった。②現在Ａ市では、公式に性教育が行われている様子が見えない状況である。結局、その過程で犠牲になるのは子供たちであり、生徒の学習権が侵害されていたといえよう。性教育へのこのような暴力的・権力的介入は、教育的研究を自由に進めることを妨げており、性教育研究の発展を阻害する側面も持っている。

この事例を通して明らかにされた特徴は、特定の組織と人物がバッシングの主要な担い手であり、その一部の勢力によって多くの人々が振り

回され、簡単に萎縮・自主規制し、Ｎ先生を犠牲にして問題の収束を図ったという事実を実証したことである。もう一つは、「過激な性教育」批判と「日の丸・君が代」強制攻撃は、セットで学校の現場に持ち込まれたことである。今回の事例の分析によって、性教育バッシングの裏に隠れている狙いは、国家再編の動きの下で、リベラル系、左派系の教員を追い出す空気を作り出し、「自虐史観」を批判して先の戦争を美化し、「教育の国家統治」という管理体制にしていくことであることが一定示された。

第5章では、1990年代後半以降、バックラッシュ派と言われている反フェミニズム側の保守運動の政治的な力と言説によって、ジェンダー論及びフェミニズムに対する歪曲・誇張された流言（フェミニズムの「害毒と悪玉視」）が拡大再生産されてきたことを明らかにした。

この5章は、バックラッシュ言説（1999～2006）の中で、性と家族・伝統をめぐる主たる論点（主張）とその思想的特性について考察したものである。研究方法として、性と家族・伝統というカテゴリーを中心に、バックラッシュ派のオピニオンリーダーといえる識者の主張と論調について検討した。

具体的に、批判の対象と主張の特性を分析した上で、①性（性別・性の多様性）をめぐる言説について、「男女二分法のイデオロギー」「同性愛者嫌悪」「女装家（オカマの授業）」「自己弁護論」「破壊・否定論」「男女平等との分離論」「女性蔑視・詭弁・ルサンチマン視」「陰謀論」というキーワードでまとめた。②家族・伝統をめぐる言説について、「基本家族・標準家族」「子どもの権利・自己決定」「専業主婦の敵視化論」「詭弁と無知」「自己弁護論」「個人攻撃・女性蔑視」「家庭科教科書」というキーワードでまとめた。特に、言葉で表現されていない隠れた「ジェンダー差別」意識、性的マイノリティ差別意識があることが、今日のバックラッシュの大きな特徴である。これを筆者はバックラッシュ派の「自己弁護論」（自己正当化論）と名付けた。

210

　バックラッシュ派の主張の中核にある、男女二分法と「男らしさ・女らしさ」に代表される「本質主義」「生理的宿命」論は、固定的な性別役割分業と性別特性論を肯定する反面、「性の多様性」を否定することにつながる論法である。これは同性愛者嫌悪と性的マイノリティ、多様な家族と生き方に対する差別の思想を孕んでいた。

　バックラッシュ言説には、各人の人権意識やジェンダー平等意識が欠如している主張が多かったにもかかわらず、結果的に、バックラッシュ言説が一部で浸透してしまった。その一因として考えられるのが、①とんでもない俗論であっても分かりやすい言葉で説明している点、②フェミニストは男女関係を敵対関係として捉えたと解釈する論法、③専業主婦とフェミニストを敵対関係にする手法、④フェミニストが「性差別否定」「性差別の解消」であるといくら主張しても、単純に、ジェンダーフリーは「性差否定」であると論じたこと、⑤誰もが反発・反論しにくい「伝統・文化」「家族・家庭」「道徳・美徳」「強い国」に関する言葉（美化語）をスローガンとして掲げたこと、⑥人々のエリートへの反発意識に付け込み、またフェミニストは男を憎んでいる不幸な女の考えだという「フェミニズム＝ルサンチマン」視を広げたこと、などである。このような性質があって、（真実の有無、歪曲の有無を考慮する前に）人々はバックラッシュ的な言説に引き付けられていったと考えられる。

　第2章第3節で「右翼の動きとバックラッシュ」として示したように、全体として、バックラッシュは、右翼的・保守的な勢力が長年にわたって追求してきた路線を実現する動き[2]の中の、とくに女性の人権を前進させる動きに対する否定の言動であった。日本軍「慰安婦」制度における居直りの姿勢はその結節点であり、それは性暴力被害者をうそつき呼ばわりする愚かしいものであった。右翼的勢力にとって美しい日本を否定するような自虐史観の中核をなす慰安婦制度問題を追及するフェミニストたちは除去したい障害物であった[3]。そのために事実に基づかない

主張が繰り返され、その勢力が勝利していったために、国際的には全く通用しない主張であるにもかかわらず、日本国内ではその人権否定の言説が大手を振って存在し、マスメディアまでもがそれを容認・黙認する状況であったし、今もそれが続いている。結局、バックラッシュは、日本社会のそうした人権意識の低さの、ジェンダー面での表出であったと言える。

第2節　バックラッシュを軽視してしまう日本社会の病理

　米国をはじめとしてフェミニズム、男女平等が一定すすんだ西欧社会において、ある程度の反発、巻き返しがあるのは事実であるが、日本ほど明確に右翼勢力が性教育や男女共同参画まで全面否定するような国を筆者は知らない。その意味で日本のバックラッシュ現象は、世界的に見るならばきわめて奇異なものであった。

　だがこの認識が日本国内では共有されておらず、それどころか、マスメディアも学者の多くも、これを大した問題ではない、また過ぎ去った問題とみている。したがってバックラッシュの全体像がどのようであったかも、ほんのわずかなフェミニストを除いて実は多くの人は知らない。それは教科書攻撃や憲法改悪に反対する、左翼的・リベラル的な人々の間でも同じである。男女平等・男女共同参画にかかわっている者の間でも似た状況である。したがって、本書で日本のバックラッシュ現象を時期区分を含めて全体的に描くと同時に、特に大阪府Ａ市Ｂ中学校の性教育への攻撃を具体的に記述できたことには大きな意義があると考えられる。この状況を外国の者が知れば、一層、なぜ日本ではこうしたことがやすやすと行われ大きな問題になっていないのかが不思議がられるであろう。

　本書の分析対象の期間は、自民党から民主党政権に政権交代した2009年頃までである。しかし、2012年12月に第2次安倍内閣が成立する前

後から、再び新たなバックラッシュが活発化しはじめたと思われるような出来事が起こりつつある。それが、日本の右翼勢力が以前からずっと目指してきた認識の転換、すなわち日本軍「慰安婦」問題は特別な問題ではなく、どこの国でもやっていたこと、慰安婦は売春婦で金目当てに過ぎない、中国や韓国は反日に慰安婦問題を利用しているだけであり断じて日本は謝るべきではなく、逆に「慰安婦」制度への軍関与と人権侵害を認めた河野談話（1993年）を出したことが問題だという主張が主流化することである[4]。そして実際に、今や日本の書店には「嫌韓」「嫌中」「反日」「呆韓」という文字が躍る本や雑誌が並び、そこに従軍慰安婦問題が必ず顔を出し、日本のナショナリズムの空気が強固にされつつある。

　2013年5月に橋下徹大阪市長がどこの国でも軍隊には慰安所はあったし日本だけが悪いのではないといった趣旨の発言[5]をし、2014年1月にはNHK籾井勝人会長が「どこが悪いのか」と同種の発言[6]をしたのはその一例に過ぎない[7]。そもそも右翼や自民党議員はそうしたことを繰り返し述べてきたし、2012年9月、安倍晋三の総裁選出馬表明の公約でも、自民党総裁になった時のテレビや新聞での発言でも、村山談話や河野談話を見直すと繰り返し語っていたのである[8]。

　そして安倍首相が靖国神社を参拝した後、2013年10月には一部のマスコミを先頭に河野談話をつぶそうとするキャンペーンが進められ[9]、安倍政権もそれらの動きと連携して2014年、「慰安婦」制度への日本軍・日本政府の責任を無化し、「談話作成の経緯を調査」するという名目で、河野談話の見直しをする[10]と発表するところまで来ている（2014年3月10日段階）[11]。バックラッシュは再び活発化していると言えよう。またこの間ずっと、慰安婦制度への反省を込めたさまざまな記念碑が世界各地にできると、日本の政治家やメディアはそれを批判するだけで、主体的に自分たちの加害行為を記憶して反省するということがなかった[12]。

　1998年から2009年のバックラッシュに適切に反撃しなかったために、

終　章　213

2014年段階にも、歴史認識問題として再燃し、国際対立が激化し、国際的には安倍政権は「極右」（extreme right）「強固な国家主義」（strong nationalism）「歴史修正主義」（revisionism）という表現が貼られるまでになっているが[13]、日本国内ではその認識は共有されず、むしろ韓国や中国に攻撃されているからもっと愛国的になって軍備も増強して強い国家になるべきだ、反論していかねばならないという声が大きくなっている。憲法改正による自衛隊の軍隊化、憲法9条の大幅見直し、それ以前に、既成事実を積み重ねていくために集団的自衛権を閣議決定だけで決めてしまうというような動きとなっている。

　これの意味するところは、本書で示したように、ジェンダー平等に対抗するバックラッシュは、実は日本の右翼勢力の好む世界観に基づいた運動の一環であったにもかかわらず、ジェンダー平等問題への鈍感さから、マスメディアも学者も社会活動家も左翼なども、こぞってジェンダーにおけるバックラッシュを対岸の小さな火事としか見ていなかったということである。

　別の角度から言えば、バックラッシュに対して適切に対抗せずに放置していたために、今になってさえ国際的に孤立するような発言を日本人は悪気もなく自分たちは正しいと思って発信し続けてしまっているのである。それが靖国神社参拝、南京大虐殺の否定、従軍慰安婦問題への居直りの態度、強制連行否定、などとなってあらわれ続けている。中国、韓国、北朝鮮との緊張を高めて、日本国民の国家意識を煽り[14]、国民の支持を取り付けようとしており、その一部として、ジェンダーフリーを生贄にするバックラッシュを行ったのである。根は同じなのである。

　このバックラッシュ問題の本質をつかみ、徹底的にこれと闘い、対抗する価値観を対置できなかったこと、ジェンダー平等を推し進める具体策としての個人単位化の制度設計をできなかったこと、それを国民の共有財産としてジェンダー平等の成果を皆が実感していないことが、今の

214

状況を招いた原因の一つである。

　日本軍「慰安婦」制度が国際的に見て軍による性奴隷制度であり、そうした人権侵害の事実を認めずに否定する妄言に対しては、国連をはじめとする国際社会では、良識ある政府が責任をもって反駁することを求めている。しかし政府やマスメディアの中には否定発言に反駁するどころか先頭に立ってそれを右翼勢力と結託して増長させている [15]。被害女性をさらに傷つける人権蹂躙の言動に鈍感な状況 [16]。それを許す日本社会の風土がジェンダーにおけるバックラッシュを吹き荒れさせたのである。大事なポイントは、日本軍「慰安婦」問題は単に過去の問題、過去の解釈の問題ではないということである。すでに国際的機関が何度も指摘しているように、この問題は、今生きている（今も救済されていない）被害者に対する人権侵害（二次加害）を許すのか、それとも尊厳を回復するのかという問題であり、また今も世界各地で続いている「紛争下の性暴力や人身売買」にかかわる問題、「現在進行形の人権侵害」なのである（渡辺2013:72、83）[17]。それに鈍感であり、反動的態度（被害者を中傷し、過去の事実を認めないセカンド・レイプ的態度）をとるからこそ、日本は国際的に非難されている。

　　第二次世界大戦後、約50年が経過した。しかし、この問題は過去の問題ではなく、今日の問題と見なされるべきである。それは、武力紛争時の組織的強かん及び性奴隷を犯した者の訴追のために、国際的レベルで法的先例を確立するであろう決定的な問題である。象徴的行為としての補償は、武力紛争時に犯された暴力の被害女性のために補償による救済への道を開くであろう（同:83-84再引用）[18]。

　国際法学者の阿部浩己（神奈川大学）は、「日本では慰安婦問題は『戦争中の出来事』として語られがちですが、国際社会では違う」と述べ、

国内と海外の視点のギャップが生ずる理由として、「戦後、日本は安全保障条約を結んだ米国の事実上の保護下にあり、アジア諸国と真正面から向き合うことも、戦前の政権の徹底的な否定や過去の清算をすることもなくきてしまった」と見ている（『毎日新聞』2014.3.27）。

　この状況の打開を図るには、日本国内で日本人が、バックラッシュを含めて、日本のこの間の右翼的な政治勢力が行ってきたことを正しく把握し、適切に対抗策を作っていくこと、意識改革をしていくこと、ジェンダー平等が実生活上どのようなメリットをもたらすのかを実感できるようにすることなどが必要ということである。国際組織が求めているように、日本政府は、誤ったバックラッシュ言説、慰安婦否定発言などに対して、反駁して[19]、国民に正しい意識を啓発していかねばならない。「慰安婦」被害者に国家の責任を認めることこそ、未来に向かって行える歴史的貢献であって、居直って「慰安婦」への加害を今もさらに積み重ね、ジェンダー平等を後退させるバックラッシュを行うのは、その逆行に過ぎない。

第3節　おわりに

　戦後の日本社会は、高度経済成長期を経てその後にも経済成長を達成してきた。その反面、男女間の格差は大変大きい社会となっている。これは女性差別の問題であると同時に人権の問題である。これを差別だと認識したり、この結果を生み出した社会の仕組みについて問題意識を抱いている人は、どのぐらいいるであろうか。

　一方、前述の通り、日本の高度経済成長期を支えた家族モデルは、性別役割分業に基づく法律婚の「核家族」であった。しかし、1990年代以降からは、少数家族（一人家族）、家族形態の多様化や生き方と価値観の多様化、少子高齢化という社会の質的な変容が進んでいき、「世帯単位：男性稼ぎ手モデル」「男性中心社会」システムは、時代の趨勢や人々のニー

ズに合わなくなってきている。

　しかしながら、伝統的な性役割の流動化への意識変化があったにもかかわらず、「ジェンダー・バックラッシュ」という反フェミニズム側の保守運動による強力な抵抗（批判）と政治的な力によって、その日本社会の意識変化が男女共同参画政策に十分反映されていない実情がある。そういう観点でみれば、日本のジェンダー平等をすすめる勢力は負け続けているといえる。それは、男女共同参画政策が形だけで大事なことが骨抜きにされているからであると思われる。依然として家族的責任は女性に集中的に負わされている。普通、「制度はあるが、運用が良くない」と捉える場合が多いが、実は「制度も整っていない」とみるべきである。つまり、骨抜きのもの、理念や「形」だけの法整備になっている。だからこそ、実効性のあるものが求められている。もっと実質化していく必要がある。

　ジェンダーの視点で、現代日本社会における最も深刻な問題として政策課題を指摘するならば、それは「（賃金、雇用形態、家事・育児・介護負担、結婚／非婚等の）男女間の格差」や旧日本軍「慰安婦」問題に代表される「人権意識の低さ」、性暴力蔓延への体系的対策だといえる。そして、日本社会においてとても「危険な状況」となっているといえる問題は、戦後の平和主義と民主主義の後退、在特会に代表される排外主義の深化（アジア蔑視観）、少数派の意見と社会的弱者の切捨て、などが指摘できる。

　このような問題を少しでも解決していくために、今後、男女共同参画社会に向けて何が求められているのかについて問わなければならない。

　多くの人々に男女共同参画（フェミニズム、ジェンダー平等）が求めていることがもっと理解され、それが学習され、具体的に政策に反映されることが大事である。そのためには、ジェンダー研究者や運動側がこれらを分かりやすい言葉で説明をし、理解を求める必要がある。同時に、バックラッシュの思想への反論を明確にし、批判の視点を確立することも重

要である。あらゆる分野において、ジェンダーに敏感な視点を定着させ、ジェンダー・バイアスの再生産を注意深く排除していくことは言うまでもない。そして人権と民主主義という理念に基づく学校教育を実施することによって、反暴力主義の思想を広げていき、非暴力の社会を作っていくことが、ジェンダー研究者や教育者の役割と責任ではないだろうか。

日本の右傾化に対する周辺国の懸念の声や憲法改正をめぐる論争等が高まっている現在、バックラッシュを過去のものとせず、意識的に右傾化を狙ってきた勢力の活動であると見定め、それにマスメディアを含め日本の多くの人や組織が抵抗できなかったこと、時には追随・黙認を通して結果的に加担したことが反省されなければ、日本は世界から取り残され、バックラッシュ派が強調する国家的利益がかえって損われることになるだろう。

最後に、本研究が有する研究史的意義と今後の研究課題について触れておきたい。

現代日本社会における「ジェンダー・バックラッシュ」をどうして容認してしまったのかという問題意識の下、のちにバックラッシュを呼び込む要因を内包していた女性政策を研究対象にし、従来のジェンダー視点だけではなく、家族単位批判の視点と「ジェンダー・バックラッシュ」問題の視点で分析して振り返ったことに、本研究の独自性がある（第2章）。

本書では、特にこれまで知られていなかった大阪府Ａ市の「性教育バッシング」事例の聞き取りをしたことで、その隠れた歴史的動きを詳細に明るみに出すことができた。このような具体的事例が記述されなければ、なかったこととされ、歴史に埋もれてしまう事象を、調査・研究によって歴史的な記録として残すことには意義がある。従って本研究は、現代史の空白部分を埋める研究であるといえよう（第4章）。

そして本書で考察したように、1990年代後半以降、ジェンダー論及び

フェミニズムに対する歪曲・誇張された言説は、バックラッシュ派の組織力と政治的な力で拡大再生産された。しかしながら、バックラッシュの言説に関する先行研究を見てみると、見出しやキーワードのような短い文章での紹介が多く、全体ではなく一部を取り出して批判し、しかも出典が明記されていないものも多かった。従って、バックラッシュ派と言われている反フェミニズム側の人が、どういう文脈で何を根拠にして主張しているのかについて、ある程度の分量の文章を紹介し、その言説を全体的に分析する研究が必要であると感じた。それが一定できたことに独自の意義がある（第5章）。

ジェンダー論とフェミニズムの思想では、各人の人権と自由に立脚し、多様性を尊重して、様々な現実問題に対する現実的な対応と制度を求めてきた。この思想の積極的意義を多くの人々に正しく知ってもらい、バックラッシュ派のとんでもない主張に反論していくこと、およびバックラッシュ派の言説や事件・事例を歴史に記録する（第3章）ことと、その思想の裏に隠されているものをあぶりだしていくこと、これらの点に本研究の大きな意義があるといえよう。

筆者はフェミニスト側の主張が完璧で正しいと主張したいわけではない。当然ジェンダー論やフェミニズムにも多様なものがあり、中には問題のある言説もあるであろうし、試行錯誤を重ねながら理論と実践を進化させていくべきものといえる。それは、すべての研究分野において言える問題であろう。しかし各人の人権と自由に立脚しているジェンダー論とフェミニズムの思想が歪曲され悪玉視され、バックラッシュ派の決めつけと歪曲の影響を受けて言いなりになって、多くの人に悪い影響を及ぼすことを懸念している。

バックラッシュ派のいい加減な言説が歴史で消え去り、ただその悪影響だけが残ることは好ましくない。バックラッシュ派のうそやごまかしを歴史に記録し、それらにだまされないように対応していくことがジェ

ンダー研究者たちの役割と責任ではないだろうかと考える。また、本研究は「ジェンダー・バックラッシュ」という過激な保守運動に対抗できるような市民運動に、一定の寄与ができる可能性があると考える。

　韓国において、バックラッシュの視点から掘り下げるアプローチは、今までほとんど行われていない方法・視点であるので、今後、韓国において、本研究の成果と情報を発信していくつもりである。これらの情報は韓国のジェンダー研究に役立つと同時に韓国社会のジェンダー平等化にも示唆することがあるといえよう。将来の希望としては、日本の研究者との学術交流を継続的に持ちながら、文献の翻訳出版や通訳等を通じて、両国の研究状況とジェンダー平等運動についての情報発信・交換ができるよう努力していきたい。

　近年、韓日のジェンダー平等政策を比較した先行研究をみると、女性政策の中で日本より先立つ韓国の法制度や状況を紹介している研究がしばしば見受けられる状況である。今後の研究において、韓日のジェンダー平等政策を比較し、その違いを実証し、そのうえで、どうしてその違いが生ずるのか、韓国のジェンダー平等政策が発達した原因は何か、その背景となるものは何か、などについて文化的視点（歴史・文化論）でその要因を分析していくことを、筆者の課題としたい。

　それに加えて、第二次安倍内閣になってからの日本軍「慰安婦」問題への攻撃（2013~2014 年）は、新たなバックラッシュの展開と言えようが、本書の分析の時期（2009 年の政権交代まで）には入らなかった。今後の研究ではその 2009 年以降も含みこんで日本のバックラッシュ状況を検討していきたい。

【注】
（1）このようなバックラッシュの影響による地方自治体の自主規制や三井マリ
　　子館長と N 先生を攻撃した同じ人物である MA の行為と所属団体については、

220

『バックラッシュの生贄』（2012）でも論じている。

（2）林博史・俵義文・渡辺美奈（2013）には、日本の右翼勢力の動きとして従軍慰安婦制度攻撃があることが明確に示されているが、この程度の基本認識さえ、ほとんど日本社会では共有されていない。同書を含め、1993年の河野談話発表以降も、裁判や研究者によって数々の資料が発掘され、司法や国際機関が被害事実を認定し、連行時や慰安所における強制性を裏付ける新資料も多数発見されている。その成果は多くの出版物や報告書、ネットのサイトで示されている。日本軍「慰安婦」に対する強制性とその犯罪性を否定することができないのは明白であるが、愚かしいほど、日本のメディアの中にはそうした事実に目をつむり（勉強しないまま）、「強制性はなく慰安婦は金儲けをしていたにすぎない、どこの国でもやっていたことだ、日本はすでにやるべきことをしている、この問題を言い立てている韓国や中国は政治的に利用しているだけで事実ではない」といった主張を繰り返しまったく反省しない態度をとっている。

（3）バックラッシュで「活躍」した稲田朋美議員は、山谷えり子の紹介で議員になった人物で、第2次安倍内閣で内閣府特命担当大臣（規制改革担当、2012年12月26日）に就任したが、「中国の抗日記念館から不当な写真撤去を求める国会議員の会」（反中国議連）の事務局長である。バックラッシュの学者、八木秀次は安倍首相直属の教育再生実行会議のメンバーに、高橋史明は安倍政権での男女共同参画会議の議員に任命されている（同:63）。バックラッシャーと安倍政権を支える右翼的人事とは大きく重なっている。

（4）関連記事として例を挙げると、『東京新聞』2013年11月11日「「韓国もやっていた」慰安婦問題で橋下氏が発言」、『朝日新聞』2014年3月9日「慰安婦問題「韓国女性 うそばかり」維新・中山衆院議員が発言」、『東京新聞』2014年3月4日「河野談話見直しに賛同」、『沖縄タイムス』2014年3月14日「慰安婦 軍関与の証拠なし」、『東京新聞』2014年3月24日「新政治談話検討すべき」などがある。

（5）2013年5月13日に橋下市長は記者団に、第2次世界大戦中の「従軍慰安婦」制度が軍の規律を維持し、兵士に休息を提供するために必要だった（「慰安婦制度は必要なのは誰だってわかる」）と発言し、当時の日本政府が慰安婦を強制連行した証拠はないと言及した（『朝日新聞』2013年5月13日、他）。日本国内では、橋下市長の慰安婦発言に対する市民の非難の声が一時期高まっ

終　章　221

たが、日本のメディアは日本軍「慰安婦」制度に関する歴史的真相を究明しようとするような取材はしなかった。

（６）『毎日新聞』2014年1月26日の報道によると、NHK籾井会長は1月25日の就任記者会見で、従軍慰安婦問題について「戦争地域にはどこの国にもあった」「韓国は日本だけが強制連行したように言うから話がややこしい。日韓基本条約で（補償問題は）全部解決している」などの発言をした。この見解について、橋下徹大阪市長は27日に「トップがそういう発言をすることはなんら問題がない。まさに正論だ」と述べ、理解を示した（『京都新聞』2014年1月28日「慰安婦発言「正論だ」」）。また『京都新聞』2014年1月31日「風俗業引き合いに慰安婦発言を擁護　維新議員」（中野正志議員）の関連記事が報道された。

（７）これまでの研究で明らかにされているように、ドイツなど一部で似た制度があるとしても、軍自らがアジア・太平洋地域にまたがってこれほど大規模で広範囲な性的奴隷制を立案・開設・管理・運営し、本国・植民地・占領地の女性を徴集したのは、日本軍以外にはないということである。『沖縄タイムス』2013年11月22日の記事では「旧日本軍の「従軍慰安婦」として海外の民間女性を強制連行したとの記述がある法務省の資料6点が国立公文書館（東京）に保管されていたことが21日、分かった。関東学院大の林博史教授（日本近現代史）が発見した」と報じられている。

（８）第1次安倍内閣は2007年3月に「慰安婦」女性の募集について「政府が発見した資料の中には、軍や官憲によるいわゆる強制連行を直接示すような記述も見当たらなかった」との答弁書を閣議決定したが、これに反発した米下院が対日謝罪要求決議を採択するなど大きな外交問題に発展した。

（９）『産經新聞』が2013年10月、機密とされた元「慰安婦」16人の証言を「リーク」し、その証言には根拠がない、韓国の言い分を鵜呑みにした、談話そのものが虚構だったという報道をした（『MNS産経ニュース』2013年10月16日「元慰安婦報告書、ずさん調査浮き彫り　慰安所ない場所で「働いた」など証言曖昧　河野談話の根拠崩れる」、他）。

（10）例えば、『信濃毎日新聞』2014年2月22日「元慰安婦証言検証へ　菅官房長官　河野談話めぐり意向」、『毎日新聞』2014年2月28日「政府に検証チーム「河野談話の根拠」確認」記事など。『読売新聞』（2014年2月26日）は、日本維新の会が25日の衆院議員運営委員会理事懇談会で、河野談話の内容を検証

222

する機関を国会に設置するよう各党に提案したと報じている。

(11) 日本維新の会は、2013年11月、河野談話検証を行う「歴史問題検証プロジェクト・チーム（PT）」を設立し、また2014年2月、官房副長官として調査を指揮した石原信雄氏を参考人として招致することを求めた。自民党などが応じ、調査が不正確だったというキャンペーンが展開された。その日本維新の会は2014年3月から、河野氏に加え、河野談話の見直しに否定的な朝日新聞社社長の国会への証人喚問を求める署名活動をはじめた。自民党だけでなく維新の右翼系議員も連動してバックラッシュが進められている状況である。

(12) 国際政治から慰安婦問題を研究する羽場久美子（青山学院大学）は、「『強制連行があったか』『との国もやっていたことなのではないか』といった議論は、戦争への無反省と取れる態度なのです」と強調し、ドイツの例を挙げ、「ナチスがユダヤ人虐殺を指示した文書はいまだ見つかっていないし、死者数も論争がある。しかし大量虐殺の事実は厳然としてある。仮にドイツ政府が『証拠が見つかっていない』と言い出したらどうなるか。欧州では考えられないことが日本で起こっていると言わざるを得ません」と述べ、歴史認識の問題点を指摘している（『毎日新聞』2014年3月27日「世界が注視する従軍慰安婦」）。

(13) 英誌『エコノミスト』2013年1月5日号などで安倍首相を「極右」と述べていることなとを、林博史・俵義文・渡辺美奈（2013:38、80-82）で紹介している。

(14) それは同時に朝鮮人や中国への差別意識を煽ることでもある。実際、在特会系、ネットウヨ系がインターネットに今までいえなかった差別言動（朝鮮人を殺せ！など）を公然と放っている。

(15) 世界各地で日本が適切に責任を取ることを求める「慰安婦」決議が採択されたことに対し、日本のほとんとのメディアは、事の本質（女性の人権問題、暴力問題）が理解できず、韓国や中国の政治的攻撃と見て被害意識を持ち、性奴隷の事実を批判するありさまであった。しかし日本のそうした態度、たとえば右派国会議員や文化人などが2007年6月14日に『ワシントン・ポスト』紙に、2012年11月4日に『スター・レッジャー』紙に、慰安婦制度の歴史的事実を否定する意見広告を出したりしたことで、かえってそれに反対しないと自分の人権感覚が疑われるということで、日本への非難が高まっていくのである。

(16) 『朝日新聞』2014年3月9日の報道によれば、日本維新の会の中山成彬衆

終　章　223

院議員は 8 日講演会で「日本女性は自分で私は慰安婦でしたと誰も言わない。恥ずかしい。韓国女性はそんなことない。うそばかり言う。人種が違うと思わざるを得ない」（元軍医に聞いたとする当時満州にいた慰安婦のことを説明した）、韓国人を「日本人と全然違い、恥という概念がない」「従軍慰安婦の資料をユネスコの世界記憶遺産に登録申請している。どこまで恥ずかしさを知らない、厚かましい」とも強調したという。

(17) 1994 年以降、自由権規約委員会、社会権規約委員会、拷問禁止委員会、女性差別撤廃委員会といった国連人権条約機関が、日本に対して「慰安婦」問題を解決するよう勧告し続けている（同 :71）。

(18) 国連人権委員会に提出された、ラディカ・クマラスワミ「女性に対する暴力特別報告」の予備報告書（1995 年）より。

(19) 非公開文書を公開し、事実を調査し、それを公表し、日本軍「慰安婦」制度が性奴隷制であったことを認め、法的責任に基づき被害者に謝罪し、人権回復を行うこと。加害者を処罰すること。またこのことを後世に正しく伝えるため教育で事実を教えること。政府など公職につく者は、被害女性を冒涜するような言動はしないこと。

参考文献

赤松良子『詳説男女雇用機会均等法及び改正労働基準法』日本労働協会、1985
　　──『均等法をつくる』勁草書房、2003
赤松良子監修・国際女性の地位協会編『新版 女性の権利』岩波書店、2005
浅井春夫「性教育・男女平等バッシングの背景と本質」『ジェンダー／セクシュア
　　リティの教育を創る──バッシングを超える知の経験』明石書店、2006
浅井春夫ほか編『ジェンダーフリー・性教育バッシング──ここが知りたい50の
　　Q&A』大月書店、2003
浅井春夫ほか著『ジェンダー／セクシュアリティの教育を創る──バッシングを超
　　える知の経験』明石書店、2006
浅野富美枝「「バックラッシュ」の時代」『ジェンダー概念がひらく視界──バック
　　ラッシュを越えて』青木書店、2006
我妻栄編『戦後における民法改正の経過』日本評論社、1956
安倍晋三『美しい国へ』文藝春秋、2006
　　──『新しい国へ』文藝春秋、2013
安倍晋三ほか「自民党「過激な性教育・ジェンダーフリー教育を考えるシンポジウ
　　ム」抄録」『週刊金曜日』第567号、2005年7月29日
天野恵一「右翼暴力の誘発装置としての天皇制──事実（記憶）の「改ざん」・隠
　　蔽に抗する運動を！」『インパクション146』2005年4月刊
天野正子ほか編『新編日本のフェミニズム1 リブとフェミニズム』岩波書店、
　　2009a
　　──『新編日本のフェミニズム4 権力と労働』岩波書店、2009b
　　──『新編日本のフェミニズム8 ジェンダーと教育』岩波書店、2009c
李元淳監修・鄭在貞・石渡延男編『韓国発・日本の歴史教科書への批判と提言──
　　共存の教科書づくりのために』桐書房、2001
石井英夫「NHK圧力報道で宙に浮いた朝日新聞「従軍慰安婦」への妄念」『正論』
　　2005年3月号
伊田広行『性差別と資本制──シングル単位社会の提唱』啓文社、1996（初版は
　　1995）
　　──『21世紀労働論──規制緩和へのジェンダー的対抗』青木書店、1998a

―― 『シングル単位の社会論』世界思想社、1998b

―― 『シングル単位の恋愛・家族論』世界思想社、1998c

―― 「家族のあり方とジェンダー・フリー・バッシング」『ジェンダー・フリー・トラブル――バッシング現象を検証する』白澤社、2005a

―― 「NHK 番組改ざん問題の背後にあるもの」『情況』2005 年 4 月号（2005b）

―― 「バックラッシュ状況とジェンダー概念」『女性労働研究 50 号　貧困と疲弊』青木書店、2006a

―― 「ジェンダーについての整理」『Q&A 男女共同参画／ジェンダーフリー・バッシング――バックラッシュへの徹底反論』明石書店、2006b-1

―― 「バックラッシュの背景をさぐる」『Q&A 男女共同参画／ジェンダーフリー・バッシング――バックラッシュへの徹底反論』明石書店、2006b-2

―― 「政府の「ジェンダー」および「ジェンダーフリー」に対する見解について」『Q&A 男女共同参画／ジェンダーフリー・バッシング』明石書店、2006b-3

―― 『続・はじめて学ぶジェンダー論』大月書店、2006c

―― 「「ジェンダー概念の整理」の進展と課題」『人間科学研究』第 2 号、大阪経済大学人間科学研究会、2008

―― 「「ジェンダー概念の整理」の進展と課題（3）」『人間科学研究』第 3 号、大阪経済大学人間科学研究会、2009

伊藤公雄「ジェンダー・フリー・ポリティクスのただ中で」『インパクション 154』2006 年 10 月刊

―― 『増補新版・「男女共同参画」が問いかけるもの』インパクト出版会、2009

伊藤公雄編『コメンタール戦後 50 年⑧　憲法と世論』社会評論社、1996

伊藤周平『権利・市場・社会保障』青木書店、2007

伊藤セツ「書評：横山文野『戦後日本の女性政策』」『国立女性教育会館研究紀要』第 7 号、2003

伊藤真『憲法は誰のもの？――自民党改憲案の検証』（岩波ブックレット 878）岩波書店、2013

―― 「自由民主党「日本国憲法改正草案」について」法学館憲法研究所 HP（http://www.jicl.jp/jimukyoku/backnumber/20130131.html）、2013.3.8 ver5 資料

糸久八重子編著『育児休業法 四党共同法案と欧州諸国の法制』労働教育センター、1990

犬伏由子・宋賢鐘「韓国法における親の離婚と子の養育について――子の利益（福利）を実現するシステムの構築に向けて」『法学研究』86巻1号、2013

井上惠美子「はじめに」『ジェンダー平等の豊かな社会をめざして――性教育・ジェンダーバックラッシュをのりこえる』2010

井上惠美子・和田悠「性教育・ジェンダーへのバックラッシュとは何だったのか」『ジェンダー平等の豊かな社会をめざして――性教育・ジェンダーバックラッシュをのりこえる』2010

井上輝子「「ジェンダー」「ジェンダーフリー」の使い方、使われ方」『「ジェンダー」の危機を超える！――徹底討論！バックラッシュ』青弓社、2006

―― 「バックラッシュによる性別二元制イデオロギーの再構築」『女性学』Vol.15 日本女性学会、2008

―― 『新・女性学への招待――変わる／変わらない女の一生』有斐閣、2011

井上輝子ほか編『岩波 女性学事典』岩波書店、2002

岩崎稔・シュテフィ・リヒター（Steffi Richter）「歴史修正主義―― 一九九〇年代以降の位相」成田龍一ほか著『なぜ、いまアジア・太平洋戦争か』（岩波講座アジア・太平洋戦争1）、岩波書店、2005

植野妙実子「憲法二四条と憲法「改正」・教育基本法「改正」」『法律時報』（78巻11号）日本評論社、2006

上野千鶴子『家父長制と資本制』岩波書店、1990

―― 『不惑のフェミニズム』岩波書店、2011

内田ひろ子ほか編『女性情報 249号』（特集「06 ジェンダー関連全報道」「教育はいま――教育基本法改正案衆院通過」）パド・ウィメンズ・オフィス、2006年12月号（他、2004年12月号や2005年12月号、2007年12月号、2009年3月号など）

江原由美子『ジェンダー秩序』勁草書房、2001

―― 「ジェンダー概念の有効性について」『「ジェンダー」の危機を超える！――徹底討論！バックラッシュ』青弓社、2006

江原由美子・金井淑子編『フェミニズムの名著50』平凡社、2002

NHK放送文化研究所編『現代日本人の意識構造』[第七版]、日本放送出版協会、2010

大蔵省主税局総務課監修・税務経理協会編『税制の抜本改革――税制調査会第二・第三特別部会中間報告・関係資料集』税務経理協会、1986

大沢真理『企業中心社会を超えて』時事通信社、1993

―― 『男女共同参画社会をつくる』日本放送出版協会、2004(初版は 2002)

―― 『現代日本の生活保障システム』岩波書店、2007

大沢真理編集代表『21 世紀の女性政策と男女共同参画社会基本法〈改訂版〉』ぎょ
うせい、2004（初版は 2002）

岡沢憲芙・宮本太郎監訳『福祉資本主義の三つの世界』ミネルヴァ書店、2001

(G・Esping-Andersen, The Three World of Welfare Capitalism, Polity press, 1990)

落合恵美子『21 世紀家族へ（第 3 版)』有斐閣、2005（初版は 1994）

小野沢あかね「記述は少ないのに問題は多い」安田常雄・吉村武彦編『テーマ
別検証 歴史教科書大論争』別冊歴史読本 87 第 26 巻第 26 号、新人物往来社、
2001

桂島宣弘『自他認識の思想史――日本ナショナリズムの生成と東アジア』有志舎、
2008

―― 『東アジア自他認識の思想史』（韓国語版）논형、2009

金井淑子・細谷実「討論：男女共同参画政策へのバックラッシュ――いま何が起こっ
ているか」『PEOPLE'S PLAN』2003 年秋

鹿野政直『現代日本女性史――フェミニズムを軸として』有斐閣、2004

加納実紀代「「つくる会」歴史教科書とジェンダー」『インパクション 147』2005 年
6 月刊

加茂直樹『現代日本の家族と社会保障』世界思想社、2010

神﨑智子『戦後日本女性政策史――戦後民主化政策から男女共同参画社会基本法ま
で』明石書店、2009

基礎経済科学研究所編『働く女性と家族のいま① 日本型企業社会と女性』青木書店、
1997

北田暁大「近代的家族の相対化への不安が根っこにある」『論座』2005 年 3 月号

北田暁大ほか著『戦後日本における「バックラッシュ」的言説の社会的研究』
2005 年～ 2006 年度の科研研究報告書

木村涼子『学校文化とジェンダー』勁草書房、1999

木村涼子編『ジェンダー・フリー・トラブル――バッシング現象を検証する』白澤
社、2005

「教育合同 A 市フォーラム」NO.284、2005 年 1 月 21 日

―― NO.289、2005 年 3 月 10 日

金エリム（朴修慶訳）「韓国のジェンダー政策と女性の政治参加支援」『ジェンダー
　　と法』No.10、日本加除出版、2013

金善旭（蘇恩瑩訳）「韓国におけるジェンダー平等立法」『世界のジェンダー平等』
　　東北大学出版会、2008

金富子「女性国際戦犯法廷とその後」『インパクション146』2005年4月刊

経済企画庁編『新経済社会7ヶ年計画』大蔵省印刷局、1979

経済企画庁編『生活大国5か年計画──地球社会との共存をめざして』大蔵省印刷局、
　　1993（初版は1992）

ケイト・ミレット『性の政治学』藤枝澪子共訳、自由国民社、1973（ドメス出版、
　　1985）

小池百合子・根本匠・山谷えり子・世耕弘成「首相補佐官かく語りき」『正論』
　　2006年12月号

高齢社会福祉ビジョン懇談会『21世紀福祉ビジョン──少子・高齢社会に向けて』
　　1994年3月28日

国立婦人教育会館女性学・ジェンダー研究会編著『女性学教育／学習ハンドブッ
　　ク──ジェンダー・フリーな社会をめざして』有斐閣、1997（新版は1999）

小谷真理「テクハラとしてのバックラッシュ」『バックラッシュ！──なぜジェン
　　ダーフリーは叩かれたのか？』双風舎、2006

小林よしのり『新・ゴーマニズム宣言 戦争論』幻冬舎、1998

小山エミ「「ブレンダと呼ばれた少年」をめぐるバックラッシュ言説の迷走」『バッ
　　クラッシュ！──なぜジェンダーフリーは叩かれたのか？』双風舎、2006

小山静子『戦後教育のジェンダー秩序』勁草書房、2009

財団法人日本女子社会教育会作成・発行『新子育て支援──未来を育てる基本のき』
　　2002

財団法人母子衛生研究会作成・発行『思春期のためのラブ＆ボディBOOK』2002

桜井裕子「セックス・アニマル育てる性器・性交教育の実態」『正論』2005年11
　　月号

笹沼朋子「地方自治体による「ジェンダー学」および「女性学」の否定とは何か
　　──松山市議会におけるバックラッシュに対する一つの抵抗として」『法文学
　　部論集』第25号、愛媛大学法文学部、2008

里見賢治『現代社会保障論』高菅出版、2007

志水紀代子・山下英愛編『シンポジウム記録「慰安婦」問題の解決に向けて──開

かれた議論のために』白澤社、2012

進藤久美子『ジェンダーで読む日本政治』有斐閣、2004

ジュディス・バトラー『ジェンダー・トラブル――フェミニズムとアイデンティティ
の攪乱』竹村和子訳、青土社、1999

（Butler, Judith. GENDER TROUBLE : Feminism and the Subversion of Identity.
New York : Routledge, 1990）

ジョーン.W. スコット『増補新版 ジェンダーと歴史学』荻野美穂訳、平凡社、
2004

（Scott, Joan Wallach. Gender and the Politics of History. New York : Columbia Up,
1999）

スーザン・ファルーディ『バックラッシュ――逆襲される女たち』伊藤由紀子・加
藤真樹子訳、新潮社、1994

（Faludi, Susan. BACKLASH:The Underclared War Against American Women,
Three Rivers Press, New York, 1991）

関口久志「性教育バッシング、そのねらいと背景」『ジェンダーと教育の現在』民
主教育研究所、2004

税制調査会『税制の抜本的見直しについての答申』大蔵省印刷局、1986

「戦争と女性への暴力」リサーチ・アクションセンター編『「慰安婦」バッシング
を超えて―「河野談話」と日本の責任』大月書店、2013

双風舎編集部編『バックラッシュ！―なぜジェンダーフリーは叩かれたのか？』双
風舎、2006

総務省統計局『平成 19 年就業構造基本調査 結果の概要 (速報)』2008

総理府社会保障制度審議会事務局『社会保障体制の再構築 (勧告)―安心して暮ら
せる 21 世紀の社会をめざして』1995 年 7 月 4 日

総理府男女共同参画室『第 4 回世界女性会議及び関連事業等報告書』1996

総理府男女共同参画審議会『男女共同参画ビジョン― 21 世紀の新たな価値の創造』
1996 年 7 月 30 日

蘇恩瑩「韓国における性暴力犯罪被害者に関する法的権利の保護」『世界のジェン
ダー平等』東北大学出版会、2008

石椿「現代日本社会における「ジェンダーフリー・バックラッシュ」現象」『次世
代人文社会研究』第 4 号、韓日次世代学術 FORUM、2008

―― 「日本の「ジェンダー・バックラッシュ」に興味を持ったきっかけを振り

かえって」『女性学年報』第 31 号、日本女性学研究会『女性学年報』第 31 号
編集委員会、2010

―― 「「ジェンダー・バックラッシュ」問題の視点からみる女性政策―― 1980 年
代の日本の女性政策を中心に」『日本近代学研究』第 31 輯、韓国日本近代学会、
2011a

―― 「大阪府 A 市立 B 中学校における「性教育バッシング」の事例」『日本近
代学研究』第 33 輯、韓国日本近代学会、2011b

―― 「「ジェンダー・バックラッシュ」問題の視点からみる女性政策―― 1990
年代以降の日本の女性政策を中心に」『日本近代学研究』第 34 輯、韓国日本
近代学会、2011c

―― 「日本における地方自治体のジェンダー行政とバックラッシュの流れ――
1996 年から 2009 年までの 4 つの時期を中心に」『日本近代学研究』第 36 輯、
韓国日本近代学会、2012

―― 「「ジェンダー・バックラッシュ」問題の視点からみる女性政策――高度経
済成長期から 1970 年代の日本の女性政策を中心に」『東アジアの思想と文化』
第 6 号、東アジア思想文化研究会、2014

―― 『日本女性政策の変化と「ジェンダー・バックラッシュ」に関する歴史的
研究』（博乙第 527 号）2014 年度立命館大学大学院文学研究科博士学位論文

―― 「日本の「ジェンダー・バックラッシュ」勢力の言説とその特性――性（性
別・性の多様性）を中心に」『日本研究』第 23 集、高麗大学校日本研究センター、
2015

宋連玉・金栄編著『軍隊と性暴力――朝鮮半島の 20 世紀』現代史料出版、2010
高橋菊江・折井美耶子・二宮周平『夫婦別姓への招待〔新版〕』有斐閣、1995
高橋史朗『間違いだらけの急進的性教育――エイズ・性をどう考えるか』黎明書房、
1994

―― 「ファロスを矯めて国立たず」『教育黒書――学校はわが子に何を教えてい
るか』PHP 研究所、2002

―― 「「家族解体」「伝統破壊」へと暴走する自治体」『正論』2003 年 7 月号

―― 「出直せ、教育基本法改正」『Voice』2006 年 7 月号

高橋史朗編『私たちの美しい日の丸・君が代』明成社、2003（改訂版）
高橋純子「なぜ区長は条例案を撤回したのか」『論座』2005 年 3 月号
高橋哲哉「「精神の自由」と日本の民主主義」『前夜』4 号 2005 年 7 月夏

竹中恵美子『竹中恵美子著作集第Ⅶ巻 現代フェミニズムと労働論』明石書店、
　　2011

　───『竹中恵美子著作集第Ⅱ巻 戦後女子労働史論』明石書店、2012

竹信三恵子「やっぱりこわい？ ジェンダー・フリー・バッシング」『ジェンダー・
　　フリー・トラブル──バッシング現象を検証する』白澤社、2005

舘かおる「学校におけるジェンダー・フリー教育と女性学」『女性学』Vol.6、日本
　　女性学会、1998

橘木俊詔『日本の経済格差──所得と資産から考える』岩波書店、1998

　───『企業福祉の終焉──格差の時代にどう対応すべきか』中央公論新社、
　　2005

棚橋昌代「「日の丸・君が代」強制反対予防訴訟原告として」『ジェンダー平等の
　　豊かな社会をめざして──性教育・ジェンダーバックラッシュをのりこえる』
　　2010

俵義文『あぶない教科書NO！──もう21世紀に戦争を起こさせないために』花
　　伝社、2005

　───「安倍首相の歴史認識の来歴をさぐる」『「村山・河野談話」見直しの錯誤
　　──歴史認識と「慰安婦」問題をめぐって』かもがわ出版、2013

千葉展正『男と女の戦争──反フェミニズム入門』展転社、2004a

　───「これは怖い！「教科書黒書」ジェンダーフリー版」『正論』2004年12月
　　号（2004b）

　───「ジェンダーフリーに狂奔するフェミニスト8人の仰天「言行録」」『SAPIO』
　　2006年5月10日。

張學錬「インタビュー 荒川区条例問題にみるバッシングの実相」『世界』2005年4
　　月号

鄭鎭星『日本軍の性奴隷制──日本軍慰安婦問題の実像とその解決のための運動』
　　岩方久彦・鄭大成訳、論創社、2008

辻村みよ子『ジェンダーと法』不磨書房、2005

　───『概説ジェンダーと法』信山社、2013a

　───「憲法からみた家族──現代家族・男女共同参画社会と国家」（日本女性
　　法律家協会主催・連続講演「憲法と家族」の第1回基調講演資料、2013年11
　　月22日開催）2013b

辻村みよ子ほか編『世界のジェンダー平等』（ジェンダー法・政策研究叢書第11巻）

232

東北大学出版会、2008

辻村みよ子監修、嵩さかや・田中重人編『雇用・社会福祉とジェンダー』（ジェンダー法・政策研究叢書第9巻）東北大学出版会、2007

坪川宏子・大森典子編著『司法が認定した日本軍「慰安婦」──被害・加害事実は消せない！』（かもがわブックレット186）かもがわ出版、2011

東京女性財団『ジェンダー・フリーな教育のために』1995a

── 『Gender Free 若い世代の教師のために──あなたのクラスはジェンダー・フリー？』1995b

独立行政法人国立女性教育会館編『男女共同参画統計データブック2003 ──日本の女性と男性』ぎょうせい、2003

── 『男女共同参画統計データブック2009』ぎょうせい、2009

戸塚悦朗『日本が知らない戦争責任──国連の人権活動と日本軍「慰安婦」問題』現代人文社、1999

中村政則『戦後史』岩波書店、2010（初版は2005）

長岡義幸「ジェンダーフリー叩きと荒川区条例案撤回騒動」『創』2004年9・10月合併号

永原慶二『歴史教科書をどうつくるか』岩波書店、2001

西尾幹二「歴史と民族への責任──男女共同参画と「従軍慰安婦」に通低する病」『正論』2005年3月号

西尾幹二・藤岡信勝『国民の油断──歴史教科書が危ない！』PHP研究所、1996

西尾幹二・八木秀次『新・国民の油断──「ジェンダーフリー」「過激な性教育」が日本を亡ぼす』PHP研究所、2005

西川祐子・上野千鶴子・荻野美穂『フェミニズムの時代を生きて』岩波書店、2011

西野瑠美子「「つくる会」教科書の何が問題か」『ここまでひどい！「つくる会」歴史・公民教科書──女性蔑視・歴史歪曲・国家主義批判』明石書店、2001

西部邁ほか7名『［市販本］新しい公民教科書』扶桑社、2001

日韓「女性」共同歴史教材編纂委員会編『ジェンダーの視点からみる日韓近現代史』梨の木舎、2005

新田均「上野千鶴子女史が激賞したジェンダーフリー条例失効の顛末」『正論』2005年1月号

二宮周平『変わる「家族法」』かもがわ出版、1996

―― 『家族法』新世社、1999

―― 『家族と法――個人化と多様化の中で』岩波書店、2007

―― 「近代家族の確立とその揺らぎ――戦後家族法学の意義と展開」『比較家族史研究第二三号』比較家族史学会、2009

―― 「憲法 24 条を大切にしよう」法学館憲法研究所 HP（http://www.jicl.jp/kaiken/backnumber/20130513.html）

―― 「別居・離婚後の親子の交流を支援する仕組みの追求――韓国・カナダ調査を参考 (1)」『戸籍時報』No.708、日本加除出版、2014a

―― 「別居・離婚後の親子の交流を支援する仕組みの追求――韓国・カナダ調査を参考に (3・完)」『戸籍時報』No.710、日本加除出版、2014b

荷宮和子『なぜフェミニズムは没落したのか』中央公論新社、2004

日本女性学会ジェンダー研究会編『Q&A 男女共同参画／ジェンダーフリー・バッシング――バックラッシュへの徹底反論』明石書店、2006

縫田曄子編『あのとき、この人――女性行政推進機構の軌跡』ドメス出版、2002

野牧雅子「日教組のジェンダーフリー隠しと現場の暴走」『正論』2005 年 3 月号

野村旗守「「男女共同参画」を隠れ蓑にフェミニズムが「箱もの行政」を復活させている」『SAPIO』2006 年 5 月 10 日（2006a）

―― 「「男女共同参画推進」ってフェミニストへの血税バラ撒きのこと？」『SAPIO』2006 年 9 月 27 日 (2006b)

野村旗守編『男女平等バカ―「ジェンダーフリー」はモテない女のヒガミである！』宝島社、2005

VAWW-NET ジャパン編『ここまでひどい！「つくる会」歴史・公民教科書――女性蔑視・歴史歪曲・国家主義批判』明石書店、2001

―― 『日本軍性奴隷制を裁く 2000 年女性国際戦犯法廷の記録』（全 6 巻）緑風出版、2000 - 2002

長谷川三千子「ジェンダーなんか怖くない！」『世論』2006 年 3 月号

秦郁彦「「民衆法廷」をタレ流した NHK の番組は改変後でも常識を免脱している」『SAPIO』2005 年 2 月 23 日

林博史「安倍首相の歴史認識はどこが問題なのか」『「村山・河野談話」見直しの錯誤――歴史認識と「慰安婦」問題をめぐって』かもがわ出版、2013

林博史・俵義文・渡辺美奈『「村山・河野談話」見直しの錯誤――歴史認識と「慰安婦」問題をめぐって』かもがわ出版、2013

林道義『父性の復権』中央公論社、1996

—— 『主婦の復権』講談社、1998

—— 『母性の復権』中央公論新社、1999a

—— 『フェミニズムの害毒』草思社、1999b

—— 『家族の復権』中央公論新社、2002

—— 『家族を蔑む人々——フェミニズムへの理論的批判』PHP 研究所、2005a

—— 「「フェミニズムの危険性」を語る!!⑦」『日本時事評論』2005 年 6 月 17 日 (2005b)

—— 「「皇室典範有識者会議」とフェミニズムの共振波動が日本を揺るがす」『正論』2006 年 2 月号

坂東眞理子『男女共同参画社会へ』勁草書房、2005（初版は 2004）

—— 『日本の女性政策——男女共同参画社会と少子化対策のゆくえ』ミネルヴァ書房、2009

藤原和博『世界でいちばん受けたい授業——足立十一中「よのなか」科』小学館、2001

藤原和博・宮台真司『人生の教科書「よのなか」』筑摩書房、1998

船橋邦子「男女共同参画／ジェンダーフリーができるまで」『Q&A 男女共同参画／ジェンダーフリー・バッシング——バックラッシュへの徹底反論』明石書店、2006

—— 「ジェンダー平等政策とバックラッシュの背景」（公開シンポジウム：ジェンダーの視点で読み解く現在）和光大学総合文化研究所年報『東西南北』2007

古橋源六郎「男女共同参画社会基本法制定上の経緯と主な論点」『21 世紀の女性政策と男女共同参画社会基本法〈改訂版〉』ぎょうせい、2004

ベティ・フリーダン『新しい女性の創造』三浦富美子訳、大和書房、1965（改訂版 2004）

細谷実「男女平等化に対する近年の反動はなぜ起きるのか？」『世界』2005 年 4 月号

堀内かおる『教科と教師のジェンダー文化』ドメス出版、2001

堀江孝司『現代政治と女性政策』勁草書房、2005

水谷英夫『ジェンダーと雇用の法』信山社、2008

三井マリ子「講演資料：バックラッシュ（逆風、反動）」2005 年 5 月 17 日

三井マリ子・浅倉むつ子編著『バックラッシュの生贄──フェミニスト館長解雇事件』旬報社、2012

光原正「「男女共同参画」その欺瞞の系譜とレトリック」『正論』2005年9月号

三宅明正ほか18名『日本史A 現代からの歴史』東京書籍株式会社、2013

宮本太郎『福祉政治──日本の生活保障とデモクラシー』有斐閣、2008

民主教育研究所編・発行『ジェンダーと教育の現在』（民主教育研究所年報2004、第5号）、2004

民主教育研究所「ジェンダーと教育」研究委員会編著・発行『ジェンダー平等の豊かな社会をめざして──性教育・ジェンダーバックラッシュをのりこえる』（「ジェンダーと教育」パンフレットNo.9）、2010

村上泰亮・蠟山昌一ほか『生涯設計計画──日本型福祉社会のビジョン』日本経済新聞社、1975

八木秀次「嘘から始まったジェンダーフリー──『ブレンダと呼ばれた少年』が物語る"性差"の真実」『正論』2005年2月号（2005a）

── 「一部の特殊な人たちの考えが基本法になってしまった」『論座』2005年3月号（2005b）

── 「小学生に「セックス！」と連呼させコンドーム装着実習までやらせる仰天現場」『SAPIO』2005年3月23日（2005c）

── 「安倍総理、教育再生へ初志貫徹を」『正論』2006年12月号

八木秀次著・新しい歴史教科書をつくる会編『国民の思想』産経新聞ニュースサービス、2005

八木秀次編著『教育黒書──学校はわが子に何を教えているか』PHP研究所、2002

山口智美「「ジェンダー・フリー」をめぐる混乱の根源（1）＆（2）」『くらしと教育をつなぐWe』2004年11月号と2005年1月号

山口智美・斉藤正美・荻上チキ『社会運動の戸惑い──フェミニズムの「失われた時代」と草の根保守運動』勁草書房、2012

山口みつ子「女性諸団体の女性政策に対する合意形成過程─全国組織50団体の連帯と行動」『女性学研究』第2号、1992

山谷えり子「基本計画の中に暴走装置が…」『日本時事評論』2005年10月21日

── 「目指すのは男女共同"家族・社会"です」『正論』2006年3月号

山谷えり子・中條高徳【対談】「男女共同参画の欺瞞と驚愕の性教育」『正論』

2005 年 10 月号

山谷えり子・八木秀次【対談】「「性差解消」教育に異議あり！」『教育黒書──学校はわが子に何を教えているか』PHP 研究所、2002

唯物論研究協会編『ジェンダー概念がひらく視界──バックラッシュを越えて』（唯物論研究年誌第 11 号）青木書店、2006

横山文野『戦後日本の女性政策』勁草書房、2003（初版は 2002）

吉見俊哉『ポスト戦後社会』（シリーズ日本近現代史⑨）岩波書店、2009

米田建三「いびつな女権拡大は日本の伝統文化を破壊する「白い文化大革命」だ」『SAPIO』2006 年 5 月 10 日

歴史・検討委員会編『大東亜戦争の総括』展転社、1995

若桑みどり「バックラッシュの流れ──なぜ「ジェンダー」が狙われるのか」『「ジェンダー」の危機を超える！──徹底討論！バックラッシュ』青弓社、2006

若桑みどりほか編著『「ジェンダー」の危機を超える！──徹底討論！バックラッシュ』青弓社、2006

渡辺章編『労働基準法 [昭和 22](1) 日本立法資料全集 51』信山社出版、1996

渡辺治『安倍政権と日本政治の新段階──新自由主義・軍事大国化・改憲にどう対抗するか』旬報社、2013

渡辺美奈「世界は日本軍「慰安婦」をどう見てきたか」『「村山・河野談話」見直しの錯誤──歴史認識と「慰安婦」問題をめぐって』かもがわ出版、2013

渡部昇一・新田均・八木秀次『日本を貶める人々──「愛国の徒」を装う「売国の輩」を撃つ』PHP 研究所、2004

和田悠・井上恵美子「『産経新聞』にみるジェンダーバックラッシュの発想と論理」『インパクション 174』2010 年 5 月刊

※付記：ここでは紙面の関係で、新聞記事や引用サイトの住所は省略しているため、これについては本文と注に記載しているものを参照していただきたい。また、ここで「初版」という表記は「第 1 版第 1 刷発行」を略したものである。

あとがき　237

あとがき

　本書は、筆者の博士学位論文を一般の読者が読みやすい形にして再構成・編集を行い、大幅な削除と加筆修正をしたものである。

　本書の刊行および博士論文の執筆の際、多くの方々にご指導とご支援をいただいた。まず、桂島宣弘先生と金津日出美先生（高麗大学校）に、心よりお礼を申し上げたい。お二人には2001年に初めてお会いしてから、長い間研究活動を通して交流させていただいてきた。現在もお世話になっている。

　とくに、桂島先生が2006年から1年間、私の母校である東西大学校の客員教授として釜山に滞在された際には、先生から博士論文のご指導を直接受けることができた。その後、2009年4月、私が立命館大学の客員研究員として博士論文執筆のため来日して以来、桂島先生の大学院の授業（「日本史特殊問題」）を5年連続で聴講し、また桂島ゼミで、歴史研究と日本思想史研究の基礎を学ばせていただいた。この場を借りて、ゼミの学友の皆様にも感謝申し上げる。

　論文審査では、主査を立命館大学の受入教授（指導教官）である桂島先生に務めていただいた。副査は同大学文学部教授・山崎有恒先生と庵逧由香先生、神戸大学大学院教授・長志珠絵先生に務めていただき、貴重なコメントやご指摘をいただいた。ここに改めて心より感謝を申し上げたい。

　2009年当時は研究があまり進んでいない状況だったので、私の研究テーマに詳しい井上輝子先生（和光大学）と伊田広行先生（立命館大学非常勤）に、勝手ながらメールを通じて面談をお願いした。幸いにも、私の自己

紹介と研究目的を読んで下さり、お会いすることができ、ご配慮とご教示をいただいた。家族法と女性政策に関しては、二宮周平先生（立命館大学）から特別なご指導を受けることができた。博士論文が完成するまで、3人の先生のお言葉に励まされ、研究を続けることができた。その中でも二宮先生は「私たち研究者の役割は、過去の事実、できごとを正確に記録し次世代につなぎ、同じ過ちをしなくてすむ社会を築くことだと思います。そうは言っても、現実は厳しいのですが、石さんのご本は貴重だと思います」と応援してくださった。本論文執筆の初期段階から本書ができるまで、格別なご指導とご配慮をいただいた伊田先生と二宮先生には特に感謝の辞を捧げたい。

　立命館大学衣笠総合研究機構およびリサーチオフィスの関係者の方々、図書館職員の皆様のご協力により、研究活動を順調に進めることができた。ありがとうございます。

　当時の客員研究員は共同利用研究室を使用していた。そこに毎年、外国と他大学の研究者が客員研究員として滞在し、研究上の交流が活発に行われた。6年間、私はすばらしい先生方と若手研究者達に出会い、論文の書き方を教えていただき、たくさんの助言をいただいた。とくにお世話になった、申順浩先生、徐程錫先生、朴晋雨先生、卞恩真先生、李建済先生、元容鎮先生、尹健次先生、對梨成一氏、任萍氏、平塚純良氏、原佑介氏、奈良勝司氏、金哲培氏、金成恩氏にお礼申し上げる。学問上の深い討論と交流は貴重な体験となった。

　そして、次の研究会から報告と発表の機会を提供していただいた。東アジア思想文化研究会、日本思想史研究会、荻野美穂先生と小山静子先生（京都大学）をはじめとする日本女性学研究会近代女性史分科会、伊藤公雄先生（京都大学）と落合恵美子先生（同大学）をはじめとする京都大学ジェンダー研究会の皆様に心より感謝申し上げる。他に、温かいコメントをくださった池内靖子先生と岡野八代先生（同志社大学）をはじめと

する立命館大学のジェンダー研究会、コリア研究センター、NPO法人WANの関係者の皆様、朴東碩先生にもお礼申し上げる。

日本と韓国の親友・知人からも変わらぬ応援とご支援をいただいた。木村尚子氏、森未知氏（NWEC）、土屋春美氏、戸田和章氏、申俊雨氏（ウリ同窓会前会長）、ウリ同窓会の先輩、朴美敬氏、白美貞氏、朴海淑氏、池敬培氏、どうもありがとうございます。

母校である東西大学校の張済国総長をはじめ、博士課程の指導教官・金大植先生、日本語学科の先生方に心からお礼を申し上げたい。また、城西国際大学大学院比較文化専攻の先生方にお礼申し上げる。本書ではお名前を挙げなかったが、他にもお世話になっている方が大勢いる。今後ともよろしくお願い申し上げる。

本書の出版にあたっては、「2015年度竹村和子フェミニズム基金」の出版助成金をいただいた。なお、博士論文執筆にあたり、「2010年度国際交流基金日本研究フェローシップ」および「2012年度日韓文化交流基金招聘フェローシップ」から研究助成金をいただいた。ここに記して感謝の意を表したい。

伊藤公雄先生のご紹介で、2015年2月に東京でインパクト出版会の深田卓さんにお会いした。出版状況の厳しい中、無名の研究者の論文を深田さんは「力作論文」だと評価し、出版することを許してくださった。それから1年が経ち、出版に至った。深田さんにも厚くお礼申し上げる。

最後に、わたし以上に博士号取得を心待ちにしていたが、今は故人になった父と、いつもわたしの味方になって応援してくれる母に本書を捧げる。

2016年1月　感謝の気持ちを込めて。

石　楷

石橋（そく・ひゃん／ Seok, Hyang）
1970 年、韓国・釜山市生まれ。専攻は、日本現代女性史（日本女性学）、日本地域学。
現在、韓国・東西大学校、昌信大学校非常勤講師、企業の日本語の講師。
釜山女性社会教育院委員や日本語と韓国語の通訳翻訳活動なとも行う。
2014 年に立命館大学博士（文学）取得。

2006 年 東西大学校大学院日本地域研究科博士課程単位取得退学
2009 年 立命館大学 客員研究員 (6 年間)
2010 年 国際交流基金 日本研究フェローシップフェロー
2012 年 日韓文化交流基金 招聘フェローシップフェロー
2014 年 立命館大学大学院文学研究科博士 (文学) 取得
博士論文『日本女性政策の変化と「ジェンダー・バックラッシュ」に関する歴史的研究』
E-mail seokhyang70@hotmail.com

ジェンダー・バックラッシュとは何だったのか
史的総括と未来へ向けて

2016 年 2 月 15 日　第 1 刷発行
著　者　石　　橋（そくひゃん、Seok Hyang）
発行人　深　田　卓
装　幀　宗利　淳一
発　行　インパクト出版会
　　　　　113-0033　東京都文京区本郷 2-5-11　服部ビル
　　　　　TEL03-3818-7576 FAX03-3818-8676
　　　　　E-mail:impact@jca.apc.org
　　　　　http://www.jca.apc.org/ impact/
　　　　　郵便振替 00110-9-83148

モリモト印刷